U0621325

丛书主编　黄佑生

为了怒放的生命

——“一三四X”创新性学习在姜湾

主　编

胡文权　张细明

副主编

谢美玲

作　者

胡文权　张细明　谢美玲
周　妮　张元英　刘巧芳
杨爱武　王娟/体　刘豫红
刘　琼　黎花平　汪小玲
游　春　付　琪　刘兰兰
王小红　黄爱民　肖　瑜
文　林　易红霞　张绿江
周　韬　王娟/语

湖南师范大学出版社

图书在版编目（CIP）数据

为了怒放的生命——“一三四 X”创新性学习在姜湾 / 胡文权，张细明主编. —长沙：湖南师范大学出版社，2014. 12

ISBN 978－7－5648－1998－9

Ⅰ. ①为… Ⅱ. ①胡…②张… Ⅲ. ①小学—教学研究 Ⅳ. ①G622. 0

中国版本图书馆 CIP 数据核字（2014）第 288685 号

课改湘师丛书
丛书主编：黄佑生

为了怒放的生命——“一三四 X”创新性学习在姜湾

胡文权 张细明 主编

◇策划组稿：廖小刚
◇责任编辑：廖小刚
◇责任校对：蒋旭东
◇出版发行：湖南师范大学出版社
地址/长沙市岳麓山 邮编/410081
电话/0731. 88873071 88873070 传真/0731. 88872636
网址/http：//press. hunnu. edu. cn
◇经销：湖南省新华书店
◇印刷：长沙瑞和印务有限公司
◇开本：710 mm×1000 mm 1/16
◇印张：18. 25
◇字数：308 千字
◇版次：2014 年 12 月第 1 版第 1 次印刷
◇书号：ISBN 978－7－5648－1998－9
◇定价：36. 00 元

总序一

弘扬湖湘精神，推动课改发展

葛建中

湖南的前辈学者概括：湖南之为省，北阻长江，南薄五岭，西接黔蜀，群苗所萃，盖四塞之国。而民性多流于倔强。其地人杰地灵，大儒迭起，前不见古人，后不见来者，宏识孤怀，罔不有独立自由之思想，有坚强不磨之志节。湖南特有的地域文化，铸就了湖南人的特有精神——湖湘精神。

在古代，湖南人心忧天下、心系民族和国家。“路漫漫其修远兮，吾将上下而求索”，是以屈原为代表的众多爱国志士的不屈灵魂；“先天下之忧而忧，后天下之乐而乐”，彰显的是湖南人胸怀天下、忧国忧民的博大胸怀。在近代，湖南人敢为天下先。魏源是中国近代史上第一个“睁眼看世界”的人，他提出“师夷之技以制夷”，打破藩篱和固宥，影响之深远自不必言，他，是湖南人；曾国藩，作为中国现代化建设的开拓者，在他的倡议下，建造了中国第一艘轮船，建立了第一所兵工学堂，印刷翻译了第一批西方书籍，安排了第一批赴美留学生，他，是湖南人；谭嗣同，“戊

戌六君子”之一，公开提出废科举、兴学校、开矿藏、修铁路、办工厂、改官制等变法维新的主张，领导“戊戌变法”并为此抛头颅洒热血，他，也是湖南人。大凡湖南人只要认准了一个目标，有了一种思想主张，就会勇往直前、坚持到底，不会轻易改变，且全然不顾毁誉，哪怕断头流血，粉身碎骨，在所不惜，“虽九死其犹未悔”。这就是湖湘精神！

我省基础教育界弘扬心忧天下、敢为人先的湖湘精神，于10多年前，在国家教育部的指导下，启动了轰轰烈烈的基础教育课程改革，从“星星之火”到燎原之势，课改理念深入学校和老师，课改成效已初步显现。3年前，我曾感慨：“课改十年来，酸甜苦辣，我们走了过来。总的感觉，是有收获，有差距，有信念。”当时，我认为最大的收获是思想层面上的收获，课改的方向、课改的理念，对更新人们观念，对唤醒人们对教育本质、课堂本质的认识起到了重要的作用。3年过去，我欣喜地发现，越来越多的湖湘儿女勇敢地从理念中找到种子，播种入地，乃至开花、结果。今天，摆在我案头的几本专著——课改湘军丛书，是岳阳市君山区许市中学、永州市冷水滩区马坪学校、株洲市景弘中学、株洲市醴陵市姜湾小学等课改学校的校长和老师们经过多年的探索、实践和总结，以智慧和毅力凝聚的湖南课改成果。这几所学校中，既有公办学校，也有民办学校，既有初级中学，也有小学，都在扎扎实实开展课堂教学改革，均在一定程度上取得了成功，学生变了，课堂变了，师生负担轻了，教育教学效果好了。这些学校的课改具有现实性、普遍性和战略性的意义，是湖南基础教育的一笔宝贵财富，值得向更大范围宣传和推介。所以，当这几所学校邀请我为课改湘军丛书作序时，我欣然应允。

岳麓书院有一副大家熟知的对联：“惟楚有材，于斯为盛。”湖南是一个人杰地灵、人才辈出的地方。今天，我们要追问：湖南的基础教育要培养什么样的“材”？轰轰烈烈的应试教育之下，通过题海战术、加班加点，我们培养了众多大学生、研究生，也可以称之为“材”，但这些“材”是否是时代需要的合格公民，是否符合我国经济社会转型发展的人才规格要求，是否是充分挖掘了自身潜能、实现了自身最佳发展的人？深入推进基础教育课程改革，要重新思考“当初我们为什么要出发”。站在民族、国家的高度，站在为学生终身发展和幸福奠基的视角，培养社会的合格公民，培养适应我国经济社会转型发展的人才，培养兴趣丰富、人格完整、头脑健全、主动学习的通识型、思辨型公民，促进学生成长为最好的自己，这是基础教育课程改革必须坚定的方向和目标。课改无论怎么发展，目标和方向不能偏离。

基础教育课程改革推行十多年，课改主要是“改课”，即改革课堂教学模式，转变教师的教学方式和学生的学习方式，核心解决怎么教和怎么学的问题，教师充分尊重学生的主体作用，把课堂还给学生，学生自主、合作、探究学习。在课堂教学模式改革方面，省内涌现出一大批敢闯敢试并取得了成功经验的学校。但我们不能止步于现有的成绩，要有更大的魄力，放下包袱，强化研究，不断充实和提升。教学方式、学习方式的选择和运用必然会受到内容的制约，必须在内容有意义、有深度的情况下才能发挥作用。我省基础教育课程改革要深入发展，校长和教师们要在关注怎么教、怎么学的基础上，更加关注“学什么”、“教什么”，也就是课程问题。一所学校只有课程改变了，学校才会改变，学生才能适应社会需要和

实现个性发展；只有课程有特色了，学校才有特色，培养的学生才会有特色。为此，加强课程建设已成为我省基础教育课程改革的重要任务。

基础教育课程改革是一个长期的、艰难的过程。在改革的攻坚时期，我们更要弘扬湖湘精神，以办党和人民满意的教育、学生和家长喜欢的学校为目标，科学规划，有序推进，统筹合作，坚定不移地推进课程改革，向时代和人民交上一份满意的答卷，为教育强国和教育强省提供强大的智力支持和人才支撑！

（葛建中：湖南省教育厅党组成员、副厅长，省委教育工委委员）

总序二

一种精神的存在

——为《课改湘军丛书》序

李炳亭

“无湘不成军”，教育变革的时代，风云际会，各领风骚，假如缺席“湘军”，便一定会缺少一种“英雄”的精彩。更何况，湘军本就是以“精神”闻名天下的。近年来，湖南课改异军突起，“蔚然而深秀”，涌现出一大批在全国卓有影响的课改领军学校，成为一种令人瞩目的现象。

坦诚地讲，我对湖南课改有着偏爱，不只是因为我与株洲景弘中学、岳阳许市中学等太过熟悉，而是因为“湘派”课改有着浓厚的三湘文化意蕴，假如没有这种独特性，“湘军”和“湘派”都无从谈及，那湖南还能不能养育出我的“偶像”毛泽东，这个略显沉重的问题，至少会令人对当代中国的历史重作遐思。

单纯从技术的角色分析，我把新课改推进以来的课堂教学改革分为三代。

第一代谓之“改变课堂结构”，也就是把“学”前置，概括为“先学

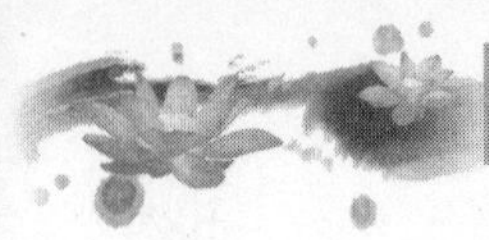

后教”，必须指出的是，第一代课改依然没能摆脱“教中心”窠臼，或者说没能触及深层次的“教学关系”。第二代谓之“改变教学关系”，它显然是对第一代的大胆突破。它了不起的意义在于围绕“学中心”重新建构了新的教学关系，即教服务于学，师服务于生。第三代谓之“改变教学意义”，在我看来，教学的过程，就是体验的过程，是找到自己的过程，是“三格”（性格、品格、人格）养育的过程，它相比知识的习得，要高级得多，因为对任何学习个体而言，真正的考场，或许不在教室，真正的试卷或许就是社会。

显然，这样的划分不是为了褒贬臧否，而是为了厘清向性。千万不要误解，无论是被我划分为“一代”的洋思中学还是“一代半”的慕课，我都充满了敬意和支持，它至少比那些还处在“原始教育”状态的传统课堂是一大进步。作为课改人，我怎么会轻蔑改革呢。第三代课改有三大鲜明特征：（1）无限放大自学，也可以表述为去教师主导化；（2）去除导学案，如果说第二代课改解决了“怎样学”的问题，那么第三代课改则试图解决“学什么”的问题，唯有解决“学什么”才能算是真正的“自主”；（3）一个基于差异的新型学习共同体产生，走组、走班成为常态。

其实，任何课堂的背后都至少有三种存在：一是教育观的影响，一是教学价值观的影响，一是成长观的影响。认识了这些，则很容易从根本上回答“课改，究竟改什么”这一问题。课改究竟改什么？为什么在这篇序言的开篇我要表达对三湘文化的推崇？无论是课改还是教改，其说穿了就是营建一种全新的教育生态链，它的基本建构思路是“从上到下”，即人生价值观—生命生活观—教育观—教学观—课堂观。教育是一种精神活

动，它的内涵包括信仰、品格、思维、情感、意念，最底层的才是知识性学习。显然，这样的主张完全颠覆了传统的“课堂”概念，它实在不是仅仅为了知识学习而存在。“课改湘军”的发起人，也是委托我作序的黄佑生先生曾经编著过一部书《就这样成为好老师》，书中有一个副标题叫“好老师是学生生命中的贵人”，一言中的。好老师是“贵人”，贵在哪里？我们一起跟着黄佑生先生思考，那好课堂又“贵”在哪里？可以肯定地说，好课堂一定不是贵在知识的传授。

现在，这部讲述好课堂的书就摆放在我的面前。我嗅出了“领袖家乡”的那种热辣辣的气息，我的眼前浮现出无数英雄史诗般的身影——他们在另一个叫“课改”的战场，以国家民族的希望为要义，金戈铁马，视死如归，却又有着三湘人独有的豪情诗意。

“湘派”是三湘文化在教育上的投射，“湘派”是一种担当，是一种力量，更是一种气质、一种精神。株洲景弘中学是：“景弘课变”；岳阳许市中学是：“快乐的学生，幸福的教师”；虽未谋面却已久仰的永州市冷水滩区马坪学校是：“创建生态课堂，培养阳光学子”；醴陵市姜湾小学是：“为了怒放的生命”。仅仅看这些书名，你甚至觉得他们不是战士是诗人，有着战地黄花般“革命”的浪漫，还用得着我再书写他们改革的心路历程吗？教育从低处看，是技术；从高处看，是精神，“湘派”课改是超越了技术而试图抵达精神空域的，因而它自有风骨，我才称之为“湘派”。

可惜的是，如今各类教育书籍汗牛充栋，然而，能像这套丛书这样，从精神层面着手，剖析课改的不多；能围绕着课改本质规律，建构认识体系的不多；能超越单纯的知识学习，上升到“人学”高度的不多；能摆脱“功利”，追求“功德”的不多；能悟出“快乐原本很简单”，教育“三观”通透的不多……这样的课改，难道不值得我们每个课改人为之骄傲吗？基于如此之多的“不多”，这套丛书，就是不可多得的，甚至出类拔萃的。“湘派”的出现不仅是一种现象，也是一种精神的存在，是为序的理由。

（李炳亭：著名课改专家，《中国教师报》采编部主任）

序言

姜湾人的课改梦

梦想是绳，升起饱满的帆；梦想是帆，推动希望的船；梦想是船，驶向宽阔的海；梦想是海，托起明天的阳。

每个人都有自己的梦想。有梦想，才有追求；有梦想，才有改变。

每一个人的梦想都是不同的，并且会随着时间的变迁发生改变。

上世纪80年代，在我们学校，校长的梦想是提高教学“质量”，扩大社会影响；教师的梦想是“教”出好成绩，能得到学校和家长的认可；学生的梦想是考试得高分，将来能“成才”。为实现梦

放飞中国梦，姜湾人的课改梦。
图为姜湾小学新校区浮雕

想，老师们奔走于晨昏夜色，学生们两眼一睁便开始练习，家长们围绕孩子的前途苦口婆心。

家长哗然：我孩子不是机器，即使是机器，学校也不应该把我的孩子当成追求成绩的工具。

学生呐喊：我想要怒放的生命，就像飞翔在辽阔天空，就像穿行在无边的旷野，拥有挣脱一切的力量。

学校反思：难道教育除了分数就没有更好的追求和快乐吗？

当下教育在觉醒中。自从1999年，中共中央、国务院作出了《关于深化教育改革全面推进素质教育的决定》，素质教育作为一种教育理念和教育形式，已经被全社会所接受，成为我国教育发展的必由之路。

“染于苍则苍，染于黄则黄。所入者变，其色亦变。”教育改革的浪潮，同样影响着我校师生梦想的变迁：校长开始思考如何实现以人为本的管理，如何以课程改革促进学校的内涵发展；教师开始思考如何转变教与学的方式，提高学生学习能力；而学生追求的是轻松学习，快乐成长；家长则希望孩子聪明有才有智，全面发展，考虑的是孩子日后的生存出路。“变则通，不变则壅；变则兴，不变则衰；变则生，不变则亡。”“变”，让姜湾人毅然做起新课堂之梦，教育之梦！

记得一位哲人说过：给我一个支点，我可以撬动地球！我们的校长说，上帝给我的支点是课改，我梦想着以课改为支点撬动姜湾的教育！

课改初期，犹如趟着石头过河，边走边试水深浅。领导们率先而行，教师也在教学实践中开始尝试着，但大多教师并未真正投入到其中，身未行却先预设出许多问题、假设出一大堆障碍来，这些问题和障碍成了他们

不课改的理由。于是就出现了观望、犹豫不决的心态。

改革不是一蹴而就的事情。

迈入“十一五”，我们学校新一轮的课改活动正式开幕了，回想前一次课改的有头无尾，不了了之，大家对这次课改也是抱着无所谓的态度等待和观望。对于这次课改，领导看似决心很大，大会小会都要讲，还亲自走进课堂听课。但是，活动一结束，大家又都回到原来的样子，顶多也只能算是穿新鞋走老路。

我们低估了旧教育的“小鞋”。“小鞋”让我们穿得很难受，束缚了我们走向新世界的脚步。

鲁迅先生说过，在新旧交替的时候，“即使搬动一张桌子，改装一个火炉，几乎也要流血”。何况是改变人的思想的课改呢！这就告诉我们，不付出代价课改是难以成功的。

2011年3月，我校推出了“一三四X”创新性学习课改新举措。即：落实一个核心目标，开辟创新性学习三条基本途径，构建四种创新性学习学科教学模式，精心研究课堂教学X环节。

这是一场全方位的变革，它涉及培养目标的变化、课程结构的变革、课程的实施与教学改革。

在目标变化上：我

放飞姜湾梦。图为教职工“我的教育理想”演讲赛

们强调落实一个核心目标——培养学生的创新学习能力。

在观念转变上：我们处处出实招，亮镜子、松绑子、抽鞭子、斩疖子、搭架子。

在方法变革上：我们注重“从下至上”的管理策略；重视精彩纷呈的探究实践活动；突出创新学习方法的指导与训练；“模”而不定“模”，“X”显神奇。

可喜的是，在我们翘首期盼中，在我们的声声呼唤下，新一轮课程改革终于成功走进了我们的校园，迈入了我们的课堂，与我们朝夕相伴了。

课改在姜湾不再是梦！它扬起了“帆”，树起了“旗”，航行入海啦！

如今，我们的学校、教师正悄然发生着改变：

——学生变了，洋溢着学习的快乐和生命的活力。

——教师变了，一批教师在课改中脱颖而出。

——课堂变了，点燃了师生的激情和智慧的火花。

——学校发展了，全校师生唱起了丰收的凯歌。学校先后荣获全国“教育科研先进单位”、全国“新课程改革先进单位”、“湖南省中小学教师培训基地校”、“全国百强特色学校”、“株洲市课改实验优秀基地校”……

虽然我们与课改同行的日子并不长，但是我们正感受着课改带给我们的希望，正体验着课改带给我们的激情，正品味着课改带给我们的喜悦！我们要感谢课改给了我们一个成长的空间。感谢它使我们逐渐懂得自己再也不能居高临下地审视孩子，而应蹲下身子和他们交朋友，充分尊重、信任和鼓励我们的每一个孩子。

梦想是春天，孕育着希望的种子；行动是夏天，开出了希望的花朵；耕耘是秋天，收获了希望的果实。姜湾人的课改既在仰望星空，更会脚踏实地。让我们一起感谢课改，祝福课改！我们将满怀信心、满怀激情、满怀憧憬，让课程改革进行到底！

目录

第一篇　高瞻远瞩　亮利剑

导　言

本篇主要介绍我们学校新一轮课改的起源与意义，“学生创新性学习”概念的演变过程、内涵及特点，“一三四X”操作模式的内涵、结构及特点，以及学校实施“一三四X”创新性学习的措施、保障、方法等。

第一章　抉择姜湾课改之道

课改，姜湾人乐此不疲的话题。

姜湾小学建于20世纪50年代初，由于一代又一代人的艰苦奋斗，姜湾小学被誉为文化底蕴深厚书香浓郁的名校。

1999年，素质教育的推进，“提质创优”的号角吹起，课改之声促使姜湾人扬帆启航。

2005年，姜湾人着手进行“小学生创新学习能力的培养”课题研究，初步探究出了小学生创新学习能力培养的策略与方法。

2011年，姜湾的课改走上了正轨：“一三四 X”创新性学习课改新举措出炉；《小学生创新学习方法指南》校本教材成功研发；“教师课改联盟”为教师搭建了一个研究与交流的平台。

2012年，姜湾人自办《姜湾课改导报》，让行动探究与思想研究同步，有力地促升了课改进程，为师生的发展开启了一扇窗。

2013年，姜湾的课改进入了一个脱壳成形阶段，终于迎来了课改实施以来的第一个春天。

成功推出“一三四 X”创新性学习课改新举措，是姜湾教育发展史上的又一个里程碑。其中：

“一”：落实一个核心目标；

“三”：开辟创新性学习三条基本途径；

“四”：构建四种创新性学习学科教学模式；

“X”：“模”而不定“模”，精心研究课堂教学“X”环节。

第一节　缘起——课程改革之因

某一天，我和朋友在餐桌上聊天。

朋友说，德国的教育很先进，学生学得很轻松、很快乐，但德国人却能拿走一半诺贝尔奖?！我迷惑不解，朋友就选择了几个要点一一与我介绍：

德国的小学只有半天课，即上午上课，课程有语文、数学、体育、音乐、美术和生活常识等，3年级以后有外语课，学习过程中还穿插身体健康知识、性常识、环境保护知识等；下午都不上课，由学生自己决定做什么。但老师经常组织学生踢球、看电影、参观博物馆或到野外散步。通过这些活动，学生掌握了很多课本上学不到的知识。

他们的课堂教学很特别：学生一边上课，一边吃口香糖，老师也不干涉。课堂教学是讨论式，老师提问题，师生共同讨论，有的学生还会引经据典、相互争辩，气氛活跃，这样是为了让孩子学得更主动、更愉快。孩子们课前都会搜集资料、研究问题。

小学生每天做家庭作业的时间不超过半小时，星期五放学后没有家庭作业，假期也没有作业。有意思的是，德国小学给每个学生找一位老奶奶、老爷爷，义务监督孩子做作业、给孩子念故事等。

德国小学教室的布置非常温馨。老师和学生一起把教室布置成“家”的模样，有花草、地毯，还有“生日角”等。每人还有一个专门放物品的箱子。

听了朋友的介绍后，我深深陷入了沉思……

中国也是一个文化大国。古代哲人的教育思想，如强调教学相长、因材施教、启发悟性、循序渐进、持之以恒、传道授业解惑等，已经成为中国传统文化精神的重要组成部分，至今仍然具有很强的生命力和使用价值。尤其是中国古代的“四大发明”闻名于世。而20世纪初以前的一两百年间，在世界重大科技发明中，中国人的贡献实在太少。其中一个不可忽视的原因就是封建社会封闭的政治制度和僵化的科举制度。新中国成立60多年来，我国形成了比较完备的现代教育制度，教育思想观念发生了根本变化。从基础教育的教学过程来

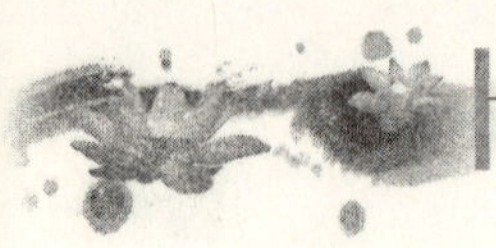

看，从上世纪90年代提出素质教育以来，对要解决培养什么人和怎样培养人这两大问题，尤其是人的培养模式进行了一次深刻变革。其基本价值取向就是以人为本、育人为本，是面向未来、促进学生全面发展的教育。然而，从教育结果上来看，却并不理想，与西方发达国家的教育相比，仍有很大的差距。原因何在？我们认为，一是受高考制度的影响，这是我国的现实国情；二是归根结底还是人的观念问题。比如，素质教育在我国提出了20年，实施了10年，但教育界围绕素质教育和应试教育的讨论却一直没有谢幕。然而实际现状却是：素质教育树而不立，应试教育打而不倒。为什么素质教育实施起来就这么难呢？

我们学校创建于20世纪50年代初，地处醴陵市中心。由于一代又一代人的艰苦奋斗，姜湾小学曾创造过一个又一个辉煌。尤其自1998年以来，学校领导逐渐意识到，对于一所比较有名气的学校来说，什么才是长盛不衰的法宝？是名誉，是质量。名誉从哪里来，更多的是从教学质量中来。因此质量就成了我们学校的生命之源。从此，领导们围绕“提质”出谋划策，老师们围绕“提质”加班加点。没过几年，我们就摘到了“提质”的果实。

2004年，我校学生参加株洲市组织小学数学联赛，5人次获特等奖（满分），36人次获一等奖，75人次获二等奖，132人次三等奖，竞赛成绩居全市之首。

2005年，我校毕业班的学生参加地市级的数学竞赛，102人次获奖，学校荣获了“优秀组织奖”。

2008年6月，在醴陵市教育局组织的小学四年级数学质量抽测中，我校的平均分和合格率均居全市第一。

2008年12月，在株洲市教育科学研究所组织的五年级数学质量抽测中，我校以91.2分的平均分、100%的合格率和87%的优秀率，雄踞整个株洲地区第一名。

2009年6月，在醴陵市组织的小学毕业会考中，我校的语文、数学成绩居全市第一。

2010年，在醴陵市组织的小学毕业会考中，我校的考试成绩及向省、市级名校输送优质生源率均在全市遥遥领先。

……

有了高的教学质量，全校师生欢欣鼓舞，学生家长赞不绝口，社会各界人士奔走相告，我们学校也因此而成了本地区的“名”校。招生范围外的学生家

长纷纷要求子女来校就读。自那时起，我们学校真可谓是门庭若市。学校规模一再扩大，由原来的10个教学班变为了现在的56个教学班，学生增加了近2000人，但仍然不能满足家长和社会的需求。

当我们还沉浸在一片丰收喜庆时，有人却向学校发出了愤怒的吼声："我孩子不是机器，即使是机器，学校也不应该把我的孩子当成追求成绩的工具。"发出吼声的人不是别人，而是我们学校最普通的一位学生家长。

给学校领导的一封信

尊敬的校长：

您好！

我是贵校五年级一个班的学生家长。我的孩子自两年前转到姜湾小学之后，学习成绩有了很大的进步，我们全家非常高兴，在此，我代表全家对贵校的领导和老师表示最衷心的感谢！我特别要感激我孩子的语、数老师，她们为了孩子的学习，日夜操劳，尽心尽力地工作。但我有点不同的想法，不知是否妥当，请您包涵。

据孩子讲，他们班的作业实在太多了，有的要重复做两三次，学生即使懂了还是要做，没完成就罚抄课文、词语或公式；家庭作业更多，每天晚上至少要做2面，有时要做4面，常常要做到晚上十点，有些题不会做，我们又不会辅导，孩子就哭；老师占用学生的休息时间也太多了，有时连中午都要上课。我孩子说，有些内容讲了好几次，很多同学早就会了，但还得要认真地听，否则就要挨批评。

前段时间，我看了些有关教育改革方面的电视节目或文章。我觉得国外或国内有些学校的教学方式很好，如，课堂上，老师少讲，让学生多自己去学习。他们的作业也很少，更多的是让孩子参加一些实践活动。他们说，这样更有利于促进学生的发展。我想，姜湾学校的质量虽然很高，但是否也可以改一改呢？

我一直认为，学校也不应该把我的孩子当成追求成绩的工具。

以上是我个人及部分家长们的意见，请领导们思考。不过，请您别责怪老师，因为她们是善良的。

最后祝您工作顺利！学校工作越来越好！

五年级学生的一位家长

2010年11月23日

信中每一句话都给了我们极大的震撼力。是啊！一些地域行政领导向教育主管领导要“质量”，教育主管领导或社会向校长要“质量”，校长向教师要“质量”，教师向学生要成绩，这种功利化的教育，不再顾及学生的后续发展，不再考虑学生的创新能力，不再以发展学生的动手能力为前提，更不再考虑学生的合作能力。难怪乎有人发出“孩子不是机器，即使是机器，学校也不应该把我的孩子当成追求成绩的工具”的吼声，虽然这是极少数家长的心声。

学校积极营造课改氛围。
学校教学楼的宣传标语

功利化的教育使应试教育愈演愈烈。课堂上，教师采用的是传统的“灌输式”教学方法，让学生主动应用已掌握的知识进行探索，把学生置于知识的接受者的位置上，把知识传授作为自己的主要任务和目的，把主要精力放在检查学生对知识的掌握上，这种教学方法虽然有利于学生在短时间掌握知识，提高学习技能，但学生将整天处于被动应付机械训练、死记硬背、只会模仿、不会灵活运用、更不会创造简单重复的学习之中，学生学习的主动性、能动性、独立性被销蚀，思维和想象力被扼杀，学习的兴趣和热情被摧残，严重阻碍了学生的发展，导致学生主体性缺失。这就是人们常说的“高分低能”现象。

这种功利化的思想不单存在于我们学校。据了解，全国大部分学校也存在这种现象。因此，要真正实施课程改革，首先必须把学生从考试的束缚中先解救出来，把教师、校长从考试的束缚下解放出来，使人才成长具有个性发展的必要空间，使杰出人才的涌现具有必要的基础环境，这才是教育正确的方向。

我们不曾一次想过，这是真正的“教学质量”吗？

什么是教学质量？在老百姓眼中，教学质量就是学生成绩。在一些不懂教育的官员眼中，教学质量就是名次，就是升学率。实际上，升学率仅仅是

教学质量的一部分。教育的本体是人，教育质量的本质是人的成长。这是教育的根，是教育的本性。教学质量不仅体现在学生成绩上，更应该体现在学生的后续发展上，也体现在学生的创新能力、动手能力、语言能力、合作能力等诸多方面。

随着新课程改革的进展，人们的知识观和教育观发生了变革，知识不仅包括客观性知识，还包括主观性知识，知识的掌握是学生主动建构的结果。教育成了学习者活动的一种特殊情境，要围绕学习者而变化。而社会的发展，又对人提出了多种需求，要求人必须具有多种发展可能性和更广泛的适应性。这样人成为了发展的中心，教育成为了人实现自身发展的机构。因此，教育必须适应学生，通过形成具有丰富内涵的个体，去满足不确定社会的变化与需求。

《国家"十二五"教育发展规划纲要》也强调："着力提高学生的社会责任感、创新精神和实践能力，不断满足经济社会对人才的需求和全面提高国民素质的要求。""突出学生的主体地位，探索适应学生身心特征和课程要求的有效教学模式，改进教法、学法，引导学生主动思考、乐于探索、勤于动手，培养学生的学习兴趣、创新精神、创新思维和实践能力。"这些论述对于我校以后的教学改革具有重要的指导意义。

求解"钱学森之问"

钱学森之问：为什么我们的学校总是培养不出杰出的人才？

基础教育反思：在我们目前的教育系统中，教育的导向主要是记、背标准答案，学生提问的欲望和兴趣在中小学阶段已经大大地削弱了。学生疏于独立思考、缺乏主动学习精神，是我们在培养杰出人才时遇到的困境。究其根本，是因为我们的教育并未将学生作为主体，充分发挥他们的潜力。

"难道除了分数就没有美好的追求和快乐吗？我们决不能辜负时代赋予我们教育工作者的神圣使命！我们的教育必须要创新，我们的教学必须要改革，我们必须要尽快营造出一个舒适的教育教学环境，让应试教育退出历史舞台，还孩子一个快乐的童年！"这是我们学校全体教师经过一番激烈的思想斗争后最终形成的共知。

实施课程改革，关键是理念，需要的是决心，要紧的是行动！我们学校的课改之路又该怎么走？主题是什么？方向如何？我们再次陷入了沉思……

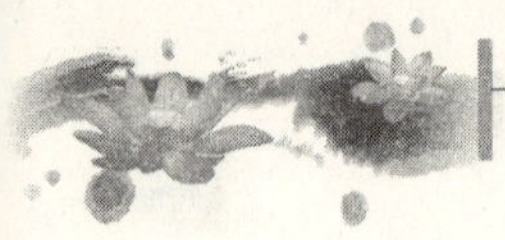

第二节　孕育——“创新性学习”之旗

灯塔的启示

大家对于灯塔一定不陌生。据传，从隋唐至明清，航行于中国江河湖海的无数船只进港出港，夜航锚泊，大多都依赖佛塔作为参照物。许多河边海边的佛塔顶端，僧侣们会长年在晚上燃灯导航，普度夜船。虽然由于科学技术的进步，很多灯塔已经完成了使命，但是它们并没有真正退出历史舞台。因为灯塔能够在黑暗中指引人们前进方向的作用还深深地影响着人们的生活。

在茫茫大海中，人们需要一个目标来指引方向。基于这个目的，灯塔便应运而生了。

对于一座灯塔来说，指引无疑成为它的精神内涵。

对于学校来说，课程改革有时候如同大海中航行的一叶扁舟。在承受着巨浪冲击的同时最需要的是一点光亮。这一点光亮能够指引着这条小船向着目标不断地前进。这一束亮光也可以说成是课程改革的目标或方向。每一所学校都有自己的课改目标或方向，这个目标或方向可大可小，但无论怎么样目标或方向都是不可缺少的。当一所学校的课程改革失去了目标或方向，就如同大海中夜航的船只失去了灯塔的指引。那么等待它的轻则迷失方向，重则葬身海底。

自素质教育的思想提出以来，素质教育作为一种教育理念和教育形式，已经被全社会所接受，成为我国教育发展的必由之路。

课程改革是大势所趋、势在必行，关键的是怎样确立课程改革的方向，即课改之“旗”。

我们学校的课改之“旗”又是什么呢？首先我们想到的是“创新教育”。

一、创新教育

创新是一个民族进步的灵魂，是一个国家兴旺发达的不竭动力。创新的时代需要创新人才，创新的人才要靠创新的教育来培养。实施素质教育，就是以培养学生的创新精神和实践能力为重点，塑造全面发展的创新型人才。

但创新水平是有差别的。我国学者一般把人们的创新水平分为“高级创新水平”与“低级创新水平”两类。高级创新水平又称“真创新”，是指经过长期的研究，反复探索，产生的非凡能力。低级创新水平又称“类创新”，主要是指对本人来说，是前所未有的能力。

我们认为，作为基础教育的中、小学校理所当然担负着培养我国创新人才和未来的高端人才的重任，但更应着力于学生创新精神和实践能力的培养，即从小培养学生的创新学习能力。

二、创新性学习

什么是创新性学习？目前学术界众说纷纭。龚春燕在其《创新学习：学习方式的革命》一书中提出：“所谓创新学习，指的是学习者在学习的过程中，不拘泥于书本，不迷信于权威，不依循常规，而是以已有的知识为基础，结合当前的实践，独立思考，大胆探索，标新立异，别出心裁，提出自己的新思想、新观点、新思路、新设计、新意图、新途径、新方法的活动。”这个提法，得到学习科学界的普遍认可。简言之，所谓创新性学习就是以创新为目的的学习活动。

邀请上级专家来校指导课改工作

“创新性学习”是属于全民的广义的范畴，但不同的年龄阶段，是有不同的特点和要求的。考虑到在校学生学习与成年人的差异，我们又提出了“学生创新学习”的概念。

三、学生创新性学习

“学生创新性学习”能否作为我们学校新一轮的课改之“旗”？专家来校调研后给予了明确答复：“‘学生创新学习’既符合新课程的基本理念，同时又切合你们学校的实际。”

“学生创新性学习”同样是一个抽象的概念，下面这个案例有助于加深对该概念的理解。

【教学片段】“分数的意义”

师：如果老师要同学们用不同的事物表示1/4，我想每个同学都有不同的表示方法。这样吧，老师请大家用你喜欢的方式表示1/4。

学生小组合作进行动手操作，教师巡视指导。

反馈交流：

师：谁愿意说一说，你是怎样表示1/4的？

生：我把一个长方形分成相等的4份，每份是它的1/4。

生：把一张圆形纸片对折再对折，每份就是它的1/4。

师：你为什么对折再对折？

生：平均分。

生：将绳子剪成4段，每段是1/4。

生补充：将绳子剪成一样长的4段，每段是1/4。

师：你为什么要补充？

生：他没有强调平均分。

生：我把4个同学中的一个圈起来，它也表示1/4。

生：我用4根火柴棒，把它平均分成4份，每份是1/4。

生：我用8根火柴棒，也平均分成4份，每份2根也是1/4。

生：我用12根火柴棒，每份3根也是1/4。

师：请大家想一想，在表示1/4的过程中有什么相同的地方或不同的地方？

生：都是平均分。

师：有什么不同的地方？

生：分的对象不同。

生：有的是一个图形、一个物体，有的是好多个物体组成的。

师：一个图形、一个物体平均分后表示其中的一份可以写成分数，那么像4个同学中的1个，8根火柴棒中的2根等这些可以用自然数来表示，为什么也要用1/4来表示？

学生讨论，教师巡视，之后进行反馈。

生：把好多个物体看作一个整体。

生：1个同学、2根火柴棒都表示是整体的1/4。

师：我们把这些都看成一个整体，那请你观察一下我们身边有这样的整体吗？

……

师：像这些整体或可以看作一个整体，我们都可以把它们看作单位“1”，你觉得这个“1”与自然数的1有什么不同？

生：它可以表示好多的物体。

师：这样的话要把这个“1”与自然数的1相区别，你们觉得最好怎么处理？

生：给它加个引号。

“分数的意义”是在学生已对分数有了初步的认识的基础上，教材安排的一次理论上的概括。它不仅是前面所学知识的归纳、总结，更是对分数认识上的一次飞跃。教学片段中，教者强调的是学生的“学”，即学什么、为什么学和怎样学，教师把整个学习过程放给学生，让他们自主、合作、探究学习，由感性认识上升到理性认识，参与了知识获得的全过程，主体性得到了很好的发展。

——摘自《小学数学教师》

从上述教学片段中可以看出，所谓“学生创新学习”，是指学生在教师的指导下，不迷信书本的知识，而在已有知识的基础上，结合实际独立思考，组合加工，大胆探索，积极提出一些新思想、新方法的学习方式。

我们认为，这个概念至少包含下列四个要点：

——在教师的指导下进行。教师的角色与功能，是随着社会的发展而不断变化更新的。可以这样说，新时期的教师是学生求知的带路人，是课堂教学的“主持人”，是教学内容的整合者和开发者，更是学生个性张扬的赏识者。教师为原本教学中的主角转向“平等中的首席”，是学生发展的促进者。

——要凸显学生的主体性。在创新学习的过程中，学生的主体性被凸显，个性及创造性得到解放。每个学生都是独立于教师的头脑之外，不依教师的意志为转移的客观存在，学生是处于发展过程中的人，是具有独立意义的人，他们是学习的主体，是责权的主体。

学校大力营造课改氛围。图为学校的课改宣传板报

——有必要的知识基础。就是以已有知识的基础，即在继承的基础上创新。知识创新是建筑在知识继承的基础上的，没有知识的继承就没有知识的创新。所以在学习前人积累的书本知识或实践经验时，不应一味地照学、照搬，而是结合实践，独立思考，整合分析收获一些自己前所未有的知识及能力。

——有创新的学习结果。就是积极提出自己的新思想、新方法等，即具有新颖性的成果。即要求学生学习过程中在教师的指导下，独立思考，积极提出一些与自己相比有所创新的学习方法与成果。

这就是我们的课改之“旗”——学生创新性学习。其总体目标为：面向全体学生，以培养学生的创新学习能力为目标，以方法指南、学科学习及活动实践为主要内容，使学生学会主动地学习，获取相应的知识信息，掌握认知策略，实现创新性地提出问题、解决问题，提高学生的综合素养。

要实现这一目标，就要求教师在教育教学实践中坚持“以学生为主体、以教师为主导、以问题为主轴、以实践为主线”的“四主”原则，这是规定性的要求。

从此，我们在课改的道路上不再徘徊。教师能自觉地朝着“旗”指引的方向前进，前进途中多少会遇到一些阻力或困惑，但从总体上来看，永远都没有偏离“创新性学习”这个课改方向。

从此，我们的教育教学出现了另一番景象。

“我对这个词语的理解是这样的……”

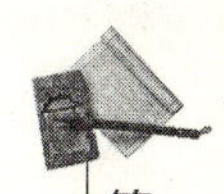

“我还会用这个词语说句话……”

“对于你的回答，我想补充一点……”

“我想邀请所有男生跟我一起朗读这一段落……”

“这道题实在太难，想请大家帮帮我……”

在我们姜湾小学的每一间教室里，几乎每天都演绎着这样的画面。在老师们的穿针引线下，孩子们都在比拼自己的智慧之花。瞧，课堂中的孩子们，他们时而静默自学，时而小组讨论争得面红耳赤，时而为同伴精彩表现而欢喜雀跃，课堂中那一幕幕精彩发言令走进课堂观摩学习的教育者们脸上绽开笑花，掌声、赞美声不断传来。

……

——摘自教师的教学感言

第三节 启航——“一三四X”之帆

新一轮课改之“旗”竖起来了，接下来思考的是如何让课改扬帆起航。

大海航行靠舵手。新课程理念下的教师地位，切底地改变了。教师不是单纯地传授知识，更主要的任务是培养学生具有可持续发展的能力。教师是学生知识海洋中的舵手。启航，单靠苦力还不行，还得要讲究策略与方法，即怎样扬起浩浩风帆，驱波逐浪，驶向“创新性学习”的前方呢？关于这方面，国内外许多学校为我们提供了可借鉴的“航行”经验。

临沂市新课程改革模式——“三五X”：落实“三维目标”（基础知识与基本技能、过程与方法、情感态度与价值观）；坚持“五个贯穿始终”（情感教育、文化育人、探究体验、展示交流、习惯养成）；精心研究课堂教学“X”环节。

山东即墨28中“和谐互助”课堂模式：同桌两人为一个学习单元，优者为师傅，弱的为学友，课堂上学友遇到不会的问题，师傅负责把学友教会；如果师傅也不会，可请教其他师傅，学会后再教自己的学友；如果师傅大多也不会，由老师讲解教会。

山东杜朗口中学的“三三六”自主学习模式：立体式，大容量，快节奏。

安徽铜陵铜都双语学校的“五环大课堂”：立足校本，自主构建，经营课堂，内涵发展。操作上体现“结构”和“方法”两大原点。

江苏洋思中学的教学模式：先学后教、当堂训练。他们很好地培养了学生的自学能力，减轻了学生的负担，解决了后进生的问题，全校学生每门课考试成绩都是优秀。

东庐中学的“讲学稿”经验：根据学生有效学习的需要，以及班级授课的特点，设计和组织课堂教学。其具体操作分两大块：第一块是改革备课模式，实行以“讲学稿”为载体的课堂教学改革；第二块是改革课外辅导方式，由课外转向课内，不订辅导资料，停止补课，取消竞赛辅导班，实行“周周清”。

……

从以上经验中，我们至少获得了如下几个方面的启示：

目标问题——培养出什么样的学生：是墨守成规，还是勇于创新？

实施的途径问题——“学科课堂教学”是实施“创新性学习”的主要途径，但单靠这一条是永远不够的。

模式的构建问题——“以学定教”是实施“创新性学习”的最终选择，但“教学模式”的构建是“以学定教”的“前奏”。

实施“学生创新性学习”的核心问题——坚持“四主”原则，即以学生为主体、以教师为主导、以问题为主轴、以实践为主线；“模”而不定“模”，灵活运用教学模式。

经过一年多的酝酿与实践及专家的多次论证，学校终于在2011年成功推出了“一三四X”创新性学习课改新方案。

“一三四X”，即：落实一个核心目标；开辟创新性学习三条基本途径；构建四种创新性学习学科教学模式，精心研究课堂教学X环节。

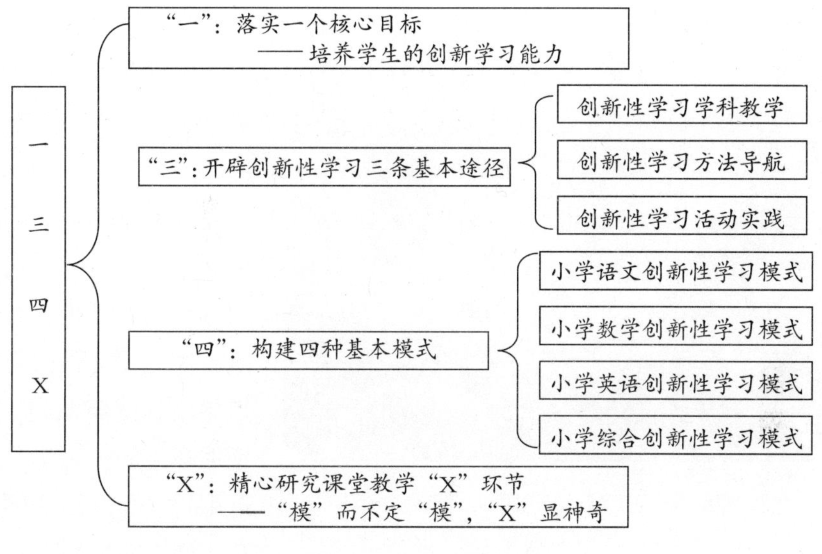

“一三四X”创新性学习结构图

一、落实一个核心目标

实施“创新性学习”的目标虽然有许多，但核心目标只有一个，即培养和发展学生的创新学习能力。

对小学生进行创新学习能力的培养，旨在从小培养他们的创新学习意识、创新学习思维、创新学习方法、创新学习习惯及实践操作能力。

二、开辟创新性学习三条基本途径

学生创新学习能力的培养是多途径多形式的，但“创新性学习导航训练课”、“创新性学习学科教学课”和“创新性学习活动实践课”是其中的三条最基本的途径。

“创新学习导航训练课”的主要是培养学生的创新学习方法。它是以自主开发的《小学生创新学习方法指南》校本教材为载体，利用“校本课程”实施教学的一种新课型。

“创新性学习学科教学课”是根据现行学科教材，运用创新性教学策略，在学科课堂教学过程中培养学生创新学习能力的一种教学方式。它是与“创新性学习”相对应的学习方式方面的要求，归纳起来集中表现为自主学习、探

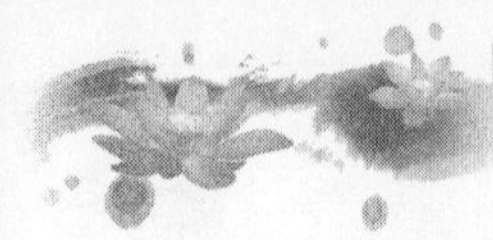

学校推出“一三四X”创新性学习课改新举措

究学习、合作学习方面，集中体现为学生自主性、主动性、创新性的充分发挥。

“创新性学习活动实践课”是课程渗透式的专门训练课的延伸，类似于活动体验课，即在老师的指导下，贯穿课内、外，拓展学生的创新学习能力运用的空间。其主要形式有“创新性学习学科活动课”、“创新性学习班队活动”、“创新性学习综合实践课”和“创新性学习班队活动课”四种。

三、构建四种创新性学习学科教学模式，精心研究课堂教学“X”环节

四种创新性学习学科教学模式，即“小学语文创新性学习模式”、“小学数学创新性学习模式”、“小学英语创新性学习模式”和“小学综合学科创新性学习模式”。虽然它们之间存在差异，但体现“以学生为主体、以教师为主导、以问题为主轴、以实践为主线”的“四主”原则是规定性的要求。

由于不同学科、不同学段有着不同的特殊性，并且具体到每个学科、每个学段的“教学方式”又是不尽相同的，因此我们不能强调“模式”的“固定化”和“绝对化”，教师必须依据实情精心研究课堂教学的“X”环节。

我们期待已久的“‘一三四X’创新性学习”课改新方案出炉，如果把它看作是“航行”的话，那么，“学生创新性学习”就是我们航行的目标和方向，而“一三四X”就是我们航行的路线、技术与方法。

第二章　回眸改革探索之程

成功不是将来才有的，而是从决定去做的那一刻起，持续累积而成。“耕田不深无高稼，治学不深无端行。”姜湾课程的征程始于雄心勃勃的坚定，却也无法逃避起步与行程的艰难，遭遇反对和质疑，经受困惑与动摇，在艰涩地战胜一个又一个的困难，顽强地攻克一次又一次的挫折，乐观地抚平一轮又一轮的纠结，一点一点，一步一步，一程一程地踏下坚实的脚印，延伸前行的方向。

培根说：“在一切有困难的交涉中，不可希冀一边下种一边收割；而应当对琐事妥为准备，好让它渐渐成熟。”姜湾课改也正是立足放眼未来，着眼足下的初衷，认真审视课改当下的实际困难，确定课改当下应实现的短期目标，谋划课改当下的实施策略，步步为营，稳扎稳打。

三年的征程，催人奋进，亦让人深思，我们带着梦想，放飞希望。姜湾人一起成长在新课改激情燃烧的课堂下，一起体验着创新的快乐，一起享受着步步向前的成就！正视课改，坚持课改，让课堂成为人性养育的殿堂，成为我们与孩子共同成长的舞台。

每一次回眸，都是在为前行积能蓄势，为姜湾课改的探索征程寻迹！

第一节　教师团队从头塑

一、有一种往事，叫好汉不提当年勇

历史上的姜湾，顶呱呱的骄人教学成绩，用“鹤立鸡群”不为过；响当当的傲人声誉口碑，用“威震四方”不为奇——有史可查。

《小学数学“四步导学”》获中央教育科学研究所一等奖。

《运用信息技术培养学生的创新学习能力》获中央电教馆一等奖。

《运用现代教育技术促进学生学习方式转变的研究》课题获湖南省电教馆一等奖。

《开展自制教具活动，培养学生的探究能力》课题获湖南省教育生产装备处一等奖。

《新课程实施中校本培训研究》课题获湖南省基础教育研究所一等奖。

《小学生创新学习能力的研究》课题获株洲市一等奖。

学校先后荣获全国“教育科研先进单位”、全国“新课程改革先进单位”、“湖南省中小学教师培训基地校”、“全国百强特色学校”……

历史上的姜湾人，她们能吃苦，孜孜不倦累不怕；她们敢拼比，不甘落后争上游；她们经验丰富，应对考核有一套。她们是功臣，因为是她们创造了姜湾历史的辉煌；她们有资本，只有她们可以拍着胸脯说：“当年我教出来的孩子，考得有多出色！”

二、有一种蜕变，叫凤凰涅槃

姜湾站在课改的风口浪尖，想“改旗易帜”，摆在眼前最难的难题便是：如何面对这一群群“沾沾自喜”之资的“赫赫功臣”？

如果说，“置之死地而后生”，那也有因“死”本必然，而有“后生”之大喜，远则如席卷神州的“杜郎”，近则有我们访过的“马坪”，可我们的姜湾，却原本“活”得此般“精彩”，为什么要改？凭什么要改？还想怎样去改？

“我原本教得好好的，我是不知道还应该怎样去改？”“你改给我看看呀！”“领导，我原来教出来的成绩不是真的吗？教出来的学生也都是假的吗？”……

山雨欲来风满楼。课改还在酝酿宣传发动的萌芽状态，一声声的反对，一次次的质疑，似利剑，如雷劈，一切尽在意料中！

人世间幸福的使者凤凰，每五百年，它宁背负积累于世间的怨与恨，投身熊熊烈火，承受剧痛与折磨，以生命和美丽的终结，换取祥和与幸福的再度轮回。可敬的姜湾人，岂不正如这一只扑火重生的“凤凰”？

三、有一种腾飞，叫而今迈步从头越

1. 直击质疑，一马当先——以导促研。

围绕“宣传发动认识课改—理论学习了解课改—行动研究落实课改、行进反思推动课改”环环相扣、步步深入地进行了一系列的新课改理论讲座。校长亲率宣传发动，号令全军；主管教研负责人亲自主讲，以领头雁的姿态，凭先行者的钻研，鉴史剖今，谆谆以导。

2. 花样支招，寓教于乐——以竞促研。

主题讲座时间长，内容虽丰却效果令人担忧，再者理论的吸收，更需实践反馈。利用周前会前十分钟，组织教师开展了“点亮学习激情，提升知识素养”为主题的教师知识素养有奖竞答赛。教科室精选题库，精制课件，精选礼物，有专职评委，有专业点评，场面架势堪比“青歌赛知识素养答题”。

以导促研。图为教师知识素养有奖竞答赛

比赛题分为两类：一是理论知识，二是实践运用。参赛老师须举手抢答，答对者将荣获一份精美实用的小礼品。对于主观题，专职评委还将进行相关知识的链接或拓展延伸，适时地拓展延伸竞答的空间、提升活动意义。形式虽小，但意义重大。

凝练周前会工作小结、布置的会程，老师们积极响应，挤出时间用这样或那样的小花样进行培训，老师们心理负担轻了。小礼物的吸引力再催引兴致，寓教于乐，以竞促研于无痕的效果便有了。

一青年教师感叹说：“还记得，持续一学期的知识素养竞答赛丰富了老师们的学习生活，同时增强了老师们议教研学的凝聚力，还很好地展示老师们的个人素质。”

至今，每一场知识素养小竞答，老师们静心聆听、认真思考、积极参与的画面还历历在目。比赛中，一个个回答自如、成竹在胸，既博众家之长，又展自我之风，姜湾人骨子里敢拼乐学的劲儿从不曾失呀！

3. 敢动真格，严阵以待——以考促研。

以考促研。图为以“创新性学习”为主题的教师理论考试

如果说领导带头是“吹哨子”，奖奖赛赛是“扔果子”，真正考试，那就是“抽鞭子”了。有压力，才有动力，一场深入人心、透彻骨髓的课改，一支队伍庞大的教师团队，一时做到人心齐，泰山移，谈何容易？必要的严厉手段，自然是必不可少的——考！不合格——再考！！

先后以“创新性学习”、“新课标”为主题组织教师进行了理论考试，有力促进了教师思想意识的转变与提升，增进了对课改工作的整体认知与理解。

通知一发出去，呵！早餐食堂，你言我语变课改了；嘿！课间十分，群里闲聊有课改了。不问年龄，不分学科，一个也不少，一个也不漏，全要上，通通考！

就这样，一张考卷，树威严——课改真的来了！课改真要动了！

4. 捕捉靓影，速立标杆——以引促研。

在课改探索的行进中，涌现出了不少课改积极分子和骨干力量，趁势利用周前会开展“课改工作之所行所思”感悟交流汇报系列活动。

虽说“近处菩萨，远处灵”，而课改探索却需“眼见为实”的信服度与感召力。一段时间下来，经过随堂听课、师生随谈暗访，惊喜地发现游春老师放手让孩子自主学习的意识很强，她班上的孩子个性表达和思维能力也较平行班突出，于是就请她谈一谈《对于“放手”，我是怎样想的》；黎花平老师，虽教的是一年级，但她带的孩子聆听习惯极好、互帮互助的合作能力也较强，面对“低年级无法搞课改”的妄言，请她上台讲一讲《低段课改，我做了一些什么》；王小红老师所教的班级，教学质量依然名列前茅，孩子的作业负担却轻多了，请她聊一聊《课改，改的是能力，不变的是成绩》……

一次交流，就是一次凝聚力的领悟；一次交流，就是一次反思解剖的自省；一次交流，就是一次将心比心的洗礼。

以引促研。图为教师“创新性学习”课改经验交流活动

5．他山之石，为我所用——以学促研。

摸索一程，是一程，但如若有人撑扶，有人指引，少走弯路，多条直径，那又该多好啊！且闭门造车，怕是苦也徒劳。

放眼远眺学校课改历程，经上级推荐或多方探寻，不惜一切财力，克服一切困难，为课改开绿灯，只为课改聚能量，先后选送近百名教师到永州市冷水滩区马坪小学，冷水江红日实验小学，株洲的八达、白鹤、银海、七中等先进学校观摩学习，亲临课改现场，交流课改体验，提升课改理念。

以学促研。图为教师前往冷水江红日小学参观学习的合影留念

外出考察的要求：去前先琢磨，我去学什么？回来要思考，我学到了什么？

外出考察的原则：我有

两只眼，一只戴放大镜，放大可学的优点；一只是显微镜，微显人家的缺点。

睁大一双慧眼，加强学习。孔子云“三人行，必有我师”，而在课改大潮中应是“三人行，人人皆我师”，因为都在摸着石头过河，没有谁是绝对的权威，也没有谁能是唯一的标尺。每到一处考察地，就如置身在一个红绿灯闪烁的交叉路口，他人之长是为我们亮起的一盏绿灯，告诉我们前行的方向；他人之短是为我们亮起的一盏红灯，提醒警示别走错道。

教育工作本身就是一个超越和创新的过程，只有教师首先具有超越既往和开拓创新的精神，才能教育我们下一代获得这种品质和能力。教育，应从改变自己开始，每一位教师都倾心于改造我们的孩子，希望把他们打造成我们心目中理想的模样，却从未意识到，我们心目中固有的东西是不是也更需要先行一步有所改变？因为，在改变他们之前，我们的改变更重要！

第二节　课改联盟练精兵

战无不胜的“狼性团队”

《亮剑》——一度被中国老百姓津津乐道，“李云龙”——这个名字更是如雷贯耳。他的果敢性格、卓越战绩、幽默智慧、精彩演讲令人感佩不已，回首品味，却又不得不让人惊叹他背后那支强大的不可战胜的狼性团队！这个团队机智顽强、力量凝聚！这个团队英勇善战、力克强敌！这个团队剑锋所指，所向披靡！

树立团队的精神核心是它的神、创建团队的独特文化氛围和共同目标是它的魂、锻炼团队强大的战斗力是它的魄。也正是这“神、魂、魄”兼具成就了这支坚不可摧的独立团！

一部《亮剑》为我们淋漓尽致地展示了“一支卓越的狼性团队是如何练成的”，或者说究竟怎样才能打造一支战无不胜、攻无不克的狼性团队呢？

一次课改，想真真切切地深入骨髓，取得成效性地进展，何尝不需要一支，甚至几支这样的“独立团”？

看姜湾“课改联盟”之风起云涌。

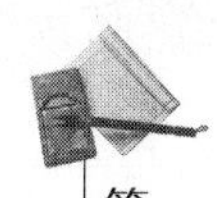

一、挫而兴之

唯碰壁后，方知疼、知返。起初，学校延袭以传统“学科教研组”、“集体备课组”、“课题研究组”为研究团队在全校范围内进行实验研究。坚持一段时间，却进展不大，与学校提出的阶段性目标要求有较大的差距。大多数成员参与积极性不高，主动性不强，常把自己当作“局外人”；相互推诿，少说、不说、假说的现象比较严重；有一定课改理念和积极性的教师，又易被“随波逐流”的现实同化或淹没。

原因何在？“学科教研组”也好，“集体备课组”也罢，均是在学校“一手遮天”时统一安排下自然形成的。“鱼龙混杂”、“良莠不齐”是难免的，这样一来，教师的教研主动性依然处于“冰冻”的“封存”状态，加之团队人数一般较多，矛盾、派别较易滋生。

正所谓“道不同，不相为谋”，解决这一问题“瓶颈”在哪呢？根本在于科学化、人本化的组织与管理。于是，“教师课改联盟”这一新型研究团队便应运而生——心手相联，合而盟约。

二、联而盟之

1. 精心选拔组长。

公开选拔要求：思想、观念超前，业务精湛，享有较高的威信；具备一定的组织、协调能力；有热情和奉献精神；能领会学校的课改精神；把课改作为一项事业。教师向学校教科室申请负责组建“教师课改联盟”，并集中向学校陈述组建的意义及工作设想，学校考核审批。

联而盟之。图为英语联盟组进行的研究活动

大张旗鼓，绝非虚造声势。一方面慎重任

命、严格审核“组长”人选，另一方面为“组长”之职振威严，镀金边。俗话说，“兵熊熊一个，将熊熊一窝。”“千军易得，一将难求！”……这些言语都深刻地表达了一个团队领导的极其重要性。

2. 公开双向选择。

组长集中在教师会上陈述，教师向组长提交申请，组长与教师进行双向选择，组内集体选拔副组长。联盟组看似“自发组织”，实际已产生互相信任、互相认可、互相欣赏的“磁场”，这一磁场的核心便是——各组的“共同愿景”，是她们共同的、发自内心的课改目标，它能激发所有成员为实现这一愿景而奉献，它能孕育无限的创造力、强大的驱动力和长期的凝聚力。

同时还极易形成良好的氛围，成员间的兴趣、思想、观念相近，“物以类聚”、“你我是一家”的和谐轻松的教研氛围便浓郁了。既含信任、开放、相互支持的同事关系，又不失非控制方式管理、支持新思想的研究氛围；任务既有挑战性又没有过度的压力；鼓励争辩，支持创新，大胆创造，其乐融融。

3. 加强集中研究。

日常研究与潜心学习同步，既鼓励钻研创新学习理论、学校课改的思想、目标、任务及操作设想，又积极分享各自有益的教学理论知识或实践经验方法等等。自发、自主的组建形式，团结、合作的研究氛围，用心、尽力的研究精神，必然打造一支具有极强执行力和战斗力的研究团队。因此，研究过程中，所有组员无论遇到什么实际困难，都会不折不扣奔着他们共同的意愿，完成属于自己的任务。

至此，“教师课改联盟”成立，如若需要给它一个定义，是否可以这样归纳：它是一支由具有较强课改能力的课改联盟组长与课改意识强烈的教师通过双向选择而自发组成的志同道合的课改合作群体。它以课改精神为指导，能密切结合学校的实际，系统利用研究中动态因素之间的互动，促进每位成员的研究与进步，以团体的力量共同达成预期的研究目标。

三、盟而约之

1. 确定组训。如同学校文化有校训一样，“教师课改联盟”组也可以有自己的“组训”，让“组训”给联盟组一个方向，让所有的组员都能携手努力，朝着这一共同的目标努力前行。

2. 营造氛围。即提倡“百家争鸣”式的争论，允许共识与个性并存，并允许教师持不同观点，让他们在实践中积累，在反思中提高。

自主创新课堂。图为“教师课改联盟组”汇报展示活动

3. 开展学习活动。联盟组不仅要组织成员学习课程标准、熟悉教材、讨论教材的编排体系和知识结构等专业知识，还要学习教学法，掌握正确的教育观点，同时还要鼓励所有成员对自己的教学不断总结，撰写研究论文。

4. 自主创新课堂。即在课堂教学中突出学科特色，自主创新，以“四主”为原则，以培养学生的自主、合作、探究能力为突破口，以学生的最终发展为目标，不断创新教学模式。

5. 课例研讨诊断。不放过每一个课例研讨的机会，要围绕课改中的热点问题开展专题研究，不求多、只求精，能学以致用，解决实际问题，课后进行探讨反思，总结出最有效的教学方式。

6. 经验交流。一种是组内交流。即组内成员上汇报课，口头或汇报交流研究成果与心得；另一种是组与组之间的交流。学校定期开展各联盟的教学展示或经验交流活动，以保障每位教师的共同提高。

“教师课改联盟”组的建设，学校既强调各组的自主研究和自主发展，同时注重学校对联盟组的科学管理。

7. 加强制度建设。通过制度规范教师的教学、教研的意识和行为。

——“教师课改联盟”组常规活动制度。力求做到“五有”：有切实可行的计划，有明确的专题，有符合实际的活动安排，有研讨过程的材料积累，有一定价值的阶段性书面总结和交流研讨课。

——集体讨论制度。各联盟组必定集体讨论时间，形式可为论坛式、讨论式、学习式等。

——听课、评课制度。

——共享资源制度。其中包括组内资源共享和组外资源共享两种。学校每年有一些固定的常规大型活动，所有的联盟组都要参与其中。除此之外，每个学期还会根据实际情况举行一些不同特色的主题研究活动。

8. 成立“教师课改联盟”督查指导小组。成立“教师课改联盟”，“教师课改联盟”督查指导小组的成员经常下到各组进行督查与指导。

9. 评价与奖励。在操作过程中，学校既给每个组创造发展的空间，又用评价引导联盟组工作。捆绑考评，对照优秀联盟组考评制度，采取平常考查和期末成果集中展示相结合，联盟组自评，联盟组长互评，学校考评小组核实并综合各方面情况评定的办法，实行教师和联盟组、蹲点领导和联盟组捆绑式考评，每期评出若干个优秀联盟组及优秀课改先进教师，并公示结果，发放荣誉证书及物质奖励。

曾记否？来自“雏鹰联盟组”的青春力量代表——付琪老师在学校的多媒体教室为全体教师做题为《我和孩子们与新课改一同成长》是多么耐人寻味！

她从课改前一味盯着教材、教参、分数的枯燥，谈到课改后把自己当作孩子们学习中的亲密好伙伴，对学生进行启发、点拨、引导的有趣；从只教知识点的死板，谈到激发孩子情感、培养孩子习惯的鲜活；从刚参加课改时学习、探索的苦，谈到孩子学会了学习的乐。句句发自肺腑、感人至深。从她成长的历程中老师们感到新课程不但改变了孩子的学习生活、教师的教学生活，还将改变孩子的一生，新课改中的教师也将焕发出新的生命。

而这样掷地有声的心语心悟，正是焕发在课改联盟组历练与探索的坚实脚步里的。

在“教师课改联盟”精兵团的引领下，学校开启了课改“三步走”探索战略：

10. 举刀解剖实验课——直击传统的精品课，解剖学习方式的变革。

“《自己的花是给别人看的》那时候不是上得那么精彩吗？按课改的新理念，该怎样上？”

课改伊始，为了让老师们转换观念，突显学生主体的地位，让传统课堂中

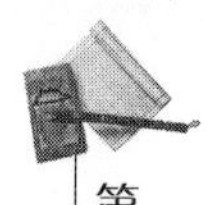

教师的“主宰”让路，课改联盟组成员率先“起义”，真拿“传统精品课堂”开刀。“将计就计”，就拿老师们公认的传统精品课《自己的花是给别人看的》重上。且在新旧对比中评课、辩课，“开膛破肚”解读：传统课堂“精彩”在教师行云流水的教学设计，妙语连珠的过渡、“牵导”，一堂课下来，孩子们紧跟着教师的预设，走得顺畅，毫无磕磕绊绊；而课改实验课堂上，孩子们有了“自主提问权”、“合作探究权”、“开放思考权”，看似“乱”了，实则“活”了！老师们发现，“哦，原来，这个问题我不讲，孩子们也想得到！”“这个词语，我曾经教的时候，怎就没发现呢？”

11. 细修主题研究课——细化研究主题，实化研究过程。

事实上，实验课堂中还有许多急待攻克的难关，渐渐地联盟组的成员在实践中发现这样一开放“问题”满天飞，讲台上的老师到底该抓哪一个？被孩子牵着走了，该学的又还没点到？积极性高了，一堂课的时间就飞快了，原本的“堂堂清”，而今“堂堂清不了”。

“教师课改联盟组”汇报展示活动的专家点评

经集体中反思、研究后，发现不能犯“激进主义”错误，一蹴而就是泡沫，需要一个个结慢慢解开。于是针对课改实施中的困惑与不足，针对各学段、各学科的特点，各联盟组又开设了系列的研究主题，如“小学生自主学习方法指导策略”、“低年级识字教学研究策略”、“小组合作学习建设与管理策略”、“数学思想方法指导策略”、“高学段语文读写结合教学指导策略”等小主题的研究，细化了研究主题，实化了研究过程。

12. 亮剑骨干研修课——树立骨干研修典型，精修课堂教学策略。

让一部分人先“富”起来。课务分配时，从课改实施出发，各年级设置课改骨干班主任，课改骨干班任课教师同样精心匹配，在课改联盟组的基础上，将课改意识强、课改坚持好的任课教师，实行“优优组合”、“强强联手”。只有这样的“志同团”的坚持与合作，才能让课改的过程留下可供触摸的痕迹。

通过“课改典型人物的研修课“、“课改标兵示范课”、“课改联盟组达优竞赛课”等系列骨干研修课的打磨，功夫不负有心人，很明显课改坚持好的班级，孩子们的学习兴趣高了，读书氛围浓了，理解、表达、思维能力强了，团队合作意识明显了！旗帜树起来了，镜子亮起来了，在事实面前，在反差面前，此时无声胜有声！课改全面强有力的推行，便是畅通无阻了！

“众人划桨开大船”、“大船航行靠舵手”，正是“教师课改联盟”的凝心聚力，激活了课改探索细胞，壮大了课改先锋力量，感召了课改随行部落。

第三节　课改导报新视窗

一、有感于一窗灯火

很多的时候，当我们伫立窗前，静静地看夜幕下城市的灯火，那闪烁的灯光在茫茫夜空仿佛燃烧的火焰，给迷茫无助的心灵丝丝温暖，让看不清的道路有了明亮的方向。

佛说：温暖是一种指引！而一盏灯光，就昭示着一方温暖和幸福。

那一窗温暖的灯光，是心灵的渴望，凝望漫天的繁星，我们是否不再迷茫？因为有那么一弯月，可以借着一扇窗，照亮我们的心房。

二、编织这样一扇窗

课改的漫漫征程，前行路的未知，我们无时不在眺望；来时路的坎坷，更需我们及时的回望。因为，唯有在回望中的记录与沉淀，推敲和醒悟，方能奠定前行的基石，拓宽前路的宽度。回望里的自我鼓舞、鞭策、提炼，更将激起前行的勇气与信心！

有没有这样一扇窗，让我们回眸，供我们眺望？在借鉴许多学校以办校刊、校报促进内涵发展的启迪下，姜湾开始酝酿这样一扇属于自己的窗，且摒弃诸如“雨燕”、“晨曦”之类的好听而意味深长的刊名，直抒胸臆创办——《姜湾课改导报》，以示姜湾课改心之决绝！

姜湾课改导报

求实创新 追求卓越

醴陵市姜湾小学课改办主编 2013年03月09日

课改动态

●我校在株洲市2012年度

“中小学研究性学习成果”评比中喜获佳绩

姜湾小学《醴陵乡土文化》校本教材破茧而出

乡土文化正式开通 醴陵校园网站

一份特殊的寒假作业

湖南省“十二五”教育技术研究规划课题

《乡土文化资源开发与应用的研究》中期研究报告

课改导报新视窗。图为课改办自主编辑的《姜湾课改导报》

办报宗旨：求实创新、追求卓越。

四大板块：

主版要闻——一期内课改重大成果展示、重要课改活动总结、重要课改举措宣传等，它是每期导报的主心骨，是为反思、探究课改而重磅出击的大手笔。

教海探航——一期内教师课改探索中的优秀教学案例、深刻教学反思、热点教研论坛等，它是老师们教海扬起的片片帆，也为老师的教研探究搭建了好平台。

学海拾贝——一期内孩子们学习中呈现的新颖而出色的作业成果、课改课堂中的感悟随想，它是孩子们学海涌出的颗颗金贝，更是孩子们一展身手的大舞台。

课改动态——一期内主要的课改活动简讯，短小精练，却透视着课改过程点点滴滴的实迹，它是课改探索中串串脚印，是它铺设和延伸着课改之路。

编辑流程：

总负责——姜湾小学教研室，全盘规划、定格一月导报的主要内容，部署各板块撰写负责人，同时负责审稿。

分负责——各主要职能部门、各教研组、各集体备课组、各班级。

总原则—— 投稿积分、发表有奖。只要积极投稿，因版面有限，未被发表的，同样计入年级或班级考核积分；被选入发表者，不仅有积分，还以篇幅长短发放辛劳稿费。

三、透过这样一扇窗

透过这样一扇窗，我们看到了老师们耕耘的幸福、探究的充实。

曾经少有人会及时反思自己教学过程中的得与失，并及时地有心记录；曾

经总易疏忽了主动与同事交流、淡漠了身边人日常工作中可学可仿的点滴……

青年教师刘舒琴老师感叹说：“我总以为写反思，交案例是多难的事儿，原来只要我们有心，在工作刚刚结束的温热状态，随心随性地赶紧记录几笔，再静思稍作整理，就能欣然出炉了！”

透过这样一扇窗，我们欣慰孩子们求知欲之强烈，求学路之快乐。

每一期投稿最积极最迅速的总是我们可爱的孩子们！每一次征询最多的、期盼最强烈的还是我们的孩子们。“老师，这期的课改导报什么时候发呀？”“下一期投稿又是什么样的主题呢？我想早点知道。”……

156班的陈文屹，拿到了人生的第一笔稿费——虽然只有少少的10元，那一刻，孩子欣喜若狂，如获至宝！为此，他居然为怎样让这“10元”升值，畅想了一番，又写了一篇长长的随感！这样看来，“10元”已经是大大地升值了，因为还有什么比历练孩子的自觉成长更有价值的呢？

透过这样一扇窗，我们触到姜湾课改历程之坚实，能清晰听到每迈的一步。

每一次重大的课改研讨展示活动，都浓缩在了用心撰写的工作回顾里，那不仅仅是一次活动图文并茂的呈现，更是姜湾人课改探索中思想与决策的相融；数不清多少个课改动态的小结，它亦如天上的点点繁星，却不是无序无为的散落，因为悄然串起，就是有名字的一个星座，有着它固有的意义、闪着它特别的光辉。

第一期“影子教师跟岗培训”现场

还记得2013年11月，初冬至而暖阳依旧，冥冥中是姜湾不同凡响的一段岁月。姜湾作为醴陵市唯一的一所“湖南教师培训基地校”，迎来了缘聚姜湾的第一批“靓影”——承办了第一期“影子教师跟岗培训”任务。

15天的培训，短暂却充实，辛苦而丰盈。当影子教师学员们在“精彩课余”时段进行“一天一报”的阅读欣赏时，手捧《姜湾课

2 姜湾课改导报 培训动态 2013年12月10日

如影随形 教学相长

湖南省骨干教师置换项目 "影子教师"培训 姜湾小学基地校开班典礼

省国培办黄佑生赴姜湾完小调研并探望学员

姜湾印象

"影子教师"参观考察醴陵市文化古迹

走近姜湾

教育名言

3 姜湾课改导报 教师风采 2013年12月10日

有一种爱叫放手

一路有你

如沐春风的圆梦之旅

我的指导老师

改导报》的学员们，由激动、惊叹到静读、沉思，进而探询、请教的一幕幕如此让人感动，又何尝不给了我们不辍编撰的动力？

在这样的感召下，在学校的倡导下，在学员们的积极响应下，全体影子学员与导师们，连同学校教研师训部，一同创办了一期"影子教师培训"导报专刊。记录着学员们在姜湾培训的课堂展示、活动心得、培训心语；见证着研学一体、携手共进的教研情怀；延伸着国培之路的宽阔与深远。

四、倚窗凝望的幸福

第一期的踌躇，初尝撰写的辛酸，首次倡导时的唏嘘；第二期的焦虑，真要办下去，工作量将有多大？撰写者能有多少响应？……伴着时光的车轮，一期、两期、三期、四期……数一数、叠一叠，不觉就到了十三、十四……越办越顺，越编越精、越看越有滋味！

倚窗凝望，回首来时路，淡忘了艰涩，欣慰着充盈，这何尝不是一种幸福？

倚窗凝望，展望前行路，曙光正亮着，路儿更宽着，这何尝不是一种幸福？

因为，有这样一扇窗，我们对窗观影，在自醒，更在提升……

因为，有这样一扇窗，我们亮窗纳谏，在鞭策，也在吸纳……

“务实创新、追求卓越”——《姜湾课改导报》这扇窗，我们定会越建越大，越擦越亮！窗里窗外，也定会越来越美！

第四节　激励评价讲策略

一、记住这一个日子

2012年4月27日，沐浴着明媚的春阳，醴陵大剧院门前欢快的腰鼓声响起来了、激昂的军鼓乐奏起来了，孩子们个个欢声笑语、老师们人人意气风发，姜湾小学一场别开生面的“创新性学习课改汇报演出暨优秀教师颁奖典礼”在这里隆重举行。

整场演出以“弘扬课改精神、呈现课改历程”为主线，展示“魅力师魂、阳光学子”的风采为宗旨，策划部署精心——两段凝练的VCR课改介绍，浓缩了姜湾课改踏出的崭新脚印和取得的骄人硕果，似两颗金钻，镶嵌在精彩纷呈的节目中，让整场演出核心凸显，主题鲜明。

形式丰富多彩——激昂振奋的铜管乐合奏、讴歌姜湾师魂的动情朗诵、生动活泼的英语课本剧、精心编导的情景剧、柔情优雅的教师舞蹈《水袖云间》——似颗颗亮丽小珠，串成了一条熠熠生辉的彩链，闪耀着姜湾的无限风采。“感动姜湾人物”及“姜湾课改标兵”的颁奖，更是荡起了演出感动的旋律，将姜湾师魂的魅力展现得淋漓尽致。参与面多而广——白发苍苍却精神矍铄的退休教师，重温浓浓的姜湾情结里更添了一份欣慰与自豪；尊师重教的家长们也荣幸地登上了舞台，家校合一的和谐画面更为演出添上了傲人的一笔。

从课堂到舞台，从舞台看课改，处处、人人、事事，多方位立体呈现，一展姜湾课改激流涌进的勃勃雄心，凝聚着姜湾众志成城、和谐创新的艰辛付出，人间四月芳菲醉，姜湾课改春意瑞！

二、洗好这一副牌

一方水土养一方人，一种制度管一群人。这“制度”是钢，这“制度”是

铁，唯有筑起铜墙铁壁，才能让课改的执行手腕强壮有力。“制度”需要人服从，同时“制度”又是服务于人的，变革是观念的争锋、行动的挑战，没有制度的变革，一切都是软着陆，甚至是一场闹剧。为了制度管理跟上课改的步伐，为了制度管理更好地服务于课改践行，姜湾管理团队审时度势“重新洗牌”。

总方针：捆绑竞评，抱团前进；拼团比个，重赏拾遗；定期公示，划等分档。

捆绑竞评，抱团前进——绩效考核评价，实行部门与分管年级捆绑制、教师与年级组、教研组、备课组捆绑制。

拼团比个，奖赏有情——个人绩效既纳入团队评比，又计入个体差异；评比优秀团队，也重赏优秀个人。

定期公示，划等分档——月月有考评，月月有公示，月月有表彰。年级、班级一月一榜，教研组、备课组、优秀个人一期一榜。

——《姜湾小学革新管理制度纲要》摘录

考评办法：

1. 全面考察制依工作性质需要，为全面掌握教师工作状态、考评教师工作实效，采取的一种全面开花似的考评办法，同期性地对全体教师或所有年级进行考评量化，划等分档。如教学常规普查、“一人一课大练兵”等。

2. 抽签考察制为减轻督导难度和工作量采取的一种便捷有力考评办法，学

激励评价讲策略。图为“姜湾小学课改标兵”宣传栏

校摊子大，事务杂，人员多，难全面开花，如何保证网撒得开，又收得有力，唯有一签定乾坤，以点带面，以点促面。真正实现以一石激千层浪，而杜绝一粒老鼠屎搅乱一锅粥。如随堂听课抽签定象，课堂展示抽签定人等。

普查与抽查，点面结合，双剑合璧。管理之箭，一射到底，一击就中，老师们既要有个人英雄主义，又要有团队合作精神，实现个体的超越，又确保了团队的提升。

三、出好这每一张牌

牌，洗好了，管理跟上了。这每一张牌，该如何出？这就是课改研究活动的推进与实施策略的问题了。

激励评价讲策略。图为姜湾小学“课改标兵”颁奖现场

1. 润物无声，浓化创新氛围。

氛围，是无声的激励；氛围，是有形的凝聚。让每一面墙说话；让每一个角闪光，让每一刻都在感受、熏陶；让每一个人都经受洗礼，鞭策。

走近姜湾小学的教室，你会欣然发现班级合作小组文化建设各具特色，别有深意的组合源自孩子们智慧的闪现，寄托着孩子们美好而共同的学习心愿；悬挂在教室后墙的警示语也依学段层次的不同，而倾注了老师们的良苦用心：低年级教室“别让老师牵着手，学会自己走一走”、中年级教室“让金子般的智慧在合作中闪耀”……还不能忽视的是校园内外横幅、宣传板报、红领巾广播站、红领巾电视台。《姜湾课改导报》，每月一期，是教师课改交流、研修的平台，是孩子学习、展示的舞台。

2. 有的放矢，优化评价制度。

让评价成为探究的标杆，课改探索的过程是循序进渐的，评价制度理应是一一对应的，不盲目超前，也不无为滞后。学校先后推出“课改践行课评价标准”、“课改达标课评价标准”、“课改达优课评价标准”。

姜湾小学“小组合作学习指导策略践行课”第一阶段评价标准

（试行）

1. 践行课达标评价标准：

教学设计：有学科模式化教学设计，合作学习点和探究点设置合理。

自主学习：能根据学段、学科特点，提出科学、合理自主学习要求，自主学习内容明确具体，自主学习习惯良好、自主学习时间充分，班级自主学习完成情况整体较好。

低学段：教师耐心培养学生自主学习能力，能提出明确、合理的自主学习要求，教给科学的自主学习方法，养成较好的自主学习习惯，重点考察课堂组织教学及学生学习行为习惯的养成。

小组合作：具备小组合作的基本形式——有分组、组名、分工形式的充分体现；能根据合作探究学习目标进行真实、有效的组内合作、探究、交流，不流于形式，不蜻蜓点水。

低学段：逐渐形成合作意识，开展两两合作；能集中注意力倾听。

教师评价：教师能对学生各环节学习生成进行及时、灵活、有效指导、评价。

2. 践行课达优评价标准：

教学设计：依模上课，学生活动贯穿课堂，活动目标精准，合作学习点和探究点设置合理，核心问题提炼恰当，能有效激发学生自主探究的欲望和兴趣。

自主学习：自主学习要求明确、自主学习内容合理、学生整体表现出较强的自主学习能力。探究在学生疑难处思维的生长点，让学生自主感悟、自主发现、自主创造。

合作学习：合作意识较强，合作交流有效，合作补充积极、合作评价有效；班级合作学习小组文化建设较好，不仅有分组、组名、分工，且学生行为约定训练有实效；制定并实施班级小组评价体系。

教师评价：教师将展示权、评价权还给学生，该出手时就出手，有效追问和提升，教师的评价、指导能对课堂教学进程起到推波助澜的作用。

课堂效果：充分尊重学生主体地位，学生学习热情饱满、积极投入；在和谐、民主的氛围中达成教学目标，现场抽测目标达成度好。

3. 排兵布阵，搭建研究平台。

期期精设教研活动，如“青年教师微课竞赛”、“小主题研究展示课活动”、“人人齐上阵，个个要达标”课改达标活动、“组组赛比帮”课改达优展示活动等系列教研活动，以活动推动研究，绝不为了活动而研究。

4. 春风化雨，精化奖励制度。

评选“课改标兵”、“课改典型人物”、“感动姜湾人物”；开设“研究课回馈奖”、“展示课优质奖”、“集体备课优胜奖”；增设“优秀论文奖”、“优秀教学设计奖”、“优秀课例奖”等。

一切只为高压的分数质量观松绑，看重课改研究的点滴过程。

再回首那一个日子——2012年4月26日“创新性学习课改研讨展示交流活动”。8堂教学展示课之后，我们欣喜地发现姜湾课堂形式“变”了，课堂主角“活”了，课堂点拨“巧”了，课堂实效“高”了，课堂氛围“乐”了！专家点评时，黄佑生主任充分肯定了“一三四X”创新性学习课改模式“极具针对性、科学性、系统性和实践性”，课堂教学呈现出“阳光活力、自主合作、和谐共声”的良好态势。

但那只是我们蓦然回首时留下的第一个灿烂的笑脸，姜湾并未驻足于此，满足于此，一次又一次的活动策划，是课改春天里的一场又一场及时雨，在滋润、在洗礼着姜湾课改谋划之策。我们在改中变，在变中改，且行且思，且思且行，昂首在路上……

第二篇 矢志不渝 一核心

导 言

本篇主要介绍创新学习能力的内涵与结构，创新学习能力的评价意义、要素及其策略。

创新学习能力的评价方式主要有四种，即教师对学生的评价、学生的自我评价、学生之间的互相评价和家长参与的评价。

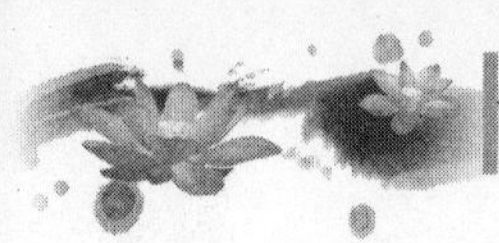

第三章　创新学习能力的内涵与结构

创新性学习不是近代才产生的，其历史和维持性学习一样久远。

从孟子的“尽信书不如无书”，荀子的“青出于蓝而胜于蓝”，到王充的“距师”“问难”、反对“信师是古”，到朱熹的“温故知新”、张载的“守旧无功”，在被认为是“因循守旧”的儒家文化中，也闪耀着创新性学习思想的光辉。

在国外，歌德有一句名言：“单学知识仍然是蠢人”，德国教育家第斯多惠说得很尖刻：“一个坏的教师奉送真理，一个好的教师则教人发现真理”，从“发现法学习”到“以探究为主的学习”，西方的现代教育思想极为重视创新性学习。知识经济社会和学习化社会的到来，创新性学习受到更多的重视。

那么，什么是创新性学习呢？我们的理解是：

1. 追求“青出于蓝而胜于蓝”，“踏着前人的肩膀向上攀登”。

2. 讲究“温故知新”、“推陈出新”。

3. 把学习能力、实践能力、创新能力视为衡量学习成果同等重要的标准。

4. 既要知识的“金子”，也要“点石成金”的手指。

5. “尽信书不如无书”，“吾爱吾师，吾尤爱真理”。

6. “发展独立思考和独立判断的一般能力，应当始终放在首位”。

7. “一切真理都要让学生自己获得，或者由他重新发明，至少由他重建，而不是简单地传递给他”。

8. “学”为主体，“教”为主导。

……

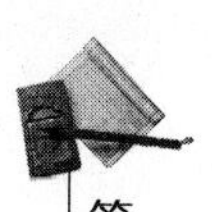

第一节　创新学习能力的内涵

培养和发展学生的创新学习能力，是我们学校实施“创新性学习”的核心目标。

一、培养小学生创新学习能力的意义

小学生创新学习能力是小学生在创新性学习活动过程中的一种心理特征，它不仅直接关系到小学生掌握知识的广度与深度，关系到小学生完成学习任务的效率和效果，而且对开发小学生的智力，促进小学生全面发展也都是非常重要的。从培养人才的角度来说，培养小学生创新学习能力的问题，也是人才培养中的一个非常重要的问题。所以，无论从小学生的学习主观方面来说，还是从培养人才等社会需要方面来说，培养小学生创新学习能力都具有重要意义。

实践证明，一个人的创新能力，不是头脑里固有的，而是在长期的学习活动和社会实践中逐步培养起来的。其中小学阶段的教育和培养，对未来人才创新能力的形成最为重要。小学教育是培养创新性人才的基础教育，不仅关系到未来人才的成长，而且关系到祖国的前途和命运，是一项具有重大和深远意义的战略措施。小学生通过创新性的学习，不仅增长了知识，提高了掌握知识的技能，而且进一步开阔了思路，促进了思维的发展，增强了学习兴趣。

二、创新学习能力的内涵

关于“创新学习能力”的涵义，目前学术界众说纷纭，大体有如下两个方面的观点：

观点一：创新学习能力是学习能力的高级层次。

他们认为，学习能力是一个人顺利完成某项实际任务的实际本领，其结构可分为以下四个层次：

（1）获得知识的学习能力。从认识过程的角度来看，它主要包括了观察能力、思维能力、想象能力等；从学习方法的角度来看，则主要包括阅读能力、听讲能力、提问能力等。

（2）巩固知识的学习能力。从认识过程的角度来看，它主要包括了记忆能

力、思维能力等；从学习方法的角度来看，则主要包括复习能力、练习能力等。

（3）应用知识的学习能力。从认识过程的角度来看，它主要包括实际操作能力等；从学习方法的角度来看，则主要包括实验能力、写作能力、计算能力等。

（4）创新知识的学习能力。从认识过程的角度来看，它主要体现了思维的新颖、独创等特点；从学习方法的角度来看，则包括了质疑、联想、迁移、组合创新学习能力等。

所以说，"创新学习能力"是学习能力的高级层次，林崇德教授将其称为"高级表现"，而刘岳雄教授则称之为"一切能力中的最高能力"。

观点二：创新学习能力是创新学习的重要组成部分。

所谓"创新学习"，即"创新性学习"，是与维持性学习相对而言的学习方式。它是指学习者在学习过程中，不满足于现成的答案或结论，以所学内容为基础，独立思考，多向思维，主动探索，标新立异，积极提出新问题的学习方式。其主要特点是新颖性、独创性。

"创新学习能力"由哪些部分组成呢？刘岳雄教授提出"创新学习能力"应包括"创新精神"、"创新能力"、"创新品格"和"创新成果"；特级教师龚春燕从学习心理的角度出发，提出创新学习心理品质应包括"创新学习意识"、"创新学习兴趣"、"创新学习思维"、"创新学习情感"、"创新学习意志"及"创新学习性格"等；叶瑞祥等主编的《创新学习能力论》则将"创新学习能力"分为"创新学习精神"、"创新学习思维"、"创新学习能力"、"创新学习方法"、"创新学习品格"、"创新学习成果"等六个部分。

以上两种论述或观点，应该说都有一定的合理性、科学性，对于我们研究"学生创新性学习"的组成系统，无疑是很有启发和帮助的。但我们认为，"创新学习能力"是一个人顺利

学校小记者就理解创新性学习的内涵采访校长

完成某项学习任务时，具有新颖、独特的综合的实际本领，其中包括创新学习意识、创新学习方法、创新学习思维、创新学习习惯及实际操作能力，这是我们对“创新学习能力”的定位与界定的认识。

综上所述，我们认为，所谓“创新学习能力”，是指学生在学习过程中，学生主动地参与学习，运用各种方式获取新的知识、信息，发现内在规律，形成知识结构；提出学习中各种新问题和运用各种知识解决问题；能根据自己的学习特点，选择学习策略，调整学习过程的能力。

该定义有着以下三个方面的涵义：

1. 必须是学生主动地参与。

四年级177班张仕涵同学是我们学校最“牛”的“小天文学家”。什么黑洞、日食、半影月食，同学们都说他无所不知。宇宙是怎样形成的？宇宙有边际吗？你知道黑洞是什么物质吗？银河真是用银子铺成的河吗？恒星永远不变吗？这些连大多数成年人都不甚了解的天文知识，而对他来说是信手拈来，讲得头头是道。

张仕涵的父母都是一中的地理教师。由于受父母的熏陶与影响，张仕涵从小就对天文知识产生了浓厚的兴趣。上一年级的时候，一到晚上他就仰望着天空，常问爸爸妈妈：“星星为什么会眨眼？天上有多少颗星星？”上二年级的时候，就主动上网、到图书馆查找资料。上三年级的时候，就学会了分类摘录，一年下来，做好了两本满满的笔记。

他骄傲地对爸爸说：“我喜欢天文知识，可是课本上又很少有这些内容，如果我自己不找书看，那将来怎么当一名宇航员呢？”

平时的学习也是如此，如果学习中缺乏一定的主动性，所谓“创新学习能力”的发展目标就不可能实现。因此，新课程特别强调学生积极主动地学习，倡导学生主动参与，乐于探究，勤于动手，培养学生获取新知识的能力、分

旨在培养学生合作意识的游艺活动

析和解决问题的能力。

学生应当是主动的学习者。许多教育事实也反映出，真正的学习并不是由教师传授给学生，而是出自学生本身，我们应该让学生自发地主动地学习，留给学生充分的自由，让学生自己找到并发现自己的答案。如果我们把每种事情都教给学生或者规定他们按固定的程式完成，就会妨碍他们的主动参与和自主发现，妨碍他们自主创新学习能力的发展。

2. 主动提出并运用各种知识解决问题。

在我们醴陵，有一处风景如画、绿树成阴的地方——仙山公园。每天都有不少游客和市民到那里接水。据说，那里涌出的泉水既清澈又甘甜，能促进植物生长，同时对人类也具有防治疾病的作用。

于是，我们也装了一瓶山泉水，想通过泉水浸种看山泉水是否对植物种子发芽具有促进作用。

我们找来了绿豆，挑出无虫、无霉变、饱满的种子各20粒，每10粒放在一个小杯里。分成两组，一组用山泉水浸种作为实验组，一组用自来水浸种为对照组。我们浸种20小时后把水倒掉，在种子上分别盖上用山泉水和自来水浸过的纸巾，用来保持湿度。我们每天冲浇纸巾，把它们放在阳光下，光照两个小时。

我们发现，实验组与对照组相比较，实验组存在多方面的优势，绿豆苗显得茁壮些。由此我们得出结论：山泉水的营养价值比自来水高，可以促进植物生长。

为什么会出现这种状况呢？通过查阅资料，我了解到自来水的制取主要是采用超过滤法、反渗透法，这样虽然有效地去除了细菌和有机物等污染物，但同时也有效地去除了钙、镁、铁等人体健康所需的无机物。因此，自来水没有污染物，也基本没有营养元素。

那么山泉水果真具有防治疾病的作用吗？我们采访了市环保局有关负责人，他们对市民接装山泉水的现象谈了一些看法，最后得出的结论是：山泉水只是从岩缝自然渗涌出来的普通的水而已，少污染是事实，但并非所谓能治百病的仙泉。因此，在未经过矿产资源部门检验之前，市民们还是少饮为佳。

——摘自学生的学习日记

这是我们学校五年级162班袁婉欣、陈怡等同学组成的“智慧学习小组”发现问题和解决问题的一个案例。

一个话题往往蕴含着一个问题。人类社会就是在不断地发现问题和矛盾，

解决问题和矛盾的过程中前进的。

一切为了学生的发展。发现、分析、解决问题的水平和成效是一种能力的培训过程；思维角度的开拓是一种创新能力的引导。阅读、练习、解题、采访、实训是一种实践能力的检验；记忆、观察、积累、对比、表达、作业等都是基本能力的积淀。其实这一切都是为了学生的能力发展。

3. 自我选择与调整“学习策略”。

在我们学校，每年都会进行图书“跳蚤市场”活动。

有两个班被安排在同一个区域。他们摆卖的大多是旧书，也有八九成新的，并且他们摆卖的书籍大都相同，即学习工具书、童话集、动漫书、科普书、各种期刊等。为了获得更多的班级经费，两个班成了竞争对手。

第一个班所有的学生站在一起，不停地叫卖，嗓子也很响亮，桌子前还用小黑板打出了“大甩卖”甚至“义卖”的广告，可卖出的书籍并不很多。

第二个班则采取的是更加灵活的策略：有的学生用打快板的方式向“观众”介绍书的内容与作用，如：“同学们，可知道：宇宙怎么起源？地球年龄有多大？心脏为何不停地跳？带着问题一同走进《十万个为什么》。”“你看看，你瞧瞧，《地球奇观》、《宇宙太空》、《植物天地》、《动物世界》、《人体奥秘》，你是否被《十万个为什么》所吸引，那就赶快来买吧！”有的学生向“观众”展示自己的读书笔记，谈自己的读书感受；有的学生给大家分发书籍，并不厌其烦地重复着“卖不卖没关系，先看看，也许这本书就是你最需要的。”活动还没过一半，这个班的书籍基本上就卖完了。

活动启示：

第二个班的做法中大有深意：其一，迎合了“买书者”的心理。就小学生而言，书的价格怎样？打不打折？不是最重要的，他们首先考虑的是书的内容对我是否有用？对书的内容是否感兴趣？其二，买者是有限的。买了我们班的，就不会买其他班的，他们先将书发出去，这个拿到书的人，是肯定不会去再买其他班级同类的书。即使有人看了书不给钱，也没有什么关系，相信大多数学生是这样想的：我看了这么久，不买真的有点不好意思了。

选择与调整策略，对营销类的活动而言很重要，对学习者的学习来说也同样重要。

提高学生的创新学习能力离不开学生的“创新性学习”，即学习者主动激

励自己并且积极使用适当的学习策略的学习。它不仅可以被看作是一种动态的学习过程（或活动），也可以被视为一种相对稳定的学习能力。

其实，学生只是了解各种不同的学习策略还不够，他们必须学会如何与何时适当地使用这些策略，以及愿意使用它们。

总之，教育、教学的过程形式不但是追求一种即达到的目的，而且是追求学生的眼前利益，更是追求一种能力和受教育者的长远利益。这大概也是应试教育与素质教育的本质区别之一吧！

第二节　创新学习能力的结构

关于创新学习能力的结构问题，一直是我们探讨的一个主题。

到目前为止，学术界对“创新学习能力”的结构有多种说法：

（1）是学习能力的高级层次。

（2）创新精神、创新能力、创新品格、创新成果。

（3）创新学习意识、创新学习兴趣、创新学习思维、创新学习情感、创新学习意志、创新学习性格。

（4）创新学习精神、创新学习思维、创新学习能力、创新学习方法、创新学习品格、创新学习成果。

……

以上的分类方法都有一定的合理性，但我们认为，“创新学习能力”是一种属于创新性学习方面的综合素质，应包括创新学习的意识、思维、方法、习惯等。其基本结构图如下：

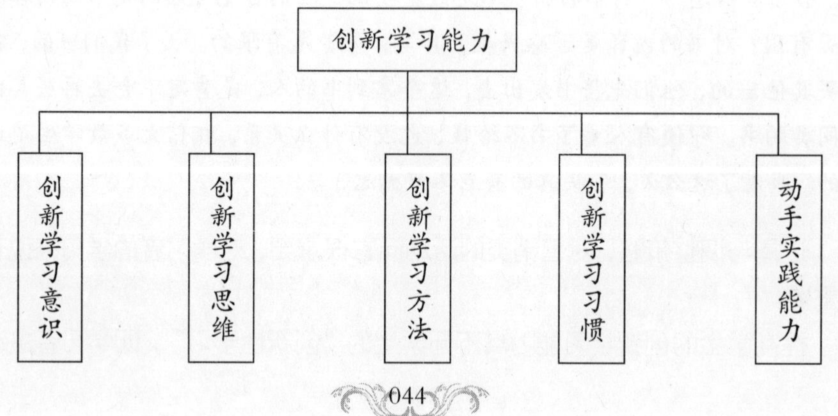

从以上结构图可以看出，培养学生的创新学习能力，旨在从小培养他们的创新学习意识、创新学习思维、创新学习方法、创新学习习惯及动手实践能力。具体来说：

一、创新学习意识的培养

创新学习意识的树立是小学生进行创新学习的前提和基础。只有在强烈的创新意识指导下，学生才会产生强烈的创新动机，树立创新目标，充分发挥创新潜能和聪明才智，释放创新激情。

【教学片段】加法结合律

□ 出示：1+2+3+4+……+99+100=？请同学们计算。

□ 学生尝试练习，教师适时启发。

□ 当学生得出“101×50=5050”后，教师出示德国著名数学家高斯的图像，并讲述高斯小时候就善于动脑，用快捷方法计算这道题的故事。

从某种意义上来讲，“问题意识”就是创新学习意识。宋代著名学者陆九渊说：“为学患无疑，疑则有进，小疑则小进，大疑则大进。”这是对问题意识作用的充分肯定。

要培养学生强烈的问题意识，至少需要教师实现三个方面的转变，即由教知识、考知识的传统模式，转变到以培养学生问题意识和开发学生潜能为教学本位的基点上；由培养学生的定向思维能力转变对发散思维能力的培养；要真正实现从应试教育向素质教育的转变，解放学生的时间和空间及手、脑、嘴和眼，引导学生善于发现、分析、解决问题。

二、创新学习思维的培养

小学生的创新思维能力主要包括观察力、直觉思维能力、发散思维能力、创造想象和逻辑思维能力。

培养学生的创新思维能力的途径是学科课堂教学，其次是活动实践。

课堂教学是一个在教师引导下学生主动参与、独立思考、自主发现和不断创新的过程。要使学生不断实现自我超越、自我创新，教师就必须创造条件，调动学生多种感官观察、思考、操作，更多地让学生参与到探究活动中去。

培养学生创新思维能力的教学策略与方法主要有：

行为参与——让学生在动手操作中创新。在教学过程中，凡能让学生动手操作的我们都会引导学生动手操作，并鼓励学生把知识应用于现实生活，从现实生活中获得知识和经验，在实践中验证自己的创造想象和创新思维的成果。

思维参与——让学生在动脑思考中创新。教学中，教师要耐心地引导学生自己去发现、去思考、去建构，在探究知识的过程中提高学生的创新学习能力。其中既要注重参与的“量”，又要注重参与的“质”，使学生的思维有一定的深度。同时还根据学生思维的特点，针对具体内容充分估计学生的思维可能性，巧妙地设置善意“陷阱”，适度地引入开放性的多层次、多样化策略的问题，为学生之间和师生之间的交流奠定良好的基础。

【教学片段】设计“照片纪念馆”

□ 事先要求同学们根据作文的要求，选择自己最有意思、最能反映自己的性格特点的一张照片及介绍自己的文章一同输入电脑，存入“大作文”专题网站（事先建立文件夹）。

□ 学生打开专题学习网站，选择某位同学的照片及内容。

□ 教师将该学生及其他学生写该学生的文章合并在一起，并配上照片。

□ 通过网络传输到全体同学的屏幕前进行交流、评改。

每个学生的生活都有其特殊性、多样性。在利用网络实现信息资源共享，奠定素材积累的基础的同时，引导学生从一个问题目标出发，沿着不同的途径思考，发散出去，从而培养了学生的观察能力、发散思维能力及搜集获取信息的能力。

三、创新学习方法的培养

朱熹曰：“事必有法，然后可成，师舍则无以教，弟子舍则无以学。”极言教学方法之重要。创新性教学方法是在创新性教学过程中教师创新性教的方法和学生创新性学的方法的辩证统一。

创新性学习方法有很多，其中主要有游戏学习法、互助合作学习法、科学记忆法、发现式学习法、想象学习法、织网式学习法、自主学习法、问题学习法、实践学习法、课题学习法、案例学习法、辩论性学习法、反思学习法等。

虽然小学生以具体感知学习为主，但是他们仍然有思想，有认识。他们也是在自己的思想和认识的指导下，采取步骤和行动的。所以，培养学习方法的意识很重要，要让学生知道学习方法的重要性。

为了让学生更好地掌握创新学习方法，我们学校曾创建过一个关于“学会学习”的专题网站。其内容大致分为两大块：

第一大块是“学会学习”。具体包括学会观察、学会搜集信息、学会思考、学会分析、学会记忆、学会表述、学会讨论、学会争辩、学会质疑、学会求异、学会创新等子项目。其中，每一子项目均链接了相应的实施策略，如“学会质疑”子项目中链接就有寻找法、留有余地法、追问法、反问法等。

第二大块是“解题学习”。如：逆推法、转换叙述法、根据“不变量”寻找突破口、从多角度思考问题、分数与份数巧结合等，且每一种学习方法中既有具体的案例，又有大量的习题供学生练习。

怎么让学生认识这个重要性呢？我们认为：第一，我们不能通过简单的说教，需要通过具体的事例示范，有的需要潜移默化地使他们明白这个道理；第二，要使学生能够理解学习方法具体的含义，让他们知道什么是学习方法，或者说某一个具体的学习方法；第三，要善于鉴别或者能够鉴别有效学习方法和无效学习方法；第四，要使学生能够大胆地尝试使用学习方法。

四、创新学习习惯的培养

创新学习习惯的培养与其他学习习惯的培养一样，需要经过自觉反复操练或不自觉重复而逐步形成的学习需要相联系的自动化学习行为习惯。

小学生的创新学习习惯主要包括质疑问难、遇事先设想、勇于实践、碰到问题多思考、多角度寻找解决问题的途径，认真思考、仔细检查等。

培养良好学习习惯的55个小故事：诗人与少年——谈学习的“秘诀；守株待兔——谈勤恳奋勉；两个和尚取经——谈克服困难；鲁班教子——谈吃苦与成功；孟母断织——谈日积月累；铁杵磨针——谈恒心和毅力；李贺的锦囊——谈天才与勤奋；吃粥苦读——谈自觉吃苦；“三余”读书——谈珍惜时间；不甘愚笨——谈勤能补拙；神童的泯灭——谈坚持不懈；“万”字万画——谈深究甚

解；滥竽充数——谈学真本领；县官吃菱——谈实事求是；小少爷赶考——谈独立学习；讳疾忌医——谈防微杜渐；明年再改——谈有错就改；草字先生——谈认真负责；画蛇添足——谈反骄破满；文银五两——谈严肃认真；小石鼠学艺——谈刻苦专一；项羽学艺——谈埋头钻研；薛潭学唱歌——谈谦虚谨慎；说实在话——谈诚实谦逊；戴震难师——谈勤学好问；皇甫绩自责——谈严于律己；管宁割席——谈执著追求；驴上推敲——谈精益求精；卫玠之死——谈清醒冷静；三个神童——谈非智力因素；点石成金——谈学习方法；两生学下棋——谈专心致志；粘知了的诀窍——谈聚精会神；常羊学射箭——谈全神贯注；后羿射箭——谈情绪稳定；空中楼阁——谈夯实基础；纪昌学射箭——谈练基本功；庖丁解牛——谈掌握规律；造父学驾车——谈把握要领；按图索骥——谈融会贯通；列子学射箭——谈知其所以然；卖油翁的绝技——谈熟能生巧；考不倒的徐文成——谈左右逢源；断竿进城门——谈思维能力；牧童评画——谈观察能力；惊弓之鸟——谈观察技巧；朝三暮四——谈现象与本质；观棋复局——谈记忆能力；路边李苦——谈判断能力；破缸救伙伴——谈发散思维；灌穴取球——谈创造性思维；曹冲称象——谈思维深度；鲁班造锯——谈联想能力；“这更不吉利”——谈运用比较；后生可畏——谈思维品质。

五、动手实践能力的培养

“勇于实践”是培养学生创新学习能力的一个重要前提。因此，教师要努力创造条件，给学生足够的时间和空间，让学生参与实践，使学生的个性得以展现。

但值得注意的是：教学时要防止对学生太多的“干涉”和过早的“判断”。因为，学生的创新正是在不断尝试、不断纠正中逐步发展的。如果怕犯错而在教学中“小心翼翼”地把实践步骤分得很细，以纳入教案轨道，剥夺了学生探索的乐趣和尝试失败后内疚与挫折的情感体验，结果只会使学生疏于动手，怯于尝试，干什么都束手束脚，勇于实践习惯又从何谈起。

【教学片段】数学综合实践活动课《我为妈妈过生日》

□ 确定主题：我为妈妈过生日。

□ 自主学习：出示情景图，学生上网到虚拟超市去购物，填写菜谱，确

定金额。

□ 小组交流学习。

a. 你们小组为什么要这样制定菜谱?

b. 说说你们是怎样估算的。

c. 你们小组从设计菜单到发布菜单的过程合作得如何?

□ 全班汇报交流，展示成果。

总之，小学生创新学习能力的培养，一方面离不开教师创新性的“教”，另一方面离不开学生自身创新性的“学”。也只有这样，学生的创新学习能力才能真正得到提高与发展。

第四章　创新学习能力的评价

进步比优秀更重要。

能力比知识更重要。

以往的教育只注重知识的评价，而忽视能力的评价，显然，这样的评价不利于学生的健康发展。新的课程标准指出：“评价不仅要关注学生的学业成绩，而且要发现和发展学生多方面的潜能。”由此可以看出实施“创新性学习”的重要意义。

如果把教育比作一片宽广的海洋，那新课改就是这片海洋里正勇往直前的航母，而课改的评价策略就是这艘航母的引航系统。只有设置准确，课改才能够成功。

制定创新性学习的评价体系刻不容缓，因为陈规旧习已经阻碍了课改的进一步推行。

制定创新学习能力的操作评价体系任重而道远，它需要把相对抽象的课程理念变成可操作的评价程序。

进行小学生创新学习能力的评价，需要我们正确引航，乘风破浪。

第一节　创新学习能力的评价要素

以往在学校的教育教学中，判断一个学生是否聪明的标准，通常是他的学习成绩或智力测验的结果。然而，人们越来越多地发现，在学校里学习成绩优异的学生，走上社会后取得突出成就的几率并不是很高；而上学期间成绩平平的学生，多有干出一番大事业者。从爱迪生到比尔·盖茨，从爱因斯坦到达尔文，依传统眼光来看，他们都不是学校教育的佼佼者。因此仅仅以学习成绩和

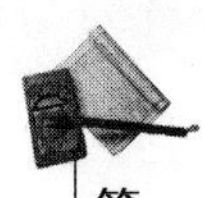

智力测验的结果来衡量学生是否“聪明”，无法解释众多学校教育的失败者却在不同的领域取得非凡成就的现象。

哈佛大学心理学家加德纳教授创立的“多元智能理论”为人们打开了一片新视野，他提出：“智力不是一种能力而是一组能力”，它所涵盖的八种智能在个体的智能结构中占有同等重要的地位，只是在不同个体身上表现出不同的特点，并且具有自己独特的表现形式。

这个理论为我们重新认识“创新学习能力”及评价提供了全新的依据。

“创新学习能力”不是一种能力而是一组能力，其中包括创新学习意识、创新学习思维、创新学习方法、创新学习习惯及动手实践能力。因此，对小学生“创新学习能力”的评价应包括以下几个方面：

——创新学习意识：发现问题意识，问题讨论意识。

——创新学习方法：自主学习，创新方式，反思学习。

——创新学习习惯：预习，质疑问难，多角度思考，搜集信息。

——创新学习思维：观察力，直觉思维，发散思维，创造想象，逻辑思维。

——实践创新：语言表达，实际操作，小发明。

每个人的能力是在不断发展的，特别是小学生可塑性强，随着时间的推移，他们的能力将会逐步得到提高，因此，对学生创新学习能力的评价，其目的不是为了对学生的能力进行鉴定，而只是作为一种提高学生综合能力的手段，通过每一次的评价，促使学生的创新学习能力尽快得到提高。

由于不同学段的学生在知识、能力、实践经验等方面存在着较大的差异，因此，对不同学段学生的评价要求也是不尽相同的。

比如在“问题讨论”方面：

低年级学生的要求——遇到问题，主动向同学、老师请教。

中年级学生的要求——与同学、老师一起讨论问题。

高年级学生的要求——为了研究问题，主动查阅和搜集资料，向有经验的人请教，能提出自己的观点。

学生创新学习能力的提高并不是一朝一夕的事，它是在知识的探索过程中逐步形成的，并通过实践，不断地提高。基于此，教师在平时与学生交流的过程中，必须抓住学生的表现，适时对其作出恰当的评价，切不可轻易批评某一个学生，更不能仅用几个简单的分数来衡量。

评价学生应明确学生的长处。作为教师，不能光看学生身上的缺点，而应更多观察他们身上的闪光点。在实际操作中，教师应该针对每项指标采取不同的评价方法，以尽可能全方位地发现学生在认知方面的长处。在教育教学中，多一把评价的尺子，就多一个好孩子；多看一眼学生，就多一份发现；卸下“眼镜”看学生，将是另一番景象。

基于上述思考，我们出台了如下“小学生创新学习能力评价指标与标准”。

一级指标	二级指标	具体要求		
		低段1—2年级	中段3—4年级	高段5—6年级
创新学习意识	发现问题	愿意看适合年龄特点的儿童书籍，有好奇心，愿意问为什么。	爱看课外书籍，乐意思考书中提到的问题，喜欢观察，爱动脑筋，不明白的问题愿意向老师请教。	乐意探究各种事物的特征与联系，对周围的事物乐意从不同的角度发现问题，提出自己的初步设想。
	问题讨论	遇到问题，主动向同学、老师请教。	与同学、老师一起讨论问题。	为了研究问题，主动查阅和搜集资料，向有经验的人请教，能提出自己的观点。
创新学习方法	自主学习	在老师指导下，对所学内容进行自学，学会画一画、圈一圈、记一记等方法，有问题能发问。	能按老师要求进行自主学习，对所学内容能展开独立思考，进行多向思维，能主动提出自主学习中自己不能解决的问题。	既有明确的目标意识，又能主动规划和安排自己的学习；学习中不满足于获得现成的答案或结果，对所学内容能展开思考，进行多项思维，创造性地探索新问题。
	创新方式	在老师指导下，能用多种方法解决一些简单的问题。	掌握获取知识工具和处理信息的方法，能用分析、归纳、综合、对比分析、灵活多变等方法解决问题。	掌握利用计算机主动地阅读与习作及搜索、处理、创造信息的方法；能运用分析与综合、抽象与概括、归纳与类比、联想与猜想以及形象分合、发散集中、实验发现等方法，创造性地学习。
	反思学习	在老师指导下，能对自己学习过程中的方法等进行简单的自我评价。	通过老师提供一系列的自我观察、自我监控、自我评价的问题，不断进行自我反思。	通过老师提供一系列的自我观察、自我监控、自我评价的问题，不断进行自我反思；能依据问题相互提问并作出回答。

一级指标	二级指标	具体要求		
		低段1—2年级	中段3—4年级	高段5—6年级
创新学习思维	观察力	能简单观察一些自然现像。	能使用多感官观察一些事物，自然观察。	能从一些常规现象或事物中概括出一些规律或特征。
	直觉思维	在老师的指导下，能对问题的答案作出大胆的猜想或设想。	能对问题的答案作出大胆的猜想、设想或顿悟，在老师的指导下对直觉的结论加以验证。	能迅速对问题作出合理的猜想、设想或顿悟，并能对直觉的结论加以验证。
	发散思维	在老师的指导下，能从不同的方面去思考问题；能从别人的发言中受到启发，修正或补充自己的意见，能进行合理想象。	运用已有的知识经验，有步骤地思考问题，能灵活地从不同角度思考问题，在发表自己见解时能说出理由。	思维有条理，能从多角度，多方面思考问题，有独特的见解，不固执己见，遇到问题能进行想象。
	创造思维	喜欢寻根究底，弄清事物的来龙去脉，能从别人发言中受到启发，大胆想象。	善于发现问题，能从不同的角度思考问题，并经常思考事物的新答案、新结果，合理想象。	善于发现问题与问题相关的各种关系，能从多角度、多方面思考问题，并经常思考问题，解决问题，并经常思考事物的新答案、新结果，合理想象。
	逻辑思维	较快地思考老师提出的问题，顺向思维流畅。	初步从几个方面寻求解题依据，逆向思维有一定的速度。	集中自己学过的知识和生活经验思考问题，能一题多解。
创新学习习惯	预习	初步学会预习。	能坚持预习。	能长期坚持预习。
	质疑问难	会听，敢于提问，积极思考。	会听，认真观察，敢于提问，积极思维。	会听，认真观察，敢于和善于质疑问难，积极思维。
	多角度思考	遇到问题，能在老师指导下想办法解决。	遇事先设想，遇到问题能大胆探索，多角度寻找解决问题的方法。	不拘泥于书本，不迷信权威，大胆探索，遇事先设想，遇到问题多角度寻找解决问题的途径。
	搜集信息	能搜集信息资料，及时订正作业中的错误。	主动搜索相关信息资料，能对解决的问题进行自我检查。	按需索取，主动搜索相关信息资料，能对解决的问题进行自我检查。
实践创新	语言表达	能用学过的词语说一段话，用词准确、恰当。	能形象生动地介绍熟悉的人或一件所经历的事。	向大家介绍读过的一篇文章或一本书，说出自己的内心感受。
	实践操作	能按教师的要求操作电脑，能进行简单的电脑操作和上网操作。	会使用电脑，能利用网络查寻资料，根据课题的内容和目的，在教师的指导下较顺利地完成任务。	较熟练地操作电脑，能充分利用网络主动搜集并分析相关信息资料，会设计或进行一些创造性活动。
	小发明	在老师指导下，根据自己的想象做一些简单的学具或模仿制作简单的小物品。	能自己设计并制作带有创新因素的学具、网页或物品。	能提出或制作体现自己意愿的专题网页、小发明、小制作，能设计一些新的游戏或设计带有特色的活动。

第二节　创新学习能力的评价策略

学生创新性学习，是指导学生主动、有效地参与学习，在动态中探索未知，独立地发现问题，寻找有创意的解决问题的方法。因此，对学生创新学习能力的评价，一定是动态的评价。

除此之外，对学生创新学习能力的评价还有如下几个特点：

1. 在对比对象上，是拿自己和自己进行对比，而不将自己与他人进行对比。

2. 在所关心的问题上，关注的是学生在新的条件下如何学习，而不只是学习的结果。

3. 就评价结果来看，关心的是学生的发展潜能，而不是用它反映学生在所属群体中处于什么位置。

4. 从评价过程上看，关心的是学生学习新知识和新技能的过程，而不是已掌握知识和技能影响下形成的结果。

《数学课程标准》指出：数学学习评价，既要重视学生知识技能的掌握和能力的提高，又重视其情感、态度和价值观的转变；既要重视学生学习水平的甄别，又要重视其学习过程中能动性的发挥；既要重视定量的认识，又要重视学生的自评、互评。总之，应将评价贯彻于数学学习的全过程，不忽视评价的甄别选拔功能，更突出评价的激励与发展功能。

《语文课程标准》又指出：“实施评价，应注意教师的评价、学生的自我评价与学生间互相评价相结合。”

对学生创新学习能力的评价，我们一般采用以下四种方式：

一、教师对学生的评价

“很好”、“真好”、“真不错”、“你真棒”……这样的评价在我们平时的课堂教学中经常可以听到。刚开始，学生可能很开心，但这种评语用得多了，学生就会变得麻木，甚至有很大的反作用，令学生难以清楚地认识到自己好在哪里，还有哪些不足，找不到努力的方向。因此，教师在课堂教学中进行恰当的评价就显得尤为重要。

作为教师，首先要明白需进行重点评价的对象或内容，即学生在学习过程中的独立思考、大胆探索、勇于实践等行为，以及提出的新思想、新观点、新思路、新设计、新意图、新途径、新方法等。

教师对合作学习小组进行评价

【教学片段】9的乘法口诀

当学生编完“9”的乘法口诀后，教师要求学生仔细观察、思考：你有什么办法能快速记住“9”的乘法口诀？

生A：多读，读多了就记住了。

生B：我发现，每句口诀中被乘数都是9，后一句口诀中乘数比前一句多1，积就比前一句多一个9。我们可以这样记：把上一句口诀的积加上9就是下一句口诀的积。

生C：我也发现，上一句比下一句少1个9，我们记住了下一句口诀，就能很快推出上一句口诀。

生D：每句口诀中积的十位上的数相加都是9，如“四九三十六”口诀中的“3”加“6”等于9。这样，我们就好记了。

生E：我还知道，可以用十个手指帮助来记忆。

教师肯定了A、B、C、D、E的发现，并鼓励学生继续想办法。

生F：我发现，1个9比10少1，2个9比10少2，3个9比10少3……几个9比10少几，所以……

教师对F给予了充分的肯定，学生也为F报以最热烈的掌声。

最后，教师根据同学们的意见，给A加了1分，给B、C、D、E分别加了2分，给F加了3分。

在上述教学片段中，F的发言更具有创新性，教师给予了重点评价。

“创新”是一个相对的概念。我们认为，小学生在学习过程中只要相对自己来说，是一个新的思想、新的观点、新的思路、新的设计、新的意图、新的途径、新的方法等，这也是创新性学习。如上述教学片段中B、C、D、E是在观察的基础上，并通过积极思维，感受到了数量之间的相互关系，这些对他们自己来说，也是新的发现，所以仍然要值得肯定。这样，会更有利于激起学生探索规律的热情。

在创新学习过程中，教师的评价艺术尤为重要。教师评价的总体原则是：关注全体学生的全面发展，使每个学生都能从评价中获得激励。对那些优等生来说，教师的评价重在激励，激励他们挑战、创新；对那些后进生来说，教师的评价要重在鼓励，鼓励他们敢读、敢说，鼓励他们克服自卑和依赖心理。

【教学片段】《燕子》

教师引导学生有感情地朗读课文之后，教师对一个学生这样评价：“你读得真不错！老师仿佛听到了活泼机灵的小燕子夸你读得好呢！如果你的声音能够再响亮些就更棒了，能再试一次吗？”学生马上点头回答：“能！”于是，他又读了起来。这一次，他不仅朗读得很有感情，声音也响亮了。

我们发现，有了教师的引导和激励，学生朗读的积极性提高了。

在创新学习过程中，教师的语言性评价固然重要，但非语言性评价也同样重要。多种动态无声的和静态无声的体态语言的运用，比如一个真诚的微笑、一个竖起的大拇指、一个肯定的眼神、一个轻轻地抚摸等，这些无声的评价是发自内心的，都将收到意想不到的效果。例如。当学生回答问题准确生动，教师可以用赞许的目光表示鼓励，或肯定地点点头，拍拍学生的肩膀；当学生精力分散，走了神，教师可用皱眉、沉默、凝视等提示；当学生自觉性较强，课堂纪律较好时，教师可用亲切的目光主动捕捉学生的视线，脸上露出满意的笑容……不要吝啬这小小的举动，它会拉近你和学生的距离，提高教学效率。每一个教师都有自己独特的语言表达方式，因此，如果能将有声语言和体态语言、预设语和随机语等课堂评价语有机结合，根据学生的反馈信息或突发情况，灵活巧妙地进行评价，定能打动学生的心，使课堂更精彩、更有活力。

课堂教学中对学生的评价重在平时，期末，班主任还要对学生的创新性学习进行一次综合性的评价。评价的依据一般来自于：

1. 平时对学生的观察与记录。

2. 其他任课教师的意见。

3. 学生的自评意见。

4. 学习小组中的互评意见。

5. 家长的评价意见。

学生创新学习能力评价表

班级：　　　　姓名：　　　　班主任：

一级指标	二级指标	表现特征
创新学习意识	发现问题	
	问题讨论	
创新学习方法	自主学习	
	创新方式	
	反思学习	
创新学习思维	观察力	
	直觉思维	
	发散思维	
	创新思维	
	逻辑思维	
创新学习习惯	预习	
	质疑问难	
	多角度思考	
	搜集信息	
实践创新	语言表达	
	实践操作	
	小发明	
综合评价		

二、学生的自我评价

自我评价就是让学生自己评价自己，教师可以要求学生对他们的行为或作业作出自我评价。现代教学理论认为，自我评价能消除被评者本身的对立情绪和疑虑，调动学生参与评价的积极性，还能引导学生认识自己、剖析自己、反

思自己，以促进成长。为此，作为教师，要特别注重让学生评价自己的课堂表现。

181班学生进行自我评价

在教学《为中华之崛起而读书》时，一位教师在指导学生朗读时是这样倡导学生自主评价的：

教师出示周恩来回答的“为中华之崛起而读书”这一句。

问：“谁有把握读好这一句？”

有位学生重读了“崛起”这两个字，他读得很认真，也很自信。

“请你自己评价一下读得怎样。”

学生开始评价起来：“我把‘崛起’这两个词加重了语气，把周恩来坚定的信念读出来了。”

“真好，你体会得很深刻。”

在上述朗读过程中，学生自己当自己的评委，教师仅在引导。教师和学生进行平等的交流，学生是自己的老师，而评价成了促进学生朗读能力提高的手段之一。

学生在朗读、讲故事、口语交际和合作学习等过程中，教师要引导他们对自己的表现作出判断，逐步由概括性评价向具体、客观的评价发展，提高学生的自我监控能力。同时，还要鼓励学生多做自我反思，进行自我比较，找出自己的进步和不足。

【教学片段】习作——《记一处参观、浏览过的地方》

教师引导学生自评习作：再读习作，对照以下几点要求进行修改，并给自己打分。

□ 按一定的参观、浏览顺序写。（20分）

□ 所写景物特点要突出。（30分）

□ 发挥你丰富的想象力。（30分）

□ 你用上了哪些好词佳句？（20分）

进行作文教学，一个非常重要的步骤就是修改，如何修改作文对学生来说是很重要的，可以要求学生在自我修改之后再与同学交换修改，并写出简单的评语，慢慢地，学生的作文水平得到了普遍提高。

学生自我评价表

姓名：______　　　　班级：______

评价内容	评价等级			评价目的
	优	良	中	
我爱好看课外书籍，能思考书中提到的问题				是否发现问题
我能在不懂时向别人请教				是否敢于请教
我在学习的过程中感到快乐				是否兴趣浓厚
按老师的要求进行自主学习				能否自主学习
遇到我会回答的问题都主动举手				能否主动参与
我能认真听老师讲课，听同学发言				能否认真专注
我能认真学习校本教材中每一种学习方法				是否注重学习方法
我能运用多种方法解决问题				是否运用学习方法
学习过程中我能进行自我评价或自我反思				是否进行反思
发言时声音响亮				能否自由表达
我能积极参与小组讨论活动，与他人合作				是否进行合作学习
学习中我能提出不同的意见				是否创新性学习
我能坚持预习				是否坚持预习
我会指出同学错误的解答				是否敢于否定
我能常得到老师的表扬、同学的赞赏				是否欣赏自我
我已养成良好的完成作业的习惯				能否独立思考
我能展开丰富的想象理解教学内容				是否富于想象
能积极参加学校的社团活动				是否参加学校活动
能积极参加课外实践活动				是否参加实践活动
我能做一些简单的学具				是否动手
最欣赏哪个同学的表现呢？为什么？				

<table>
<tr><td colspan="2" rowspan="2">评价内容</td><td colspan="3">评价等级</td><td rowspan="2">评价目的</td></tr>
<tr><td>优</td><td>良</td><td>中</td></tr>
<tr><td colspan="6">我还有哪些问题问老师</td></tr>
<tr><td>得分</td><td></td><td colspan="4">“优”5分，“良”4分，“中”3分</td></tr>
</table>

三、学生之间的互相评价

小学生年龄较小，往往对自己的认识还不够深刻，从而使他们无法完整、全面、公正地进行自我评价。因此，在自评的基础上，应鼓励学生相互评价。学生互评，是一种十分有效的教学评价形式，它可以使课堂建立良好的生生互动关系，教师如果组织得好，必将是一笔丰富的教学资源。有人就认为，生生互动，能增强学生在集体中的安全感、信任感和归属感。比如组织“讲故事比赛”、“口语交际”等，这时的课堂常常是情绪最高昂、气氛最活跃的，发言同学各展才华，听的同学各抒己见，能得到同学的真诚称赞或认同或指正，不仅使评价成为目标，也成为学生不断前进的动力，成为促进学生自我发展的机制。

合作学习小组成员间交换作业相互评价

教学中，我们还可以开展同桌互评、小组互评及全班范围内对学生进行评价。如朗读、背诵、作业，在自评的基础上进行互相评价，鼓励学生相互促进、相互补充，在互评中求进步、促发展。

在四年级认识我国不同地区环境对人们生活、生产的影响之后，一位教师要求学生列举家乡生活方式与其他地区的不同，这是一个比较典型的解决问题式学习。在这一活动中，学生能否搜集到足够的信息，以及能否恰当地运用资源十分重要。于是，教师设计了一个“评价指标”，组织小组互评，重点是评价学生搜集和处理信息的能力。内容如下：

信息资源的来源——是否能够从周围可能提供有关信息的人或部门了解有

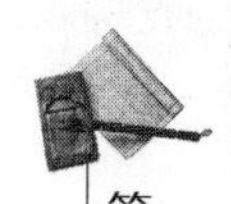

关信息；是否能够广泛利用各种资料，如报纸、杂志、书籍、网络等。

资料的数量与种类——是否多样性、丰富性。

资料的质量——是否可靠、详细、具体。

资料的全面性——是否搜集到能反映不同意见、不同主张的资料。

处理资料的能力——能否对相同资料做出归类；能否对不同的资料进行比较；能否对于资料进行再加工。

运用资料的能力——是否能够从资料中得出合理的结论；是否能够运用各种资料正确地归纳因果关系。

每个学生都有自己独特的想法，小组合作学习，是学生交流想法的最好时机。在布置学习任务时，我们可以作出这样的规定："先自己想想该怎样解答这个问题，然后，在组里说说你的想法，一个人说的时候，其他同学一定要认真听，对他的说法，其他同学都要提出看法，不对的要指出，不会说的，要让他学会直至会学。"这样安排，可以让学生通过相互交流，充分暴露他们的思维过程，也可以让他们养成敢争、敢驳的习惯，既锻炼了学生的思维，也培养了他们的团结合作意识。

同样如此，除了课堂上的相互评价外，班主任也会定期组织学生以学习小组为单位进行成员间的相互评价。其操作流程一般为：学生进行自我评价——利用班队活动课学习小组成员逐一陈述——根据对方的陈述情况及自己平时的观察逐个评价——交流评价意见。这样的评价活动一般每学期进行两次。

小组成员互相评价表

学习小组名称：________　　　　评价人：________

评价内容	评价对象					
爱好看课外书籍，能思考书中提到的问题						
能在不懂时向别人请教						
在学习的过程中感到快乐						
按老师的要求进行自主学习，并能独立思考						
遇到我会回答的问题都主动举手						
能认真听老师讲课，听同学发言						

评价内容	评价对象					
能认真学习校本教材中每一种学习方法						
能运用多种方法解决问题						
学习过程中进行自我评价和自我反思						
发言时声音响亮						
积极参与小组讨论活动，与他人合作						
学习中能提出不同的意见，运用不同的方法						
初步学会了预习，能坚持预习						
会指出同学错误的解答						
常得到老师的表扬、同学的赞赏						
已养成良好的完成作业的习惯						
能展开丰富的想象理解教学内容						
能积极参加学校的社团活动						
能积极参加课外实践活动						
能做一些简单的学具						
合计（“优”5分，“良”4分，“中”3分）						
最欣赏哪个同学的表现呢？为什么？						
我对同学的建议：						

四、家长参与评价

让学生、老师、家长三方形成评价合力，是最大限度发挥了评价主体作用的重要举措，通过家长的建议及多方信息的反馈，让学生看到一个清晰的自我。

家长对孩子的评价语

你是一个聪明活泼、思维灵活、富有爱心、积极向上的小男子汉。学习上你总是能独立自主地完成各项学习任务，更大的进步是遇到质疑问难后能主动通过工具书或网络去寻求答案。妈妈很欣赏你的开拓创新精神，对问题总是能提出自己的独特见解。这个学期，你学会了合理地安排自己的学习时间，有计划地去做每一件事情。妈妈相信：只要你坚持下去，一定会有长足的进步

168班黄芊毅的家长：钟海燕

进入四年级学习阶段后，你的阅读理解能力有所提高，能自觉利用课余时间翻阅课外书籍，扩大了知识面。你的数学思维能力也提高了，对于那些拓展题或思考题，你善于思考，懂得了打电话给同学共同来解决。英语也能开口朗读，新单词、新语法基本上被消化。

168班徐睿雄的家长：徐利

你在学习能力上有明显的变化。现在，你基本上能独立学习了，说明你已具有一定的学习能力，爸妈也很少为你操心了。在学习方法上你也有所提升，阅读时懂得了将好词优句摘抄，并能融会贯通到自己的写作当中。在数学解题方面，能积极思考，开始尝试运用多种方法解决同一个问题。你还积极参加各种综合实践活动，懂得劳动的辛苦，锻炼了你的实践能力。

168班黎瑾的家长：易利军

自从你加入了“团结队”后，不但提高了自己的自信度和自尊心，也能发现自己的长处，主动参与。善于讨论，积极发言，语言表达能力有了较大的提高，合作意识与合作能力也得到了很好的培养。每天能坚持预习，并且能自觉标记出各种疑难问题，说明你在课堂学习中具有很强的针对性，因而学习成绩有了很大的提高。业余时间你还参加了交通“小红帽”实践活动。春节前夕，在返乡车辆和人流量增大的情况下，你站在最繁华的汽车站路口，帮助老人、孩子安全过马路，提醒行人不要闯红灯，自觉遵守交通法规，得到了交警叔叔的称赞。

182班张宇峰的家长：李玲

学校召开的“如何评价孩子”主题家长会

你在各方面都有了明显的进步。不但学习成绩优秀，还能够运用所学知识解决一些问题，将所学知识运用到实践中去。今年正月，你参加了卖烟花的实践活动，锻炼了综合能力。你头脑思维敏捷，对社会实践有自己的思考，逐步形成了自己独立的思考习惯。

168班邓宇轩的家长：邓治国

你在老师的亲切关怀下和同学的热心帮助下，能积极主动地学习，学习能力有了很大的提高。你注重了多途径、多渠道知识的积累，更注重了学习方法及解决问题策略优化，善于和爸爸妈妈讨论解决生活中的数学问题，积极参加各项社会实践活动。望戒骄戒躁，努力学习，做一名新时期的优秀小学生。

168班陈昊的家长：陈洪亮

近年来，你在各方面都取得了可喜的成绩。学习能力变强了，能主动思考问题，不再完全依赖家长。学习也变得越来越轻松了，不是死记硬背，而是灵活运用所学知识解决实际问题。积极参加综合实践活动，不断陶冶情操，增强了社会责任感。希望你在今后的学习和生活中，再接再厉，争取更大的进步。

168班汪琪博的家长：汪中建

你从小就文静乖巧，成绩一直名列前茅。有广泛的兴趣爱好，喜欢书画、弹琴等。思想上日渐成熟，在自理自立方面有很大的进步，而且更加懂得去理解父母，懂得站在他人的角度去看待问题。你心地善良，富有同情心，学习上也比较主动，书写工整美观，能自己管理自己，爸妈感到十分欣慰。

168班钟思佳的家长：王丹清

你是一个诚实守信、聪明善良的好孩子，自我管理意识较强，勇于正视自己的缺点并能及时改正。爱好广泛，喜欢阅读课外书籍，热衷于参加社会实践活动。在活动中，我们欣喜看到你有很强的责任心，能关爱包容同学，主动承担重担，大家都夸你是一个懂事的好孩子。

168班邓张锐的家长：张智勇

我们在实践中体会到，营造良好的评价氛围很重要。学生们在融洽的课堂气氛感召下，思维活跃，求知欲旺盛，敢想敢说、敢问，乐于发表意见，大胆质疑，勇于探索，极大地激发了学生的兴趣和主动参与的积极性，学习过程真正成了师生共同的生命历程，课堂真正成为了学生生命发展的空间。只有这样，学生的创新学习能力才能得到更好的发展。

第三篇 运筹帷幄 三途径

导言

“创新性学习方法导航课”、“创新性学习学科教学课”、“创新性学习活动实践课”是我们学校实施“一三四X”创新性学习的三条基本途径。

本篇主要介绍了“创新性学习方法导航课”、“创新性学习学科教学课”、“创新性学习活动实践课”三条基本途径实施的意义、策略、方法等，并列举大量的案例。

“创新性学习活动实践课”在我们学校主要有“创新性学习学科”、“创新性学习班队”、“创新性学习实践活动”及“创新性学习德育活动”四种形式。

第五章　独创创新性学习方法导航

有人说，掌握学习方法，可以节省学习时间，提高学习效率。

有人说，掌握学习方法，就意味着在相同的时间里能获得比别人更多的知识和技能。

美国著名的科学家爱因斯坦认为，成功=刻苦努力+方法正确+少说废话。

英国著名的美学家博克所说：“有了正确的方法，你就能在茫茫的书海中采撷到斑斓多姿的贝壳。否则，就常会像瞎子一样在黑暗中摸索一番之后仍然空手而回。”

英国科学家达尔文说：“世界上最有价值的知识是关于方法的知识。”

美国著名未来学家阿尔温·托夫勒说：“未来的文盲不再是不识字的人，而是没有学会怎样学习的人。”

郭沫若说：“教学的目的是培养学生自己学习，自己研究，用自己的头脑来想，用自己的眼睛看，用自己的手来做这种精神。”

……

实施创新性学习的核心目标是培养和发展学生的创新学习能力，而创新学习方法又是创新学习能力的一个重要的组成部分。

“创新学习方法”就是学生在学习知识的过程中，独立思考，大胆探索，别出心裁，提出自己的新思想、新思路、新问题、新设计、新途径等。

如何让学生尽快掌握常用的创新学习方法呢？我们的做法是“三步走”：

第一步：选择、确立适合小学生的创新学习方法。

第二步：从“隐性”到“显性”，编辑《小学生创新学习方法指南》校本教材。

第三步：开辟特色课，实施“小学生创新学习方法指南”的教学与实践。

第一节　大海捞针选方法

也许大家听过“田忌赛马”这个小故事。

孙膑是战国时期的军事家，他同齐国的将军田忌很要好。田忌经常同齐威王赛马，马分三等，比赛时，以上马对上马，中马对中马，下马对下马。因为齐威王每一个等级的马都要比田忌的强，所以田忌屡战屡败。

孙膑知道了，看到齐威王的马比田忌的马跑得快不了多少，于是对田忌说：“再同他比一次吧，我有办法使你得胜。”

临场赛马那天，双方早早地来到比赛场地。一声锣响，比赛开始了。孙膑先以下马对齐威王的上马，再以上马对他的中马，最后以中马对他的下马。比赛结果，一败二胜，田忌赢了。

启示：事物的质变，不但可以通过量的增减而引起，而且可以在量不变的情况下，通过调整内部的排列组合而引起。

赛马有方法，学习上更是如此。

如果你留心观察的话，也许你会发现，在我们身边的学生之中，有不少学生学习是非常勤奋的。他们除了白天学习外，晚上还要学习到深夜，有的学生甚至课间的十分钟也不放过，得来的却是成绩平平；相反，有的学生学习中并不十分紧张，除了上课和自习课外，其余时间很少用于学习，可是学习成绩却很好。这是为什么呢？也许你会说这是由于前者的脑子笨而后者的脑子灵。其实不然。人体解剖学告诉我们，在同一个年龄段，一般正常人之间脑子的构造和重量相差是微乎其微的。那么原因又何在呢？

实践告诉我们：正确的学习方法掌握与否是其中最重要的一个影响因素。在平时的教学中，由于教师忽视了对学生学习方法尤其是创新学习方法的指导与训练，学生对学习渐渐失去了兴趣，甚至厌烦学习。表面看来，这是学生没有领会知识，没有学懂，没有学会，实质上是他们不会学习，不会正确的学习方法。由于缺乏学习方法，越到高年级，知识越多，这些学生就越学越难，最后

导致对学习完全丧失信心，厌恶学习，逃避学习。

众所周知，学习方法是"隐性"的，它渗透于每一学科、每一学习内容、每一学习方式之中，即每一学科、每一具体学习内容、每一种学习方式都有与之相对应的学习方法。

如何将这些"隐性"的学习方法"显性"出来呢？编辑成校本教材，对学生进行专门的指导与训练，让学生掌握一定的创新学习方法，这正是我们一直所希望的。

因为，学习方法成百上千，多于牛毛，孩子们不可能在短时间内一一掌握，我们必须在众多的学习方法中找到最适合小学生的科学的学习方法。于是，我们开始了"大海捞针"式的筛选工作。

学习方法的"筛选"同样要讲究科学。在"筛选"过程中，我们坚持以下几个方面的原则：

1. 科学性原则。

科学的学习方法具有广泛适应性，还具有科学性和工具性等特点。它适合于每个人，符合于用脑卫生，而且对每个学科都有用。科学的学习方法包括智力因素的培养和非智力因素的培养，包括学习的通法和各科的学习方法等内容。

2. 实用性原则。

即，在学习过程中经常用到，且易学、易懂、易掌握的学习方法。这些方法能有效解决学习中遇到的种种问题。

一般来说，学生获得的知识是比较零碎的，如果没有完整的结构把它联系在一起，那是一种多半会被遗忘的知识。一串不连贯的论据在记忆中仅有短得很可怜的寿命。所以，合理组织认知结构，编织知识之网，不仅有助于理解，减少学习材料的复杂性，而且有助于记忆和检索，把握知识的脉络。

这就是织网式学习法。它不仅适用每个学科的学习，而且是一种很实用且必不可少的学习方法。

3. 适用性原则。

学习方法的"筛选"，必须考虑学生的年龄特点。有些学习方法对整个小学阶段来说确实是好方法，如辩论学习法、案例学习法、网络学习法、课题式

学习法等，但这些学习方法对低年级的学生来说是不适宜的。相反，有的学习方法对低年级学生来说是必不可少的，但对于高年级的学生就没有那么必要了，如：兴趣学习法、多感官学习法、读书笔记学习法、音乐学习法、情景学习法等。

4. 一致性原则。

“创新性学习”是我们的课改之“旗”，而实施创新性学习的核心目标又是培养和发展学生的创新学习能力。因此，学习方法的“筛选”必须要与这一核心目标保持一致。如生活学习法、想象学习法、实践学习法、互助合作学习法、发现式学习法、课题式学习法等，这些学习方法就有利于小学生创新学习能力的发展。

学校还成立了“学习方法筛选工作小组”，由教科室牵头，学科骨干教师通过参阅各种学习方法专著、搜集网络资源、整理教师教学实践资源等途径，千方百计搜全“学习方法资源库”，里面有近百种学习方法，并从中精心筛选出最实用、最常用、又易于被学生掌握的高、中、低段创新学习方法各二十种。

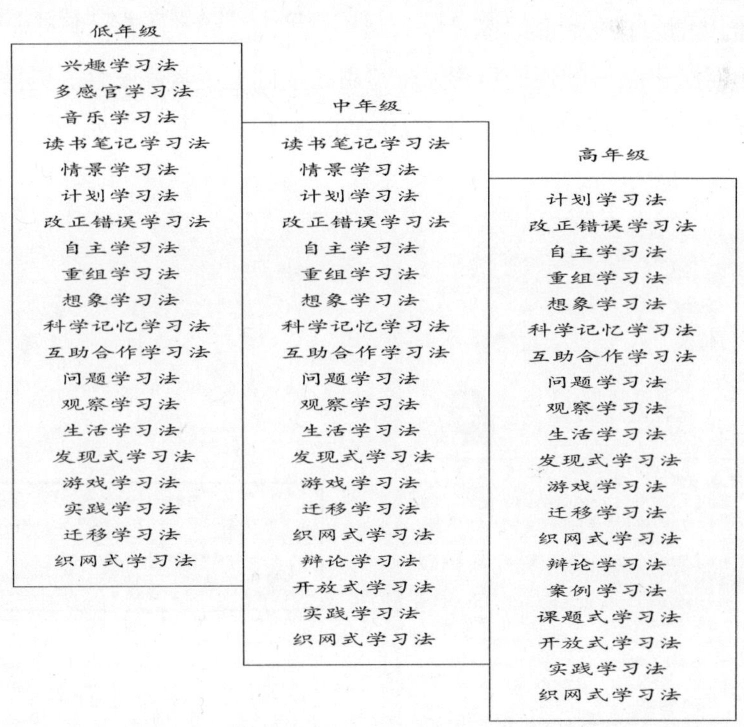

第二节 “群蜂巧酿”编教材

教材是“显性”的。如何将“隐性”的学习方法以校本教材的形式“显性”地呈现出来，这是我们学校继“方法选定”后的又一个非常重要的环节——智慧创编创新学习方法校本教材。

“创新性学习—校本课程开发”研讨会现场

学科教学中，教师对学习方法的介绍常是枯燥的、空洞的，难以调起孩子们的“胃口”。如何淡化教材的理论色彩，在实用的基础上更具趣味性、更具可操作性？这是我们需要攻克的最大难关，恰如蜜蜂酿蜜一样，需要一番智慧的创造。

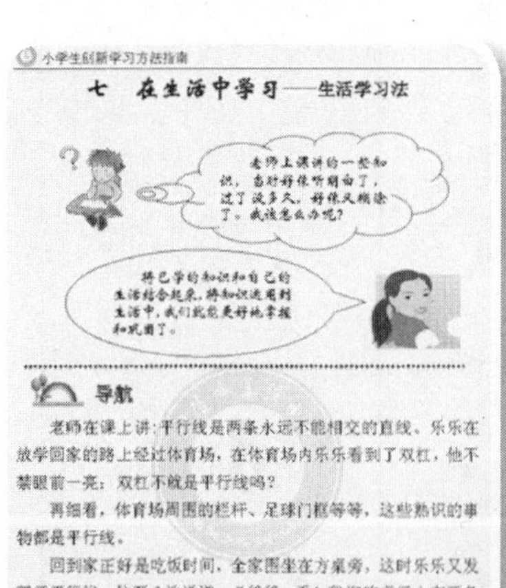

小学生创新学习方法指南

七 在生活中学习——生活学习法

导航

老师在课上讲：平行线是两条永远不能相交的直线。乐乐在放学回家的路上经过体育场，在体育场内乐乐看到了双杠，他不禁眼前一亮：双杠不就是平行线吗？

再细看，体育场周围的栏杆、足球门框等等，这些熟识的事物都是平行线。

回到家正好是吃饭时间，全家围坐在方桌旁，这时乐乐又发现了平行线。他开心地说道：“爸爸，看！我们的桌子上有两条平行线呢！”一边说还一边站起来指给爸爸看。妈妈说：“不只是这两条呢，应该是两组才对。只要是长方形物体相对的两条边都是平行线。”乐乐惊讶道：“没想到平行线不只是在操场上能看到，在家里也能看到。”

爸爸借机说：“生活中处处藏着知识呢！只等着你睁大智慧的眼睛哦！”

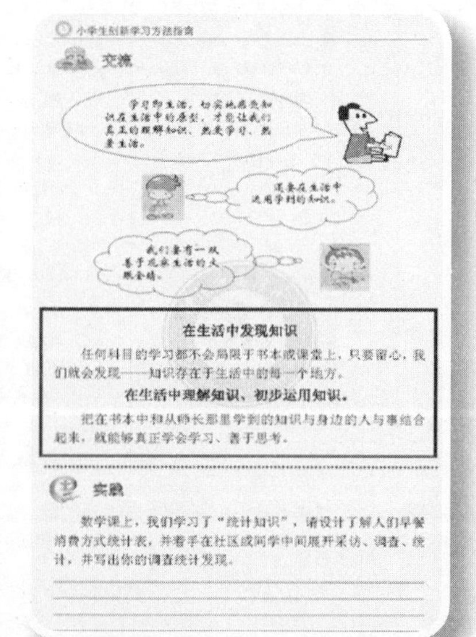

小学生创新学习方法指南

交流

在生活中发现知识

任何科目的学习都不会局限于书本或课堂上，只要留心，我们就会发现——知识存在于生活中的每一个地方。

在生活中理解知识、初步运用知识。

把在书本中和从师长那里学到的知识与身边的人与事结合起来，就能够真正学会学习、善于思考。

实践

数学课上，我们学习了“统计知识”，请设计了解人们早餐消费方式统计表，并着手在社区或同学中间展开采访、调查、统计，并写出你的调查统计发现。

《让我们一起学会学习——小学生创新学校方法指南》校本教材封面

我们本着实用性、趣味性、可操作性的原则，确立了教材编写的基本思路，并首编了一篇章的范版，再召集十几位精英教师集中创编，编了再修，修了又编，最后成功研发了《小学生创新学习方法指南》校本教材。

我校自主研发的《小学生创新学习方法指南》校本教材分高、中、低三个版本，涉及的创新学习方法二十余种。将深奥的方法理论改编成学生易于理解的童言，并以喜闻乐见的卡通人物对话交流的形式呈现，融入了教学实战经验和学习实践尝试。内容颇为丰富多彩、形式较为生动活泼，真实鲜活的故事、充满智慧的点拨，趣味与知识共存，学习与实践相融。

《小学生创新学习方法指南》校本教材每个篇章为四大板块：

“导航”板块——如芝麻开门，或生动故事或典型案例，让学生和这位“新朋友”初次见面，便心生喜欢；

“交流”空间——回眸课本知识，在轻松愉悦的交流中，让学生对这位“新朋友”了解更深，进而掌握“方法秘诀”；

“实践”平台——携手亲身体验，感受学以致用的成就感，享受这位亲密“朋友”带来的成功的喜悦；

“知识小链接”——拓宽视野，延伸知识，让这位“知心好友”从此与学生如影随形。

在编写过程中，我们还十分注重了学生的年龄特征，即对低、中、高段的学生提出了不同的要求。如，低年级版突出趣味性、新颖性，高年级版更强调可读性、系统性和实用性。

“科学记忆法”是一种比较好的学习方法。学段不同，教材中介绍的内容与

方式也就不同。

低年级

用儿歌记忆——“青青是一个充满青春活力的孩子，她热爱生活，热爱大自然，喜欢青青的山，喜欢青青的草，也喜欢可爱的小青蛙。青字家族的字可多了，为了准确记住每一位家族成员，青青每天都唱这首儿歌：目青目青，眼睛的睛；日青日青，天气放晴；清水清水，青加三水；心情心情，竖心伴青；言请言请，礼貌伴你行。”

比一比来记——“‘跑、抱、袍、炮’这四个字，字形、字音相近，咱们就可以编成顺口溜进行比较：如‘有足就是跑，有手就是抱，有衣就是袍，有火就是炮’。你看，这样不就一下子弄明白了。”

编故事记忆——“飞飞写‘迎’字时，爱多加上一撇，为了改正自己的毛病，于是他把字拆开讲故事：一个‘硬耳刀’来到‘走之’家串门，‘走之’敞开大门欢迎它。‘走之’的大门可真奇怪，是一个‘撇’连着‘竖提’形的。自己如果把这个大门右边加上一撇，那不就是把大门给关上了吗？关上门还怎么欢‘迎’人家呀！”

此外，还介绍了很多很多的记忆方法，比如：画个图画去记忆古诗；用加一加、减一减的方法去记忆汉字；用换一换、拼一拼的方法去记忆……甚至你还可以自己创造自己的记忆方法，只要你能用你的方法把知识记住，你就是最棒的！”

中年级

化整为零，步步为营——“段段背、段段清，做到步步为营，最后再化零为整，‘组装’成篇。”

以写助读，感官兼用——“俗话说，眼看十遍，不如手抄一遍。如果背书时一边读一边写，读读写写，这样就能调动眼、口、手、脑等多种感官的参与，看上去速度慢、太麻烦，但却是提高效率的首推方法，不知不觉中还为默写和阅读理解打下坚实的基础。”

互读互背，合作“经营”——“背书时，三两人一组，互读互背，相互提示，合作‘经营’。这样思路集中，取长补短，享受你追我赶的背诵乐趣。”

按图索“意”，读图背文——“特别适用于背诵古诗词之类。将诗文的意

境、内容，想象勾勒出简图或简表，然后按图索‘意’，一边读图，一边‘说’文，最后便能流畅动情地背诵了。”

角色表演，情趣背书——“很多文章，角色台词丰富，具有故事性、戏剧性。先读后演，角色互换，情趣顿生。在这样的气氛中，何愁课文难背？”

高年级

单词分类记忆法——“小学英语课本中表示类别的单词较多，记忆时通过分类比较，归纳整理，把所学内容‘梳成辫子’。如数字、动词、食物、人体部位、星期、月份、动物、衣服、家具电器、颜色、学习用品、交通工具、代词、形容词等，如动物：cat、dog、bird、fish等。”

同义词记忆法——“在复习中学会归纳词义相近的词。如hear—listen；look—watch—see；desk—table等。”

反义词记忆法——“归纳意义相反的单词，会提高记忆单词的效率。如long—short，big—small，dirty—clean等。”

同音异形字记忆法——“将读音相同但拼写不同的单词归纳一起。如write—right，no—know，by—buy等。”

音近词记忆法——“有不少发音相近的单词，同学们很容易听错继而用错的，将这类单词归纳一起，让自己练拼练读，可以很好地掌握发音口型和舌位。如see—she，shorts—socks等。”

《小学生创新性学习方法指南》校本教材，全校师生人手一套。由于该教材内容深入浅出，通俗易懂，且适用于各门学科，因而很受教师和学生的喜爱。它不仅是小学生自学阅读和探究掌握创新学习方法的好读本，还可以作为小学教师创新学习方法辅导的参考用书，学生家长辅导孩子的参考用书。所以说，这是培养学生创新学习能力的一套好教材。

第三节　独辟蹊径特色课

千里之行，始于足下。我们开发了《小学生创新学习方法指南》校本教材

后，下一步就是开设“创新学习方法导航训练课”，对学生进行专门的指导与训练。

低年级创新学习方法指南课“科学记忆法”

所谓“创新学习导航训练课”，就是以培养学生创新学习方法为主要目标，以《小学生创新学习方法指南》校本教材为载体，利用“校本课程”实施教学的一种新型课型。该课型将原本“隐性”的学习方法，在课堂上“显性”地呈现，让学生对学习方法的认识和运用更深刻化、系统化，且具有趣味性、新颖性、可读性、实践性等独特之处。

这一颇具前瞻性和独创性策略的实施，为小学生创新学习方法的能力培养开辟了新天地。

“创新学习方法导航训练课”又该怎么上呢?

由于这一课型的特殊性和首创性，我们曾一度陷入“两有两无”的困境：学习方法这一无底洞，可挖掘的空间极大，决定了校本课的实施“有深度”；该教材涉及的方法多、学段宽、学科泛，决定了校本课的实施“有广度”；而以此为题材的校本课，“无章可循”，没有现成的可依赖的任何参考资料；“无型可模”，没有典型的课例可供参照、学习，全靠教师独创发挥，极具挑战性。

基于此，学校成立了专门的“学习方法指导与训练课”研究小组，集中研究“学习方法指导与训练课”的特点、教学原则、教学方法、教学模式等。

实践中，我们通过确定实验班、推出示范课、讨论交流和全面推广等策略，初步探索出了“创新学习方法导航训练课”的一般性教学结构。

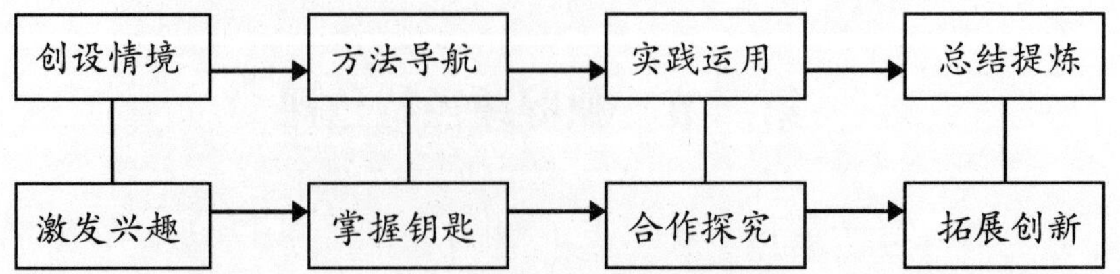

教学案例：《创编知识网络——织网式学习法》（高年级段）

主要流程如下：

1. 旁征博引——巧激趣

故事：《授人以鱼不如授人以渔》，你从中收获了什么启示？

2. 点石成金——重导航

以“三角形分类”的相关知识作导航，初识“织网式学习法”，明确织网式学习法的主要思路或步骤。引导“整理知识”——“探寻联系”——“创编网络”——对比交流感悟织网式学习法的益处——小试身手实践运用。

“三角形分类”简易网络图：

三角形按角分类　　三角形按边分类

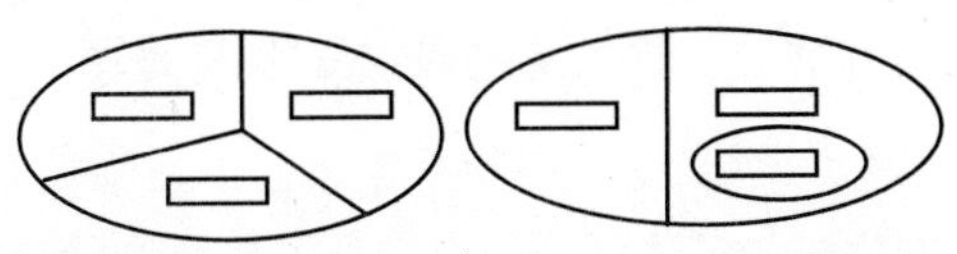

3. 抛砖引玉——促提升

呈现多种精彩知识网络图——师生互动点评解说

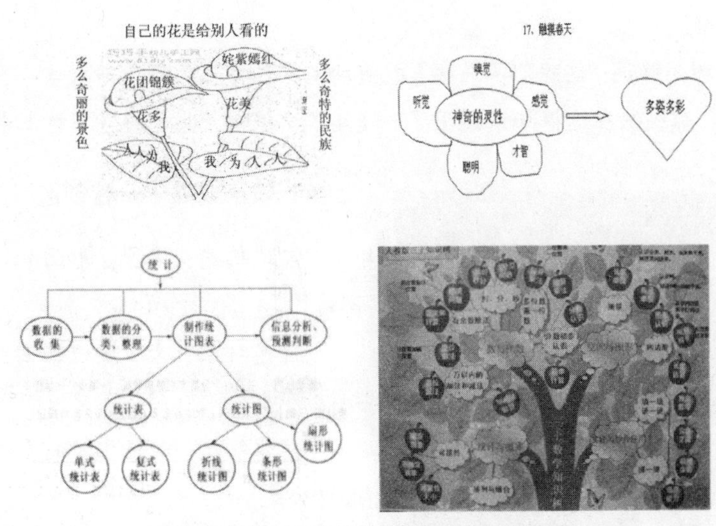

高年级创新学习方法指南课“织网式学习法”

《自己的花是给别人看的》赏评：

——对照这个板书，我想起了这篇课文介绍德国人家家户户将花养在屋外不是给自己看的，而是给别人看的。

——我仿佛看到了那花团锦簇、姹紫嫣红的奇特景色，感受到了这个民族人人为我、我为人人的奇特魅力！

中年级创新学习方法指南课“游戏学习法”

——这个板书真新颖，将课文的精髓都凝聚在了一朵花里了，让我们过目不忘！

——它让我不禁想起了这样一句话：浓缩的就是精华！

《触摸春天》解说：我们仿佛又看到了聪明机灵的安静，透过自己神奇的灵性，触摸春天，感受春天，追求多姿多彩的生活！

《统计图》解说：这张简易的网络图把小学阶段的统计知识，全面清晰地呈现在我们面前。

《知识树》解说：这棵“苹果树”就更神奇了！将三年级上册数学书里所有的数学知识，都编织在这棵知识树里了！读懂了这棵树，也就读懂了整本书！

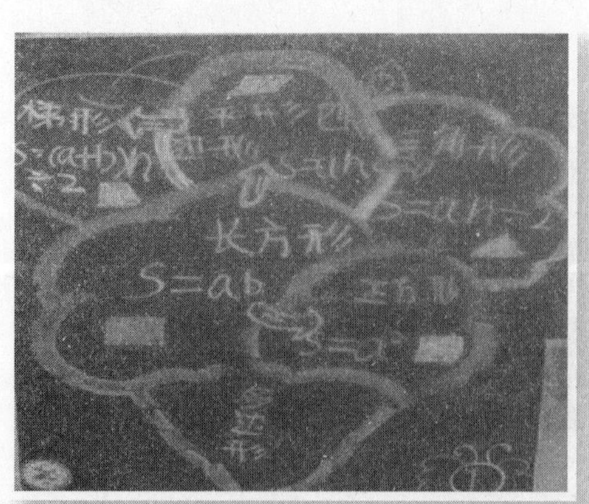

4. 破茧成蝶——智创造

尝试构建：“多边形面积”知识网络图。

构建对象：为“多边形面积”编织知识网络。

整理知识：回忆已学的多边形的面积公式。

探寻联系：探寻多边形之间的内

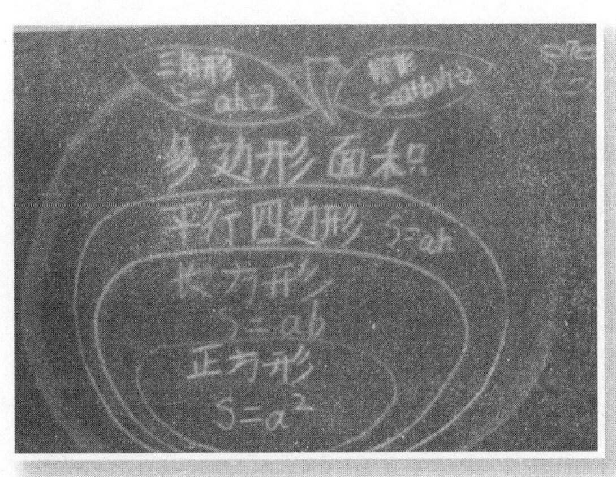

在联系。

编织网络：知识网络图不仅要呈现多边形的面积公式，还要体现不同多边形之间的内在联系。

5. 展示解说——评价纠错

评价提示：仔细观察展示的网络图，看其中知识是否正确，是否体现知识间的联系，设计是否精巧。

小组作品及解说词节选：

夏天到了，同学们都爱吃冰激凌吧？瞧，我们组的知识网络图设计成可口的冰激凌。这张网络图不仅写出了长方形、正方形、平行四边形、三角形和梯形的面积公式，还体现了正方形和平行四边形的面积公式是由长方形面积公式推导出来的，平行四边形公式又推导出三角形和梯形的面积公式。

苹果营养丰富，你瞧这个“红富士”极特别吧？这张网络图把我们已学过的多边形的面积公式巧妙地展示出来，精准地体现了这些多边形之间的包含关系：正方形是特殊的长方形，长方形是特殊的平行四边形，平行四边形、三角形和梯形都属于多边形。

一堂课下来，全班所有的学生没有一个开小差的，个个都积极地参与到课堂学习活动中来，学得开心，学得余味未尽。

高年级创新学习方法指南课“织网学习法”

实践中，我们还总结出了教学“创新学习方法导航课”的三个基本策略：

一是坚持教学活动中教师的主导作用和学生的主体地位。学生的学习活动，是在教师的指引、启发下进行的，学生学

习离不开教师这个最积极、最活跃、最能左右其他因素的因素。因此，教师必须不断地学习，掌握尽可能多的学习方法。学生是教学活动的主体，要让学生始终保持学习的主动性，教师就必须充分发挥主观能动性，不断地对学生进行有目的、有步骤的控制、调节与强化。

二是通过改进教学方法进行学法指导。学法指导属于教学论的范畴，它是教师运用科学的教学方法向学生展示正确的学习方法的过程，是一种模拟好的学习方法。而这种模拟好的学习方法必须遵循学生的学习规律。作为教师，不仅要引导学生对学习方法有初步的了解，而且还要揭示每一种学习方法的实质，直至能灵活运用为止。

三是通过改革课堂教学方式进行学法指导。进行科学的学法指导，必须改革传统的课堂教学结构，改变“满堂灌”、“注入式”的教学方法。教学中，最重要的就是要让学生深入领悟每一种学习方法的内涵，并在以后的学习中能够灵活地运用。因此，“创新学习方法导航课”的教学，同样要将自主、合作、探究式的学习方式引进课堂，让学生自主构建并掌握好每一种学习方法。

从此以后，我们学校每周一节的校本课，孩子们津津乐道，教师们乐此不疲。因为，这种课型，既不同于学科课程，又不同于活动课程，它是极具趣味性、新颖性的“特殊课堂”，被孩子们高兴地称为“魔力课堂”——“So easy!妈妈再也不用担心我的学习啦!”

“创新学习方法导航课”成为了教师指导孩子学习的聚光灯，同时，实实在在的实践训练又让其成为日常学习的折射点，合二为一，真正实现了以人为本、师生共同发展的宗旨。

从“隐性”到“显性”，是我们学校培养创新学习方法的一项重要举措。当然，创新学习方法最终要回归“隐性”，即在平时的课堂教学中进行有机渗透，或学生根据学习内容自主、灵活地选择或创造合适的学习方法，最终达到培养创新学习能力的目的。

第六章 聚变创新性学习课堂行动

课堂是实施素质教育的主阵地，课程改革最终必须落实在课堂上。

2002年新课程改革以来，各地在课程改革上取得了许多成绩，但课堂教学改革成效并不显著，课堂教学改革已成为新一轮课改的瓶颈。究其原因，很大程度上是源于教师对新课程理念下的关注课堂、聚焦课堂的不解、浅解、误解，这也正显示出了中小学教师向专业化成长的紧迫性。

课堂教学改革并不是一件容易的事，不仅要改变教师观念，更重要的是要在教学实践中落实好自主学习、合作学习和探究学习的新学习方式。

如何在教字中落实“自主、合作、探究的学习方式”呢？我们以为，目前学生的学习状态顶多算是刚刚走出传统课堂，尚未完全摆脱传统教学模式的习惯，要让他们马上拿起这个“新式武器”并使用它，是很不现实的。这中间，应有一个教师的引导过程。

基于此，我们在全校范围内分别开展了“小学生自主学习的指导策略与方法”、“小组合作建设的策略与方法”和“小学生探究性学习的策略与方法”三项专题研究，取得了初步的研究成果。

课堂教学改革的成功与否关键在于课堂教学评价。新课程理念下的课堂教学评价特点是：评价的目的——促进发展；评价的内容——综合化；评价的标准——分层化；评价的方式——多样化；评价的主体——多元化。以此为原则，我们出台了由“导”、“学”两个部分组成的创新性学习课堂教学评价标准，推动了课堂教学改革向前发展。

第一节 改革新声 创新课堂有原则

“创新性学习学科教学课”是实施创新性学习和培养学生创新学习能力的

一条主要途径。

在课堂教学中充分发挥学生的主体作用

素质教育在我校虽已实施多年，但课堂教学中仍然是以教师和书本为中心，课堂上仍然是一种单向、灌输、学生被动接受的局面。这样的课堂教学显然不利于学生创新学习能力的发展。

怎样打破“以讲代学”的传统教学模式，真正让学生在课堂中兴趣凸显，焕发活力和创造力呢？学校经过多次研究，确立了“创新性学习学科教学课”的改革方向与原则。其中：

改革的方向是：培养学生的创新学习能力，提高学生的综合素养和实践能力。

改革的原则是：以学生为主体、教师为主导、问题为主轴、实践为主线。

这是我们对每一位教师所提出的课堂教学改革的方向和原则。从此，我们学校终于迎来了课堂教学改革中的第一个春天。

一、以学生为主体

在学科课堂教学中确保学生的主体地位，充分发挥学生的主体作用，已是广大教育工作者达成的共识，是当今课堂教学改革的主潮流。下面是两位教师分别教学“长方体和正方体的认识”的片段。

【案例一】教师让学生拿出准备好的长方体教具摸一摸，想一想长方体有哪些特征，然后看书画出特征，最后学生总结出长方体的特征。正方体的教学仿照长方体的教学实施。

课件出示：

长方体的特征：有6个面，每个面都是长方形，也可能相对的两个面是正方形；有12条棱，相对的棱长度相等；有8个顶点。

正方体的特征：有6个面，每个面都是面积相等的正方形；有8个顶点；有12条棱，每条棱长度相等。正方体是长方体的特殊形式，当长方体的长、宽、高相等时即为正方体。

【案例二】学生拿出课前准备好的长方体和正方体教具，教师通过提问呈现学习任务：长方体和正方体各有什么特征？长方体和正方体相同的地方和不同的地方呢？你能发现吗？请你把结果记录下来(每个小组都分发了一个表格)。然后学习小组讨论。

	长方体	正方体
棱		
面		
顶点		

学生开始操作实验，讨论后，进行汇报交流。

【分析】案例一中，学生依照教师的要求，看一看、摸一摸、量一量，得出教师设想中的结论。这显然不是真正的探索与发现，也不是学生真正的自主参与；案例二中，教师在课堂上给了学生充足的思考时间和活动空间去设计实验，并通过不断反思和修正发现，我们认为这才是“让学生主动地参与到学习中”。

以学生为主体，就是要强调在培养学生过程中给学生自主权，注重发展学生鲜明的个性，保护学生创造性，激发其展示自己才能的欲望，发挥其潜能。

当然，我们也不能片面理解学生的“主体作用”，认为只要学生积极发言，就是主体作用得到了充分发展。如：有的课堂虽热闹非凡但漫无边际，费时且低效。对于这种现象我们必须予以纠正。

学科课堂教学中怎样体现“以学生为主体”的教学原则呢？我们的经验是：

1. 树立正确的学生主体观念。

坚持“以学生为主体”，首要的是要摒弃为考而教的观念，使学生由被动的、静态的学习转变到主动的、动态的学习。学是内因，教是外因，教只有通过学才能起作用；没有学生的主动性、积极性，教师的一切活动都毫无意义。只有尊重学生的主体地位，把学习的主动权交给学生，学生的主体作用才能得以发挥，这是当今小学教师必须树立的教学理念，同时也是我们高歌的指导思想。

2. 营造良好的课堂教学氛围。

以学生为主体的教学，必须要打破“以教师为中心”、“以牵为导”的教学模式，在师生关系中注重真诚、平等、融洽、协调，提倡教师的主导作用和学生的主体作用相结合，激发学生敢想敢做、能想能做，并在集体活动中鼓励学生不断尝试获取成功，既能享受成功的喜悦，不骄不躁，失败也不气馁，建立强大的自信心。教师尽力为学生的个性发展营造一个良好的环境，为学生创新动机的产生、创新能力的培养创设一个良好的氛围，切不可以一种高高在上、令学生敬畏三分的“尊容”出现在学生面前。同时，教师要注意自己的教学语言。风趣、生动的教学语言能充分调动学生学习的积极主动性，能使枯燥无味、抑郁沉闷的课堂变得趣味盎然。也只有这样，学生才能主动参与、自主学习，才能做到学有兴趣、学有个性、学有创造。

3. 尽量让学生主动地探索。

一是要让学生自己提出问题。过去课堂教学常常是学生被老师的一连串问题牵来扯去，完全失去学习的主动性。殊不知，“学起于思，思源于疑”。思维常常由疑问开始，课堂上提出问题、分析问题到解决问题是训练学生思维的重要手段和过程。二是要让学生自己解决问题。要把学生作为学习的主动探索者，关键还在于提出问题后，引导学生自己解决问题。这就是需要教师多给学生一点时间，让学生充分动手查工具书、划要点、写批注等，教师适时设疑激趣，把学生的思维引向积极状态。

4. 摆正教与学的关系。

教和学是矛盾关系。怎么处理好这一关系？首先要做到尊重学生。教师要放下“师”架子，视己为“生”中的一员，并照顾好后进生，让课堂上不要有“被遗忘的角落”。其次要做到多向交流。教学中要把教师讲学生听的传统单向授课模式变为教师讲学生听、学生讲教师听和学生之间交流的多维度、交叉式交流模式。

二、以教师为主导

我们强调“以学生为主体”，并不意味着不要老师的“主导”。

一般来说，教师的认识先于学生、高于学生。而学生心理特点又不同于成人，加上本身知识有限，单靠自学是有困难的。因此，在发挥学生主体作用的

同时，也要发挥好教师的主导作用。

那“主导” 的涵义是什么呢？为什么说在以学生为“主体”的课堂教学中又离不开教师的“主导”呢？下面这个教学片段就能足以证明。

【教学片段】“笔算除法”

第一次试教

出示例题：52只羽毛球平均分给2个班，每班能分到多少只？

学生列式：52÷2

师：每班能分到多少只羽毛球呢？请同学们用小棒代替羽毛球，先在小组内分一分，52根小棒平均分给2个班，该如何分？

学生分小棒，汇报。

生1：先分2根，每班1根，再分5捆小棒，每班2捆，余下1捆，每班5根，合起来一共是26根。

生2：先分5捆小棒，每班2捆，余下的1捆和2根并起来一共是12根，每班分得6根，所以每班分到26根。

生3：我把5捆小棒拆开和2根合并起来是52根，平均分给2个班，每班分到26根。

……

师：刚才同学们都分了小棒，结果都是正确的，那么52÷2的除法竖式该如何写呢？哪位同学结合分小棒的过程，在黑板上给大家演示一下？

学生茫然不知所措，教师再三提问，仍然没有一个学生举手。

试教后的分析

学生都操作了，并且结果都是正确的，但要求写除法竖式时就为什么没有一个学生举手呢？原因就在于教师引导作用的缺失，即缺少操作方法的指导。教师原以为，只要学生动手操作了，自然就会理解算理、掌握算法。其实，学生并不清楚分小棒与理解除法算理之间有什么联系，对学习笔算除法算式起到什么样的作用，因而只是为操作而操作了。

改进措施

面对众多的分法，教师发挥了引导者的作用。

52根小棒，先分整捆的还是先分单根的？为什么？（帮助学生理解笔算

在课堂教学中充分发挥教师的主导作用

除法的计算顺序：从高位算起。）

5捆小棒每班分得2捆，2写在商的哪一位上？为什么？（帮助学生理解商的定位。）

5捆小棒每班分得2捆，还余1捆，不够分怎么办？（帮助学生理解十位上余下的数与个位数合并后再除以除数的算理。）

从案例中可以看出，“主导”即主持、引导，“教师的主导作用”指教师在教育教学活动中应该发挥的组织、引导、督促作用，是“导学”。

教学中如何发挥教师的“主导”作用呢？我们认为，做到“四有”是关键：

1. “导”有目标。

为了避免课堂中教师盲目地放任学生漫无边际地发问的现象，教师应准确地把握每节课的教学内容，紧扣本堂课的教学目标进行教学。有时因个别差异，课堂上可能会出现提问不同步的现象，有的会滞后，有的会超前，甚至切不到中心，这时，教师要“扶”学生一把，把学生引到具体的教学问题上来。在这种基础上的学生的主体作用，才是真正意义上的学生主体作用的发挥。

2. “导”有层次。

根据学生的认知规律，教师在引导学生学习时切不可不考虑学生的实际而一下子拔得太高，这样会造成学生理解上的困难，反而会使学生丧失学习的主动性，这种现象显然是“揠苗助长”。因此，教师要从教学内容出发，尊重学生的认识规律，有层次地引导学生理解教学内容。

高年级语文组的教师在进行“以读为主”的课堂教学时，总结出了：初读课文，感知课文内容；再读课文，理清文章条理；精读课文，理解文章内容；品读课文，领悟思想意义；回读课文，总结升华提高。

这样有层次的引导，学生在学习时就不会有吃力的感觉，从而保证了每个层次的学生都能积极主动地参与学习。

3. “导”有方法。

教师的主导作用，是为学生主体服务的。学生参与学习的主动程度在很大程度上取决于教师引导是否得法。这就要求教师在引导时要有一定的方法、手段，不能总是那么几句话，不能总是那一两种手段。而是根据不同的内容，不同的学生，不同的场合，采用各种行之有效的方法和手段，真正做到“善导”。具体来说：

“引起注意”。每一节课，都有其重点和难点。围绕教学重难点，必然会产生一些教学的核心问题。因此，在学习过程中，适时引导学生对这类问题的讨论，或让更多的学生对这类问题进行更充分、更深入的思考，是教师“主导”的一个重要方面。“引起注意”的方法有很多，如开门见山、点明要义、反例讨论、层层追问、提醒学生等。

“帮助修正”。在课堂教学中，常会出现学生“言而不明”或“意到语不到”的现象。一方面，这与学生的表达能力有关。另一方面，语言作为思维的外壳，学生的语意含糊，也说明了学生对问题的思考尚不清晰。这时教师就要亲自出手，帮其解释与修正。在对某个问题的思考过程中，学生有时会偏离主题，或以偏概全，甚至于迷失方向，这时，同样需要老师帮其修正。

“及时阻止”。现在的课堂，是多维度、立体式、各种声音混合的地方。不可否认的是，当各种声音有了表达的机会时，多元的角度、不同的重点，出现旁逸斜出甚至与“主旋律”不协调的“杂音”，都是很自然的事情，这时就需要教师这个“指挥者”采取恰当的方式，及时予以阻止，如回避、搁置、直接点明等。

4. “导”有时机。

在教学中，学生对自己观点的表达和交流是重要的一个过程。在这一过程中，教师何时“导”是非常关键的。“导”入过早，教师的观点会打断或干扰学生的思路和言语；“导”入过迟，学生的表达会偏离计讨论的方向，甚至课堂因争吵而出现失控。那么何时“导”入就比较合适呢？我们认为：

教师的“导”，出现在不同的观点后。有时学生会出现了不同的观点，此时，教师要耐心地等待，认真地倾听，等学生表达完所有的观点之后，方可“导”入。

教师的“导”，在学生没有疑问处。汇报交流，是课堂教学的一个重要环节。当学生有话说，能够表达自己观点的时候，教师绝不能越俎代庖。但是，当

学生没有疑问的时候，不代表这个环节就真的结束了。“我有一点疑问”，“我有一点没听明白”，这时教师“导”的前提是敏锐地捕捉到了学生表达之中潜藏的价值。

教师的“导”，在阶段性的小结时。高质量的小结一方面可以提炼学生互动交流过程中最有价值的部分；另一方面可以对知识结构进行进一步的补充和完善，同时能够起到承上启下的作用。

三、以问题为主轴

什么是“问题”？其实就是你想做什么事，但你不知道如何做，那么你就遇到了一个问题。现代教学研究指出，从本质上讲，感知不是学习欲望产生的根本原因，产生学习欲望的根本原因是问题。没有问题也就难以诱发或激起求知欲，没有问题，感觉不到问题的存在，学生也就不会去深入思考，那么学习也就只能是表层和形式的。

亚里士多德也曾经讲过：“思维是从疑问和惊奇开始的。”对于学生的质疑，老师应该是：鼓励、引导，通过鼓励，使学生从不敢于问到“敢问”；通过引导，使学生逐步做到“善问”。

从一年级开始，我就不断鼓励学生反思自我，质疑别人，这里的别人可不仅是同学、师长，甚至是教材、参考书代表的教育权威。我还会教会学生如何反思质疑，反思自己的学习策略、学习态度等；对于学生的质疑，我总是鼓励、引导，通过鼓励，使学生从不敢问到敢问，通过引导，使学生逐步做到善问。

——教师的经验之谈

课堂教学中教师精心设计教学问题

“问题”的设置与解决，一是需要教师引导，二是启发学生自主发现解决。有时两者缺一不可。

1. 教师精心设置教学问题。

教学问题的设置是一种技术，更是一种艺术。它没有固定方法，更没有定式，它需要教师在教学过程中不断思考与创新，用自己的智慧巧妙设置问题，将学生带入思考和探索的殿堂，这才是教学设问的最高境界。

教学问题的设置：一是要把握好问“问题”的时机。“不愤不启，不悱不发”，当学生心愤求通、口悱难达，急需教师启示开导的时候，适时而教；二是要考虑教学内容的特点、学生的整体水平和学生的发展目标等要素，同时还应注意问题的深度、难易要适中，速度的快慢要得宜，广度的大小要恰当，量度的多少要相应，恰到好处地引发学生积极思考；三是在教学问题的设计上，“求解”并非其唯一目的，更重要的是激发学生积极主动地思考，点燃学生的思维火花，因此教学问题应能激发学生的思考与探究，有启发性。

问题设置固然重要，但问题解决更重要。问题解决的教学活动过程是在教师组织、引导下，学生一直参与活动的过程，因此在教学活动过程中教师的地位、作用、学生的学习方式等都是不同于传统教学的。

在课堂教学中，教师的对话与指导要有一显一隐两条主线：外显的主线是学生的活动，内隐的主线则是学生的思维。问题解决教学设计中，要根据学生的外显的活动对学生的思维进行分析并适时进行指导。在启发指导时使用的语言要具有发散性，不能禁锢学生的思维，要鼓励学生大胆说出自己的想法。教师指导的重点是启发学生怎么去想。

课堂教学中，教师要动态地对学生进行指导和评价。要善于发现学生的闪光点，及时地给予鼓励和肯定；当学生的思维受阻时，教师应用一些充分肯定、具有明确指导意义的过渡语给予学生评价和引导，这样既指出了思考、讨论的方向，又教给学生学习的方法，增强学生战胜困难的信心，形成良好的学习态度。

课堂教学中还应注意引导问题发展和迁移。问题的发展是指进行教学问题解决时，在课创设的问题情境中的问题已经获解的情况下，在问题情境中的新问题、新知识的生长点上，对问题进一步探究而提出新的问题并形成新的问题情境而作为问题解决教学的进一步延伸或升华。

——教师的经验之谈

2. 引导学生质疑问难。

爱因斯坦说过：“提出问题比解决问题更重要。”如何让学生养成爱提问

题、敢提问题、善提问题的好习惯呢？我们的做法是：

——运用多种策略培养学生问“问题”的意识。如：营造自由氛围，消除胆怯、自卑、倦怠、紧张等心理，使学生敢问；提高学生问“问题”的兴趣，消除学生懒得问“问题”、怕问“问题”的思想情绪；从学生喜闻乐见的实情、实物、实事入手，采用猜谜、讲故事、辩论、竞赛等形式创设生动活泼、趣味四溢的问题情境，使之产生疑问，激发探索欲望，提高提问能力；课堂教学中“留有余地”，给学生留些“空白”，多给学生一点“悟”的时间，允许他们有不同的见解和解决问题的不同思路，允许他们有某些“离题”甚至是“错误”的质疑行为，等等。

一位教师教学《鸟的天堂》时，在学生已明白了“鸟的天堂”是指一棵大榕树后，出示两个句子：

A. 这是许多棵茂盛的榕树。

B. 很快地，这个树林就觉得很热闹了。

教师引导学生边读边想：读了这两个句子，你有什么问题？思考后，学生纷纷质疑：

A. 课文中榕树只有一棵，怎么说是“许多棵茂盛的榕树”呢？

B. 成片生长的许多树木可称为“树林”，而“鸟的天堂”只有一棵榕树，独木不成林，怎么可以把一棵树叫做“树林”呢？

……

不难看出，在教学过程中，学生能主动发现并提出问题，正是因为这位教师从课文中的“矛盾”处入手，创设问题情境，打开了学生的思路，激起了学生的认知冲突，使学生产生发现问题的浓厚兴趣，主动提出问题。

——给学生创设问“问题”的时空。首先，教师创设学生问“问题”的空间。在教学中，学生可以对老师提问，可以学生之间进行提问，也可以对教学内容提问；其次，教师要留有学生问“问题”的时间，除了课内有时间保障外，课外也要给学生问“问题”的机会。当然，学生不一定都口头问“问题”，也可以书面问“问题”，或以其他方式。

在我们学校的每个班级里都备有“问题簿”或“问题墙”，对学生课内处提

出的各种奇思异想，及时记录，并定期评选“最佳问题”和“最佳提问人”，进一步调动学生问“问题”的积极性。有的班级要求学生自备一个“问题本”，随身携带，随时随地记录自己在学习生活中碰到的各种问题。长此以往，学生自然而然就会养成爱提问、善提问的好习惯。

——教师经验之谈

——教会学生问“问题”的方法。乔治·波利亚在《怎样解题》中写道：“重要的一点是可以而且应该是教师问的问题，将来学生自己也可能提出。”简而言之，就是要加强对学生提问技巧的培养。一是要结合学科自身的特点，告诉学生问“问题”的方法；二是要做好问“问题”的示范，要站在学生角度去问“问题”；三是要适时进行指导。当学生质疑问难提不到点子上时，教师应以鼓励为主，消除他们的畏惧心理。如果遇到学生没有问题或提不出有价值的问题时，教师可以有意识地与学生互换角色，提出重点问题，同时发挥小组协作精神，让学生自由讨论，尝试解答；也可以采取半扶半放的方式，使学生思维既不跑偏又能体现自主性。学生提问，一般都有一个从“敢问”到“善问”的过程。只有多问、勤问，才能最终实现这个质的飞跃。

——适时解答学生的“问题”。学生在学习中提出的各种“问题”，如果不给予妥善的解答，必然会损伤学生问“问题”的积极性。所以，教师要对学生提出的“问题”适时给予解答。因此，解答不是教师给予正确答案，而是在教师的引导下，学业生通过阅读参考书、查阅工具书或者动手实践、或相互讨论、或者辩论等，自行解决“问题”。教师对学生的解答不是按“标准答案”要求学生，而是注意鼓励学生的独创性。

充分调动肢体感官，用身体去经历，用心灵去感悟

在教学“乘法的初步认识”时，有一学生提出：“为什么‘2+2’与‘2×2’相等，而‘4+4’与‘4×4’却不相等呢？”

同学们听到这个问题后觉

得好笑，但老师却启发这位学生用画图的方法表示这两个算式的意思。当学生画出下图时，同学们热情高涨，从而让全体学生都获得了成功的体验。

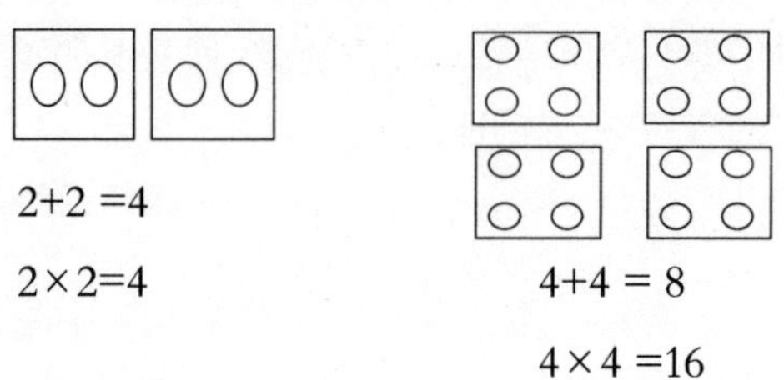

课后，这位教师还向我们介绍：对于学生平时的作业，即使错题经过订正同样可以得到“优”。

四、以实践为主线

实践即是体验，是指由身体性活动与直接经验产生的感情和意识。瑞士著名心理学家皮亚杰主张课堂教学要变“坐中学”为“做中学”。读书是学习，使用也是学习，而且是更重要、更深入的学习。在实践中学习知识，易于遇到新情况、产生新问题，学生遇到棘手的问题，他们会开动脑筋，多方寻找解决问题的突破口，这实质上就是创新的过程。

以实践为主线，即强调学生在学习中不仅要用脑子思考，而且要用眼睛看，用耳朵听，用嘴说话，用手操作，即充分调动肢体感官，用身体去经历，用心灵去感悟。

1. 奠定学生实践操作的基础。

“巧妇难为无米之炊”。学生的实践是有条件的，即必须具备一定的知识基础和良好的物质条件。教学中教师应注意运用直观演示、操作示范。通过学生自己动手操作来强化感性认识，为理解知识奠定基础，并运用知识进行实践操作。

2. 激发学生参与实践的兴趣。

心理学研究表明：恰当的问题情境能唤醒学生的学习热情，把教学活动安排在合乎实际的教学情境中，可以使学生积极进入问题情境中，自觉地参与学习实践活动。因此，教学中教师要善于创设情境，让学生在摆、拼、折、量、捏、画等活动中，体会主动参与学习的乐趣，提高他们参与实践的兴趣及能力。

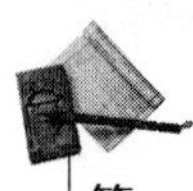

3. 教给学生实践操作的方法。

学生有了动手实践的欲望，还需要引导他们学会如何实践操作，教师应在实践前让学生掌握操作的方法，对于低年级的学生，还应进行直观的演示，让学生少走弯路，不仅在实践中学会新知识，也增强自信心。

4. 发挥课堂主渠道作用。

课堂教学是学生获取知识的主要渠道，课堂是开展实践活动，培养学生实践能力的最佳场所。

在研究过程中，恰逢学校开展"教师课改达标课"活动。我连续听了两位教师同上的汇报课"求平均数"。活动后，我把两个教学片段制成课件供老师们讨论。

教学内容："求平均数"中"移多补少，使两者一样多的应用题"	
A教师	B教师
1. 出示应用题。读题，理解题意。 2. 教师拿出一组圆片教具。出示操作要求：从多的一行取几个移到另一行，使两行的圆片一样多。 3. 学生口述，教师操作。 4. 提出问题：还有其他的操作方法吗? 一学生上台一边操作，一边口述。	1. 出示应用题。读题，理解题意。 2. 教师为多个学习小组准备了许多圆片让学生操作；出示操作要求：从多的一行取几个移到另一行，使两行的圆片一样多。 3. 学生操作：起先是一个一个地移；然后就有学生发现了利用求平均数以后来移；最后学生们又发现了一种更简便的算法——用两者的"差"来移。 4. 汇报交流。

通过对比分析，老师们发现：在教学"求平均数"中"移多补少，使两者一样多的应用题"时，A教师先拿出教具，自己或让某个学生在讲台上演示，其他学生直观认识了一下，忽视了班上其他学生是否参与了学习；B教师则是面向每一个学生，使每一个学生都在自身的基础上得到发展，尤其是通过操作，以"动"启发了学生的思维，让学生产生了更多的新问题，从而发展了学生的自主学习能力。

5. 开展多种着眼培养学生实践能力的教育活动。

著名教育家陶行知先生提出"教学合一"，除了在课堂上让学生敢思、敢说外，还要多开展一些实践性的学习活动，让学生在实践中培养实践能力。

每学期我都会组织学生开展如下几项活动：

开展多种着眼培养学生实践能力的教育活动

一是开辟“谈天说地”。我坚持每天让学生“谈天说地”10分钟，把学生新的想法、新的问题、新的设计都汇聚在这一活动中，提高了学生的学习能力。

二是充分利用学校资源，开展丰富多彩的兴趣小组活动，如器乐、书法、美术、舞蹈、田径、摄影、剪纸等兴趣小组活动，全面发展了学生的素质。

三是开展信息技术教育活动，带领学生利用网络资源查找资料，指导学生电脑绘画，举办电子报刊等，学习一些书本上学不到的东西，培养学生对信息的收集、筛选、整理、运用的能力等。

——教师经验之谈

6. 有效组织课外实践活动。

课堂实践教学只能是教会学生实践的一般方法，它让学生具有初步的实验能力，而真正养成实践习惯，把探索、求知精神纳入日常学习生活中，则需要课外实践活动来补充。由于课外实践活动往往缺少教师的指导，所以课外活动必须坚持“以扶带放”的方针，“扶”就是布置课后实践作业要结合学生的日常生活，帮助学生认识实践出真知的观点，有目的地巩固所学知识。“放”是让学生自己选择科学的实践方法，通过不同途径创造性地完成作业，让学生在实践中学习，在实践中提高。

今天，我和妈妈去商场买衣服，第一家和第二家有件同样的衣服，第一家125元，满100元返20元；第二家也是125元，不过要打8折。妈妈问我：“在哪一家买便宜？你算算看。”我想，第一家125元减去20元等于105元，所以如果在第一家买花105元，第二家125元打8折是100元，所以相比较还是在第二家买比较便宜。这就是

生活中打折的数学。

"勤动脑+勤动手=成功之路"，这是我通过实际生活悟出的道理，也是我一直的解题顺序。我总是要先读懂题目，掌握其中的关系，列出算式，一步步解答。

其实，生活中还有许许多多奇妙的数学问题，在等着我们去寻找，去发现。

——选自一位六年级学生的日记

第二节　自主是根　别让老师牵着走

笔者清晰地记得，女儿两岁时总习惯牵着我的手寸步不离，有玩伴或是有好玩的地儿，热切地想去，却又不敢独自去，总缠着要陪。

一次周末，在学校大礼堂，宿舍区的同事们相邀着在那办起了小型健身舞会，孩子们可乐了，她自然欢蹦着要去。

一开始，小手紧拽着我的中指，在人群中穿梭，一会踩彩光靓影，一会当哥哥姐姐的跟屁虫，稍稍一松手，便是两三步后，又粘上了。被牵绊的我自然累，想"摆脱""纠缠"，同时，怎不想女儿能独立一点，大胆一些，自信一些？于是，跟了一小会儿后，女儿渐渐地沉醉在欢乐中了，我便悄悄地躲在礼堂中央的大柱子后面，静静地看着了。一会发现，她起先会有些彷徨地不时搜寻，但玩耍的欢劲儿，加上慢慢地适应，她的胆怯和顾虑也少了。

看着她，完全欣然投入时，一旁注视着她的我在心底里默念着：孩子，妈妈就在不远处！就这样安然地看着，不，是注视着、牵挂着！在你摔倒的那一刻，及时地出现；在你受挫的一瞬间，立即指引；在你需要的时候，妈妈就在身边！……

放手，绝不是一味地放纵；放手，亦不是随性地放逐。学习中老师与学生，又何尝不是如此？在知识圈里，如若紧牵孩子的手，或是习惯于老师的讲解，试想：这样学出来的、教出来的孩子，在学途上能自信、大胆地走多远？走多顺？

“别让老师牵着手，学会自己走一走。”这是姜湾小学教室后墙的一条醒目的横幅标语，让学生从小学会自主学习。

有效教学的首要之举，就是教会孩子自主学习。课堂的精彩在于学生，学生的精彩表现在于自学。自主学习能力的培养，功在朝夕，贵在坚持，巧在激励，尤其要随着学段的上升，自主学习要求与自主学习方法应呈梯度地有相应变化，要依学科内容的不同而有相应的要求，甚而同一学科，同一学段课前、课中、课后自主学习三部曲都应全盘规划，合理设置，真正为提升孩子自主学习能力有效编织自主学习之风，奏响自主学习和谐三部曲。

一、课前自主学习

达尔文有一句格言：“最有价值的知识是关于方法的知识。”培养学生的自主学习能力还必须在教学中改进教法，指导学法。

1. 自主学习要求与方法的设置，应随学段呈梯状变化。

□ 低学段语文课前自主学习六字诀。

① 标：标出自然段的序号。

② 读：大声地朗读课文一至三遍，遇到不认识的字借助生字表或工具书等解决好，力争将课文读正确、流畅。

③ 圈：对照生字条，圈出课文中的生字，注上音节，并画出词语。

④ 说：会认字和会写字都要求说出两个词语，以便加强对字义的理解。

⑤ 写：给田字格中的生字注上音节，进一步加强对汉语拼音的复习巩固。

⑥ 思：思考文中或课后的一些练习题，有能力完成的也可以完成好。

升旗仪式上学生自主学习展示交流活动

□ 高学段语文课前自主学习四字诀。

① 读：读准字音、读通句子、读熟课文。

② 画：用不同的符号圈划出好词、佳句。

③ 品：在圈画的基础上，标注自己真实的品评感受或质疑问难。

④ 悟：尝试写下自己的自读印象，可以是内容印象、生活联想、情感共鸣或感悟心得等。

很显然，高低学段的自主学习要求由浅层的圈、画、读、写要求，向深层的读、品、悟的能力提升梯状设置。六年，如若一个孩子遵循这样一张梯状螺旋图坚持地进行自主学习，何愁成不了学习的好主人、强主人？

数学、外语、科学等其他学科也一样，针对不同学段或不同学习内容，教师都会合理地设置课前自主学习要求。如，科学课教师会依照课堂学习内容，让孩子课前自主搜集相关的资料、自主思考提问，对提出的有价值的有探究性意义的问题，在课堂上引起了同学的共同关注或激发了探究兴趣，将给予重重的奖励。数学杨晖燕老师，设置的惯用自主学习要求是：

读一读——书上的图和文字；画一画——书上比较重要的句子；填一填——将书上空白地方或问题补充完整；做一做——尝试完成书中例题；想一想——预学后，提出一两个还未明白的问题。

当然，学无定法。即使是同一个学科，预习的形式是多种多样的，关键在灵活、合理设置，针对性强，且能有效坚持。

2. 自主学习兴趣与信心的培养，离不开教师用心倾注。

□ 低学段孩子的自主学习，需要教师的指导多一点耐心。

对于低学段在学习上刚刚起步的孩子，在学习方法，特别是自主学习方法的指导上，就像蹒跚学步的娃娃，偶尔还需要“牵一牵”。“先学后教”，必须“先教后学”。这个“先教”，正是教师该教会孩子怎样预习。

如擅教低年级孩子的付琪老师，她是一位亲切可人的年轻女教师，工作特别细致、用心，深得孩子们的喜爱，教学上有方法讲策略，连一个简单的预习作业也不例外。一般老师往往将自主学习六字诀在黑板上写一下，让孩子抄一下，再读一遍，这样的“要求命令”便下达了！而付老师则不然。她不是简单告诉孩子学习方法，更非严肃地命令孩子学习要求，而是亲自将自己怎么学习的过程展示给学生。以一篇课文的预习为范例，将自己标、圈、画、写等要求完成的学习作业，拍成照片以幻灯的形式呈现给孩子们，这样一来，不仅让孩子明白了预习要求，且在圈、画、写的书写整洁上也起到了极好的示范，可谓"润物无声"啊！同时，对于读的要求，细心的她提醒家长签查时，还不能忘了依据孩子声音是否洪亮、朗读是否认真给予优、良等级划分奖星星呢！

□ 高学段孩子的自主学习，需要教师的观念大一点尺度。

且看这样一段文字：

我轻轻踏过树影，把自己抛在草地上，残阳如血。

我抬起头，望见她的身影，奔过去，想抓住她，她的背影却碎在我手上。

我知道那是她在望我，在盼我。可惜我却让她盼累了，望累了，

到另一个世界去歌唱了。

天渐渐擦黑，我不想回家，依然静静地躺在那，软在那。泪流干了，眼哭肿了。

远处的路灯霓虹灯楼房倒映在湖面上，影影绰绰。

音响店里，依然不知疲倦的播放着光良唱的《童话》：

"我愿变成童话里，你爱的那个天使，张开双手变成翅膀守护你……"发疯似的奔跑着，在风的怀抱里，我又忆到她。

那个关心我的她，那个视我为儿子的她，那个临终前还牵挂着我的她！

我停止奔跑，缓缓拾起地上的一块石头，抛向湖面。

湖里的楼房碎了，霓虹灯碎了，路灯也碎了，泛起层层涟漪……

我累倒在草地上。星星渐渐亮了，点缀着整个夜空。

有一颗星星格外亮，就在我正上方。她在静静地看着我。

我起身，她追随。我驻足，她凝望。

那会是她吗？会的，一定是。他在笑，我也跟着笑。不禁地，我笑出了泪。

乍一看，你也许会以为这是从哪摘录的一位诗人的优美诗作，再或许你还会以为是谁为谁写的真情告白，但这千真万确出自于一个10岁孩子的手笔——姜湾小学谢美玲老师所教的156班赖雨铃同学在五年级时课前自学《让心灵去倾听》这篇课文时完成一项预习作业——自读印象。

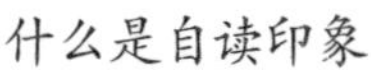

什么是自读印象

孩子们在一篇新课文学习之前，通过自读课文，形成的各自个性化的自读感受，可以是内容印象、情感印象、主题思想印象，还可以是生活联想、想象续创、心情随感等等。

自读印象的历练过程

谢老师自三年级下册开始，坚持了三年多时间，大胆创新，给156的孩子们设置了写“自读印象”这样一项特别的自主学习作业。三年多来，没有过多的指导，但不放过任何一次奖励、鼓励、竞争的机会。如：范读佳作、星星评价，累积收藏兑换赠书。飞鸟掠过的天空，总会留下可供触摸的痕迹，三年下来，孩子们的阅读理解能力增强了，语言表达能力增强了，写作兴趣与自信心提高了，创新思维能力也提升了，写自读印象成了孩子们最喜欢最自豪的预习作业。

谢老师如此解读自读印象

——怎么看孩子们根本做不到这一怀疑论。

一开始听说这样一项作业，备课组的老师们的反应是：“这怎么可能？一般学完了课文，让孩子写读后感都狗屁不通，还没学，能写出什么东西来！”

谢老师说，如果你不相信孩子从小就会走路，永远抱着，他就永远不会自己走；试问，孩子上网打游戏是哪个老师教会的？……事实是：你说他行，他就行；作为一个老师，年龄、资历、学历都不是问题，最可怕的是不相信孩子！她还说，相信孩子，相信岁月！奇迹只所以为奇，是因为愿意走这条路的人太少了。

——怎么看待“孩子本来就会了，还用老师教吗”这一批判论。

156班合作小组自读印象交流

谢老师幽默地借用《扁鹊见蔡桓公》中蔡桓公讳疾忌医的那句荒谬之言“医治好治不病以为功”，试问教师，真要“师之好教生会以为功”吗?

——怎么看“十指难齐”这一现实论。

事实上也的确如此，不是每个孩子的自读印象都能如此优秀，再坚持再指导再鼓励，依然有少数孩子只能停留在内容的概括或浅显的理解表达上，但这并不能因此而否定全局呀！谢老师生动地比喻称，以中指的高度去舒展孩子们学习的空间，才能实现每一个手指的拔节。一个班的孩子，就是一棵会开花的树，有的会早早在枝头绽放；有的还羞答答藏在绿意间，需要细心地发现；还有的含苞待放，我们需要做的唯有——静听每一朵花开的声音。一个班就是一片星空，有的明星般闪亮耀眼，有的稍稍地渺小黯淡，也在极力地展现群星辉映啊，即便极少数个别的，他还成不了那一颗星，那也给了他一次仰望星空的机会不是?

孩子们怎么看待自己的自读印象

孩子的心声是最真实的，是最有说服力的。

自读印象，就是自觉预习课文后，写下自己的阅读感受，如果谈的不是自己的感受和理解，那么宁可不写！自读印象是真真切切的，不会有半点儿虚假。

您瞧，正有人自信满满地展示呢！全班同学迫不及待地聆听着，目光齐刷刷地聚焦在她身上。每每展示完，赞赏的掌声，仿佛是送给自己仰慕已久的明星；成长进步的同学，更会不约而同地给予他鼓励和肯定。我们非常享受这个愉悦的过程，我们快乐着，收获着，成长着，经常意犹未尽。

自读印象带来的快乐是无限的，想象的空间是无限的，发展的空间是无限的，把它视为珍宝的人，会看得更远，飞得更高。

——五年级156班文雅萱

创新，造就了无数的成功，而写自读印象，无疑是一个创新之举。在思索中摸出诀窍，在印象中写出感悟，我的语文学习效率，自然是提高了不少。

我是非常喜欢写自读印象的，妈妈也说，写自读印象让我的作文愈发写得细腻，文思如泉涌，滋润着心灵这一方田。

嘿嘿，套用我日记里的一句话：“灵感来了，谁也挡不住！”

——五年级156班陈文之屹

一谈起自读印象，大家便心血来潮，争先恐后，连班上的作文小糊涂仙们都能刷刷地写上一小段，像蒋佳豪、王雄春、钟楚瑶、兰海泉等同学的自读印象

都让同学们惊叹得掌声阵阵。

如果有一天，班上没了它，真不敢想象会怎样？我们对展示的痴狂，又给自己注入了一道坚不可摧的力量墙——自信！你一枪我一剑的比赛“战斗”，再加上大伙的评价补充，即使写得不好，也收获多多。

自读印象，玩的可不是“嘴”上功夫，凭的是真正的“实力”哦！只要我们喜欢，这特别的作业或许就是另一种更高的境界了吧？

——五年级156班徐诗扬

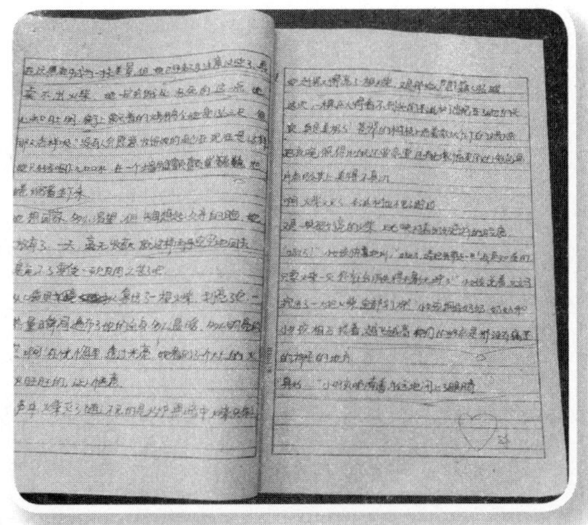

156班学生的自读印象

156班学生的自主学习批注

从谢老师创设的撰写自读印象这一高学段自主学习形式来看，我们不难发现，对于自主学习的要求定向也好，自主学习的形式设计也罢，无疑给了我们一个深刻的启示，那就是教师在观念上要敢于放手、巧于放手，尺度大一点，孩子自主成长的空间就宽一些。

笔者曾在一本杂志上摘录了这一段话，深受启迪：学生自己学会的“会，与教师教会的“会”，是两种不同性质的“会”，也是两种不同水平的“会”，在教活动中，要鼓励和帮助更多的学生开展预习。

预习并非阅读教材，而是通过思考与体验来帮助理解，教师对预习的帮助，往往体现在预习作业的设计上。

二、课堂自主学习

世界上没有一本书能涵盖所有的知识，也没有哪一位教师能教完所有的知识。一堂课40分钟，教师精心地预设，辛苦地讲解，是否教师“讲”完了，学生就“学”完了，“学”到家了？远远不是！

因此，想提高课堂40分钟教学效率，让孩子在课堂中充分地、自信地、有效地自主学习非常重要。吴忠豪先生作了如此形象的比喻：上课就像驾校上课，教师长期坐在驾驶员位子上，而让学生坐在副驾驶位子，学生学了三五年，却仍然不会开车。由此，作为教师，我们还得寻思着：如何让学生乐意上这一辆车？让学生置身在驾驶员位子上，接下来应该让学生干些什么？置身一旁副驾驶室上的老师，又该如何发挥自己的指导力？还要应对驾驶室中的孩子初学时，提出的种种疑问，出现的各种突发的状况……

1. 激发自主学习兴趣，让孩子乐意“上车”。

兴趣是求知的动力，良好的兴趣是获得成功的首要条件。

低年级的学生注意力不够集中，自控能力更加薄弱，想让他们自觉地去学习，去学好，真的需要我们的老师如巧变花样的魔术师一般。巧妙地创设情境、及时雨般一句赞扬、真心献上的一朵小红花，甚至是一个微笑，都能起到意想不到的效果。

在教学《“红领巾”真好》的第二小段时，邓妮老师如此鼓励孩子自主思考：“老师刚看到了一群快乐可爱的小鸟，你们还看到了一群怎么样的小鸟？”有学生迫不及待地说：“我们还看到了一群活跃的小鸟。”刘老师高兴地表扬了他，还送他一只准备好的小鸟，其他小朋友看见了，把手举得更高了。

顷刻间，小手林立，妙语连珠。

2. 提高自主生疑信心，让孩子思考“开车”。

学生探索知识的思维过程总是从问题开始，又在解决问题中得到发展。

传统教学中，教师多教少问，学生多接受少思考，表现为“注入式”和“满堂灌”的教学模式。怪不得杨振宁博士这样评价：中国学生和美国学生的最大区别就在于中国学生不善于提问、不愿意提问。可见，培养学生的自主意识和问题意识有多重要。要能让学生在学习过程中，经常处于“若有所思”的

状态，做到“学”、“疑”、“思”相结合，形成“学习期待”的强力磁场。

高学段自主学习，为了提高学生自主提问的信心和能力，五年级的罗国金老师对自主提问的环节作了这样巧妙的设计：

自主提问的问题设计分两类：“考问“——“我想考问”（考考别人）；“请问”——“我想请问”（生疑请教）。教师在学生生成的问题库中筛选有价值的问题，并给问题进行评星划等，激励学生敢问、乐问、会问。有时罗老师还根据教学目标补充和完善问题，实现点拨助推之效能，确保课堂教学有效展开。

同样是提问，如若单一地纯粹地让孩子提问，任务感和被动性可想而知，而换成“考问”，孩子们的信心和兴致大增，心想：我也能当老师，考考别人了。如果能考问住别人，就加分更多了！”一个“考”字，不仅激发孩子用心地提炼问题，同时还激励了孩子思考解答问题，一举双赢，这样的“教练”岂不妙哉？同样的“请问”，加一个“请”字，更倡导了孩子质疑时的虚心和用心。

3. 精创自主学习空间，让孩子尝试“驾驶”。

没有自主，就不能合作。课堂自主学习，需要教师愿放手，敢放手，更要懂得怎样放手。即如何为孩子搭建自主学习的“支架”，让学生自己去攀登，掌握知识，形成能力。这就需要教师根据教学内容、根据实际学情，定细定实自主学习的内容和要求。提出的自主学习要求，既是要求，同时也应是学习方法的导引，让坐在驾驶室中的孩子具体尝试怎样“操控”。身处副驾驶的“教官”，旁置但不能闲置，应充分地发挥指导者和智导者的作用。

青年数学教师李玲老师教学《年、月、日》，引导孩子自主思考、发现、动手实践，掌握年、月、日的相关知识，呈现过这样一个精彩的教学片断：

师：小朋友们，让老师看看你们收集的年历好吗？哇！多漂亮、多精美呀！大家有没有兴趣自己亲手制作一张属于自己的2013年的漂亮年历啊？

生：有！

活动一：编2013年1月份的日历。

小要求：认真观察旧年历，并记录在第一张空白的日历上；制作日历时想一想：1月1日应该定在星期几？为什么？1月份有几天？

学生动手活动、反馈。

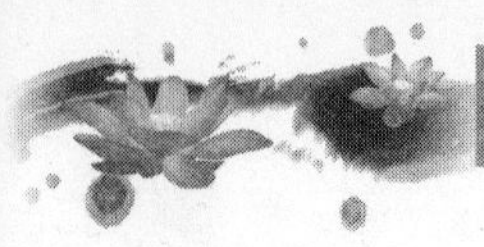

师：2013年1月1日应该定在星期几？

生：星期五。

师：为什么？

生：因为2012年的12月31日是星期四。

师：你不仅善于观察，还特别会思考哦！

学习小组交流展示活动

师：1月份有几天？

生：31天。

师：你是怎么知道的？

生：31天。而且看过其他年份的日历，我发现好像每年的1月份都是31天！

师：你真了不得！

活动二：编2013年2月份的日历。

师：你认为制作2月份的日历应该要注意一些什么？

生：2月1日定在星期几？2月份有几天？

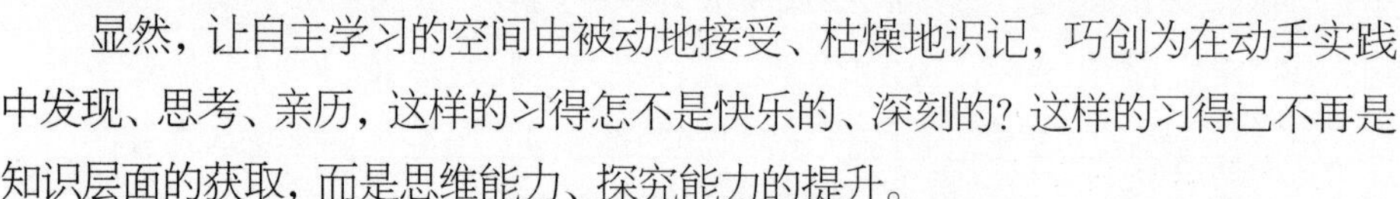

显然，让自主学习的空间由被动地接受、枯燥地识记，巧创为在动手实践中发现、思考、亲历，这样的习得怎不是快乐的、深刻的？这样的习得已不再是知识层面的获取，而是思维能力、探究能力的提升。

再如：在语文教学中，坚持指导学生、激励学生圈画、品评、感悟，高学段的孩子的语文课文，越读越细致、越品越入味，真正实现了将书读“厚实”了。

一个合作小组的孩子在自主品读《千年圆梦在今朝》第一段后这样标注：

生1：胸怀大志的炎黄子孙早就渴望飞天，探索宇宙的奥秘，说明中华民族的壮志豪情，我从“不断地尝试”中看出我们对飞天的无限憧憬，是好奇心引领着人类向另一个世界去探索，去闯荡。

生2：古老而神秘的敦煌壁画“飞天”，世代相传的神话故事“嫦娥奔月”，成就了我们的飞天梦，因为我们一直在不断探究，敢于实干。

生3：记得，曾经只有美国和俄罗斯掌握了载人航天技术，我们的梦想让他们不屑一顾，但是中华儿女的勇敢无畏、锲而不舍，让这份追求不再是肥皂泡。

课前自主预习范围广，程度浅，且学习方式大多是个体，收获深浅不同，而课堂自主学习则提高了自主的针对性，要求较高，探究更有力。课堂自主学习更有利于学生自主学习能力、合作意识及创新精神与实践能力的培养。

三、课后自主复习

拿到了“驾驶证”，就是否意味着可以“自驾自如”？我们总会看到贴着“实习”标志的新手上路，在马路边停车，倒倒进进难以如愿，侧方位学得再好，实践起来却有点令人冒汗，还有学员倒车入库，求救教练：“没有了指定的点，怎么也倒不进去，怎么办？”

推而言之，这便是“学以致用”的实践性和灵活性了，课后自主复习——便是让孩子自驾自如。

课后自主复习需要把握的几点：

（1）把准自主复习的脉——在数量上减负。传统教学中，课后自主复习，成了题海战，成了作业狂，殊不知这样，让孩子反感，哪有能力可言？

（2）精设自主复习的框——在形式上创新。课后自主复习的作业形式，特别需要教师智慧精创，切不可无目的地随意，既要有形式上的新疑性，更要注重真正地培养孩子的学习能力。

语文组教师创设的“小练笔——大作为”，针对课文中典型的句式或是典型的写作手法或是与学生生活结合紧密的课文内容，设计课后小练笔，加强孩子观察生活、思考生活的能力，培养语言运用、创作练笔的能力，且定期开展课后小练笔展示交流活动，无形中提高了孩子的语文综合素养。

再如：数学老师在上《比例尺》时，课后自主复习的作业设计为：

我能看懂户型图：

到周边的售房部了解售楼信息，并获取楼盘平面图，根据平面图向家人介绍户型设计，并计算出楼盘平面图的比例尺。

我能设计平面图：

根据自定的比例尺，为自己的家描绘平面图。

此外，在让孩子学会对所学知识进行整合复习时，可让孩子采取画知识树、标序号、列条款、列表格等多种形式完成自主复习作业。

还可以引导学生根据自己的实际情况自主地选择适合自己的课外作业。将课后作业分为必做题、选做题两部分。选做题是按不同层次设计的，学生可以自主选择。

总之，给学生一块适合于自主学习，自我发展的土壤，激发学生自主学习和创新的欲望，培养学生乐于动手、勤于实践的意识和习惯，促进学生的自主学习。

第三节　合作为本　我们需要手牵手

从前，有两个饥饿的人得到了上帝的恩赐——一根鱼竿和一篓鲜活的鱼。其中一个人要了一篓鱼，另外一个人则要了一根鱼竿。带着得到的赐品，他们分开了。

得到鱼的人走了没几步，使用干树枝点起篝火，煮了鱼。他狼吞虎咽，没有好好品尝鱼的香味，就连鱼带汤一扫而光。没过几天，他再也得不到新的食物，终于饿死在空鱼篓旁边

另外选择鱼竿的人只能继续选择忍饥挨饿，他一步步地向海边走去，准备钓鱼充饥。可是，当他看见不远处那蔚蓝的海水时，他最后的一点力气也使完了，他也只能带着无尽的遗憾撒手人寰。

上帝摇了摇头，决心再发一次慈悲。于是，又有两个饥饿的人得到了上帝恩赐的一根鱼竿和一篓鲜活的鱼。这次，这两个人并没有各奔东西，而是商定相互协作，一起去寻找有鱼的大海。

一路上，他们饿了时，每次只煮一条鱼充饥。终于，经过艰苦的跋涉，在吃完了最后一条鱼的时候，他们终于到达了海边。从此，两个人开始了以捕鱼为生的日子，他们有了各自的家庭、子女，有了自己建造的渔船，过上了幸福安康的生活。

开始，两个人因为不知道合作，所以两个人都失败了；而后来两个人懂得合作，最终双双取得了成功。

这是我最喜欢跟孩子讲的一个故事，我告诉孩子们学会与他人合作，取长补短，相携共进，才能实现双赢。毕竟，团队的力量远大于个人的力量。

我们常想，要实现学校提出的 “培养和发展学生的创新学习能力”课改核心目标，课堂上就必须让每一位学生“动”起来。传统的“班级授课制”一般是老师主讲，同学主听。虽然课堂高效、管理容易，却难以保证每一位学生能充分地“动”起来，学习能力自然就无所谓提升，更别说“创新”了。解决这一“瓶颈”的有效办法就是组建合作学习小组。而目前我校的现状是五六十人一班，一个老师难以顾及全班每一位学生。若是有十多位老师，那么每位老师就只顾及几位学生了。那我们为什么不让学习能力和组织能力都比较强的学生来充当小老师呢？用优秀学生来充当小老师，既可以解决了人人难以“动”起来的难题，又能提升学生的学习能力，而且还能激发全体学生的学习积极性和主体性。还是那句话，“小组合作学习”将是解决这些问题的有力抓手。

组建的合作学习小组

小组合作学习是在班级授课制背景下的一种教学方式，即在承认课堂教学为基本教学组织形式的前提下，教师以学生学习小组为重要的教学组织形式，通过指导小组成员展开合作，发挥群体的积极功能，提高个体的学习动力和能力，达到完成特定的教学任务的目的。这是目前世界上许多国家普遍采用的一种富有创意的教学理论与方略。下面，就谈谈我们学校在实施小组合作学习的过程中所采取的几项策略。

一、合作前要建组

要进行小组合作学习，首先须有合理的小组组织体系。传统班级授课制的“秧田式”排座，组长空有组长之名却无组长之实，除了便于收发作业，其团队意识、团队能力的引领作用几乎是微乎其微。合作学习小组的组建，一般采用“组间同质，组内异质” 的原则，即每个学习小组的内部成员在性别、性格、学习成绩、家庭背景等方面要具有差异。它并非是传统的“强强联

合”——优秀人员的组合，而是一种“互补”性的。这样更利于小组成员在合作学习过程中的优势互补、你帮我助，并且能确保每位成员都能得到较好的锻炼。同时，为了更好地体现组间竞争的公平性，每个组的总体实力应该尽量保持一致。

小组成员的人数一般以4～6人为宜，人数太多不利于学生个人才能的充分展示，人数太少则不利于学生间的交流和互助。考虑到低段学生年龄太小，自控能力和交流能力都比较差，我们便采取两人为一学习小组。我们认为，低段的学生只需具有初步的小组合作意识，能为中、高段深一步的合作学习形成习惯、奠定基础即可。

下面以四人小组为例，谈谈合作学习小组的组建策略。

首先，根据学生的学情将全班学生分成四类，分别标上①②③④号。①号即组长。然后，组长自由组合成员。组建的要求为：小组内①②③④类学生不许重复；男女生按一定的比例。这种“志同道合”的组合，少了老师强迫组队的埋怨，多了自主结合的主人翁意识，同时也便于以后小组间的长期竞争。

恰当运用课堂约定。同学们举手表示小组合作学习完毕，可以进行展示啦！

在合理分组的基础上，每个小组内还要有合理的分工。小组内设正组长、副组长、纪律监督员、得分评价员各一名，做到组内人人有事做、事事有人管。具体的职责为：

正组长：在以身作则的基础上，对组员的学习、行为、思想等进行监督、督促和指导；随时与班主任及各任课教师保持沟通与联系；负责对组规中不合理的部分进行修改；做好本小组一周内在校情况记载。

副组长：负责本组的学习情况及整个小组课前准备情况；确立小组讨论后发言人的顺序。

纪律监督员：负责本小组的课堂纪律维护，对于上课出现的说话、嬉笑、

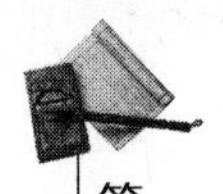

打闹、递纸条等现象及时制止。

得分记录员：负责记录本组的得分情况，下课后及时汇报给各学科的课代表。

当然，岗位的设置不是千篇一律，教师应根据各班的情况、课堂不同活动的需要设立不同的角色，并要求小组成员既要积极承担个人责任，又要相互支持、密切配合，发挥团队精神，有效地完成小组学习任务。

分组分工完成后，就要引导形成小组文化。目前我们主要是从“引导形成小组文化”和“训练合作能力”两个方面入手的。

——引导形成小组文化。

每个小组要创建有个性、代表小组目标的组名；根据组名设计组徽，标在组牌上；同时以一句励志格言、诗句或自创语句作为小组的组训；制定本组共同的目标，每个月制订达标计划，到月底自查达标情况。当然，还可以鼓励自创组歌、设计个性组牌等，从而形成小组的显性文化。由于小组规则都是自主讨论生成，而非教师强制而为，因而更能促使每位组员形成认同感及主人翁意识，起到自主约束的功效。

——训练学生的合作能力。

有了小组体系，如何完成共同任务，如何进行组内交流等等，这些行为小学生不可能自发学会，必须经过一定的培训。我们通过周一班主任主持下的组长例会和周五组长主持下的组员总结会，基本上解决了小组合作学习中存在的种种问题；课堂上，小组合作不规范的行为，除及时纠正外，还会利用课余时间进行重点辅导；利用周五的主题班队会进行“小组风采亮相”，以此来磨合、增强小组的凝聚力；平常的班级活动，如卫生打扫、体育竞技、板报刊出等，只要是能以小组合作完成的，均以小组为单位进行“捆绑”式竞赛，促使学生在短期内形成强烈的小组合作意识，提高小组合作能力。

良好的小组建设是课堂合作学习的基石与保障，小组的组建与培训繁琐而复杂，需要教师的用心指导。但孩子喜欢，乐意参与，是我们最大的幸福。

四年级155班学生文榕在日记中写道：

新学期以来，老师们在课堂上不约而同换了一种新的教学方式——小组合作学习。同学们可喜欢这样的学习方式呢！

一开学，老师就指导我们分好了学习小组。每四个同学为一组，老师建议我们自由给自己的小组取名字。我们这个组的成员有付亦慧、张锐涛、赖志勇和我。我们决定取名为“彩虹组”，希望像彩虹一样美丽出色！当然，其他小组的名字也很棒，如“无敌组”、“金刚组”、“飞翔组”、“精英组”、“希望组”等。名字一个比一个有创意。每组还选出了小组长，呵呵，我还当选上了我们这个组的组长呢。一切都是那么新奇，大家都兴奋极了。果然，新的课堂上发生了许多新奇的变化：老师讲的时间变少了，同学们讨论的时间变多了；小组讨论中，同学们都积极思考，能自己提出问题；展示的时候，同学们都很积极，一组比一组好。昨天，我们这个组还得了最高分——3分。同学们高兴极了！

二、合作中讲质量

合作学习是课堂教学中一种有效的学习方式，但并不是“马放南山”听之任之，也不是课堂一开始便无选择性、无目的性地一味组织学生分小组讨论合作。这种为合作而合作的做法无异于舍本逐末。

那么，如何在学科教学中富有成效地指导学生开展探究性学习？在合作学习过程中如何进行有效的管理？在具体的实施过程中，我们注意了以下两个方面：

1. 保证合作学习的有效度。

——要考虑学习内容是否有合作的必要。一般来说，较简单的学习内容，只需要个体独立学习即可；而较复杂、综合性的学习内容，则可以采用小组合作学习的方式。这就要求我们必须认真钻研教材，精心安排合作学习的最佳时机，把合作落到实处。我们认为，只有在学生思维受阻时，意见不统一时，问题的答案不唯一时，进行小组合作学习才是最佳时机。

——“合作学习卡”需任务明确，指导得法。在认真钻研教材、分析学生学情的基础上，确定合作探究的问题，并将问题制成“合作学习卡”，为学生的合作学习指标明路。但问题该如何设计？方法该如何指导？里面很有学问。问题设计得太宽太泛，学生不知所为，无从下手；问题设计得太细，教师“导”得太繁，既浪费了时间，又束缚了学生的思维。

请看某位教师在执教五年级语文《慈母情深》一课时所出示的 “合作学习卡”。

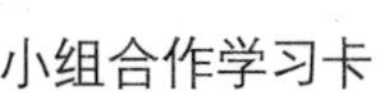

小组合作学习卡

1. 把描写母亲外貌、语言、动作的语句找出来，读一读，再找出相应的重点词语填入下表。

外貌	动作	语言

2. 小组研讨汇报：我们组从“______”词语（句子）中感受到浓浓的母爱的。这主要是通过______表达母亲的深情的。

这张“学习卡”，老师让孩子给人物外貌、语言、动作分类列举，合作探究的价值有多大？仅仅只是为了让学生判断哪些是外貌、语言、动作吗？恐怕不是。又是否有合作探究的必要呢？在自主学习充分批注的基础上，五年级的学生随文圈画，完全可以达成学习目标。高效课堂的时间何其珍贵，无须重复。其次，小组研讨汇报时以填充题的形式指导探究，过于浓化了写作方法的习得，忽视了学生个性化的深切情感体验。这一类感人肺腑的亲情美文，是人文性与工具性完美结合的典范，而这一“学习卡”太重知识目标的实现，忽视了情感的体验。而从课堂观察看，孩子们在这张“合作学习卡”的任务指引下进行合作探究时，围绕人物描写方法的分类整理在争执、忙碌，对人物形象的理解、情感的体验无暇顾及，因而导致在小组汇报时，只能停留在简单、浅显的词句呈现上，毫无个性化的情感体悟。最终教师只有不断地追问、牵引，把自己的体验传给学生。唯有甩开固化的汇报句式的束缚，方能让孩子们对“浓浓的母爱”有个性化的理解，绽放他们思维的火花。

重视对学生合作学习过程的调控

2. 重视对学生合作学习过程的调控。

讨论的问题抛出去后，教师不应是简单地等待学生小组讨论的结果，而应在小组合作学习过程中进行适时的、必要的、谨慎的、有效的指导，以帮助学生从探究中获得新知。

【教学片断】《图形的认识》

老师安排学生讨论：生活中有哪些物体是我们学过的这几种形状的？（长方体、正方体、圆柱体、球）

由于这个问题与生活接近，学生讨论得异常激烈。

老师随时参与到小组探究活动中，对他们出现的问题与困难及时给予指导和帮助。

有一小组的同学发生了争论，老师来到他们中间倾听，发现该组的小组成员在说到讲台桌上那个墨水盒时，有的认为那是正方体的，有的则认为那是长方体的，争论不休。老师特意观察了一下那个墨水盒，原来，墨水盒的正面是正方形，侧面则是一个长方形，严格来讲它应是长方体。这个争论的出现，说明还有很大一部分孩子不能正确区别正方体和长方体。于是老师引导他们运用观察、触摸、比较等形式再一次深入了解正方体和长方体的区别。最后该组成员异口同声地说：“这墨水瓶是一个长方体！”

有一小组讨论偏离了主题——比大小，比颜色，比用途，教师发现后及时提醒：“主要是看它们的形状，了解它们的特征。”

有的小组讨论时秩序比较混乱，老师对他们进行耐心的讲解和调整，帮助他们尽快进入到有效的探讨活动中来：“谁是声控员？请控制一下你们组的秩序。”

有的小组提前完成了任务，老师提醒他们：“检查一下，看是否正确完成了任务。”

上例中的老师适时地做好学生学习的引导，针对小组讨论的难点、疑点、错点进行了适时而有效的引导，让学生的小组合作学习得以有效开展。在学生进行小组合作学习的过程中，教师不应是旁观者，更不要做局外人。教师在合作学习中应该是组织者、引导者、参与者。教师必须深入到每个小组，认真倾听大家的发言，适时地与小组成员进行交流。教师要认真观察和了解每个小组的活动情况，及时发现学生在合作过程中产生的问题，并抓住这些问题，对学生的合作学习实施监控。

——适度介入。“合作学习卡”的制订是基于老师单方面的考虑，具体学习中学生的情况却是千变万化的。合作探究过程中学生会碰到无法解决之处，

此时便需要老师进行必要的介入、指导。如何引导，何时介入，介入多少，哪些指导是必要的，怎样的指导才算充分了，要把握分寸。在实际教学中，有时因教师介入过早（学生还没有充分地自主探究多长时间），致使学生丧失了本可以自主发现的机会（“差一点我们就要找到答案了！”）；有时因教师介入过晚，以致教学时间白白浪费，因此教师的指导程度还要根据不同的教学内容而决定。这些，都要求在教学实践中不断摸索和总结，针对不同的探究活动，进行具有针对性的指导。

——纠偏。合作学习小组在开展讨论时，当学生思维的闸门打开后，有时可能会偏离讨论的主题。教师应注意观察，进行引导，把学生的讨论引到讨论的主题上来。比如，在上面列举的教学片断中，有一小组讨论偏离了主题——比大小，比颜色，比用途，教师发现后及时提醒：“主要是看它们的形状，了解它们的特征。”

——消除误解。国外有学者研究发现，关于学习内容学生经常有误解，这些误解在小组相互影响的过程中可能会增强。这就需要教师进行监控，及时消除学生的误解，以免学生在合作学习时步入误区。

——防止冷场。在开展合作学习初期，有的合作学习小组可能缺乏有效组织，小组成员之间不能相互配合，出现冷场的局面。教师应当分析冷场的具体原因，指导合作技巧，激活学生的思维，鼓励学生大胆表达。

——关注学困生。运用小组合作学习，教师要防止学生在小组合作学习中，复制缺乏合作的传统师生交往方式，演变成为“好学生讲，差学生听”的小组模式。小组合作学习制度推出的初期，很多老师都有相同的担忧：好生将越来越好，学困生将越来越差。因为尖子生在交流环节是主导者，展示环节又是他们的天下，而学困生仿佛永远只有当听众的份，要不就是游离于课堂之外。为了解决这一难题，我们要求讨论时必须人人发言，组长必须适时提醒学困生参与、及时做笔记。一堂课后，组长对本小组成员的表现打分评价，只有全程认真参与或较以前有进步方可得分。而老师对小组学习情况进行评价时也要关注到人人参与度，酌情加分。同时老师要时时穿插在小组中，一旦发现“冷落”学困生的情况出现，及时给予干预，对于在这方面做得好的小组及个人也及时给予表扬，以此保证学困生的全程参与。

三、合作后有展示

交流展示是整个课堂的主旋律，学生的“动”应贯穿于整节课堂的始终。可是课堂展示是一个难点，组织不好就可能会出现“失控”局面，达不到预想的效果。比如，展示散漫、耽误时间；优等生唱“独角戏”，其他学生受冷落；不展示的学生不关心展示，课堂气氛冷寂等等。怎样才能使课堂展示精彩、有序、高效呢？这是我们在课堂上反复思量的一个问题。

1. 谁来展示？

一堂课只有40分钟，展示环节可能只有15～20分钟，人人发言，没有时间；我们学校班额大，人数多，人数最少的班也有五十来人，人人发言，没有机会。点兵点将，次次由高举双手的强组发言，老师掌握不到学情，长久下去又易打击其他组的兴趣，也易滋长弱组躲避责任的不良想法，不利于小组合作制的长期推行。我校组建合作学习小组，其目的就是将课堂发言权归还给学生，人人参与，让学生成为课堂的主人。

如何做到这点？我们想到了两种方案。

方案一：轮流展示。以一天五节课为例，每节课由三个组作主展示，其他小组负责补充。一天下来，每个小组都得到了展示机会，每个人都至少有一次发言机会。当然考虑到文化课与非文化课的区别，老师在每天的分配轮流展示的任务时要做好规划，避免出现每次都是几个相同的组负责文化课的主展示。

方案二:抽签展示。以三年级183班为例，全班14个小组，将其分为四个大组，展示时在各大组中抽签决定一个小组主展，而本小组的表现即代表整个大组的表现。荣辱共担，机会均等。这样做每堂课都富有戏剧性，让同学们对小组展示环节期待，同时也因为“荣辱共担”使得在前面的小组交流环节人人不敢马虎，组组不敢大意。

合作学习小组进行汇报展示

2. 怎么展示?

——明确展示的基本要求。

要想学生的展示有序，展示高效，需要我们教会学生展示的方法，让学生明确展示的目标。学段不同，学生能力有高下，要求自然也不一。同时也要关注到非展示学生的倾听情况，只有认真倾听才能在后面做出有力的补充，因此也需要对学生提出倾听的要求。只有这样，才能保证展示的效率，保证课堂的效果。我们自己琢磨、实验、修改，向他人学习。在这方面，株洲市天台小学为我们提供了好的经验。我们学校在天台小学的《小组合作学习评价指标》经验就是在他们的基础上，通过多次实践与研究逐步形成的。

目标	低年级	中年级	高年级
总目标	逐渐形成合作意识，开展两两合作	合作意识较强，具有一定的合作方法与能力	小组内每个成员合作意识强烈，掌握一系列合作学习方法，小组的自主学习与合作管理能力强
倾听目标	1. 集中注意力听清楚 2. 不打岔，不打断	1. 集中注意力听清楚 2. 不打岔，不打断 3. 头脑中询问、质疑	1. 集中注意力听清楚 2. 不打岔，不打断 3. 头脑中询问、质疑 4. 适时在书上勾画、标记观点
合作目标	1. 能共同开展学习 2. 能相互检测	1. 小组能合理分工 2. 能在独立学习的基础上，围绕问题讨论、合作 3. 能组织有序发言、检测、互帮等活动	1. 小组能迅速分工，相互配合学习 2. 能在独立学习的基础上，围绕问题讨论、合作 3. 能快速组织有序发言，检测落实到位，依据学习效果当堂互帮 4. 能以小组为单位主动组织开展课外活动
汇报发言目标	1. 能大胆发表自己的意见 2. 两人对话	1. 能大胆发表自己的意见 2. 两人对话 3. 小组发言有秩序，有分工，要求有导语，有总结 4. 能大胆对其他人的发言进行补充、纠错	1. 小组发言有序，分工合适，观点鲜明，表达简洁准确，导语、总结有个性 2. 组内发言相互补充，注意内容的衔接 3. 组间交流，能把握住别人观点的关键，并生动明确地提出自己的意见
评价目标	能简要说出对方的优点，能发现错误	能真诚发现别人的优点，并会质疑、反驳、更正、补充能发现错误	能具体评价优点，能在评价别人的同时大胆发表自己的见解，质疑、反驳的问题切中重点，更正、补充严谨恰当

——落实展示任务的分配。

被抽中要求展示的小组该如何进行展示？具体落实到每个人发言的任务怎么分配？我们首先考虑的是中下层的学生。展示时老师作出硬性规定：小组长负责开场白和总结词，而中间必须先由③、④号作主示发言，①、②号则在只能补充，否则不予加分或得分较低。这样就迫使全组成员在小组讨论时，尽已所能，先教会学困生，而学困生也会因荣誉感、面子观而努力跟上集体步伐。做一点比一点不做好，说一句比一句不说要强。相对传统授课制下学困生全堂当听众来说，小组合作制下的学困生有了更高的参与度，有了更多的发言机会，自然会进步不少。

3. 如何评价?

展示结束后，评价激励是最后一环节。要想对发言者给予恰如其分的评价，首先必须认真倾听，其次要有深入的思考。

我们要求学生的评价做到以下几点：

——评价有礼。要求给主展示同学作出评价时必须彬彬有礼，谦虚有度，先肯定人家的优点，再说不足，不能乱评一气，更不能出现有辱人格的粗话。

——评价有理。有理就是要求学生发言要阐明自己的观点，讲道理，摆事实，不能胡搅蛮缠。给多少分理由何在？是声音洪亮，是组织有序，还是发言中肯有新意？扣分扣在哪儿？要摆得明明白白。理还包括理解，即要求理解他人，理解别人的发言。

——补充有力。除了展示者可以凭借展示的质量获得积分外，对那些认真倾听并作出了精彩补充性发言的同学，我们也会即时地给予肯定。

总之，小组合作学习的成败，需要教师大量的、实时的、有效的指导，只要指导运用得当就有望实现课堂教学效果最优化。

第四节　探究是宝　琢磨探寻我最行

一天下午我带儿子在超市里玩好后回家。小区的门是照卡进入的。走到门口附近，看见一个男士蹲在一边，往门里扫了一眼，值班师傅不在，那个男士肯定没带卡，所以在那里等。我们还没走到门口，一个女士走到门前，她的卡装在女士包里，因此拎起包去照卡，常规是照卡机"吱"轻微响一下，门就开了。但那个女士搞了几秒钟，机器没响，她（实际上我也是）以为她的卡位置不对，因此就拉开包的拉链去找卡。此时我和儿子已经走到门前，她还没摸到卡，我说我来吧。我一手拿卡去照，一手就去推门，卡还没照到，门已经被推开——原来门是开着的，根本不要照卡。

当时我的念头是，我们的思维已经过于常规化而缺乏探究精神，否则为什么蹲着的那个男士和开不了门的女士不想推推门试试呢？

事实上，很多时候我们都要试一试，这是一种探究的态度，而这样态度，应该充斥于我们的日常生活，在我们的学习中更应该如此。苏霍姆林斯基曾经指出："在人的心灵深处，都有一种根深蒂固的需要，就是希望自己是一个发现者、研究者、探索者，而在儿童的精神世界中，这种需要特别强烈。"传统的课堂教学往往忽视儿童内心的需要，教师牵着学生问，牵着学生学，学生被动地完成老师的一个个指令。探究性学习努力把课堂教学的过程变成在教师指导下学生自读、自悟、自求、自得的过程。在探究性学习中，学生能在开放的课堂中快快乐乐地获取知识，从而品尝到了成功的乐趣。

什么是探究性学习？顾名思义其实质是"探究性"，其核心是改变学生的学习方式，目的就是培养学生的创新精神和实践能力。具体来说，是指学生在教师指导下，以学生的探究活动为主线，以问题解决为途径，使学生主动建构知识，让学生个性和谐发展的学习活动。

基于上述认识，我们认为，课程改革的一个重要的教育思路就是探究性学习。探究性学习是一种非常有效的学习方法，它能启人心智，开发和拓展学生的创新性思维。在探究性学习过程中应特别强调：

（1）教师是学生的组织者、指导者、促进者，而不仅仅是传授者；

（2）学生是教学过程中的主体；

（3）以问题的产生、分析、探究、解决的过程来体现教学过程，师生一起"经历"问题的探究过程；

（4）以健全学生人格为宗旨，以培养具有创新精神与实践能力的人为目标。

严格来说，小学探究性学习，既是学生的一种学习方法，同时也是教师的一种教学方法，它在教学程序上大体遵循"发现提出问题——分析解决问题——评价反思过程与结果"的思路来展开。其具体实施策略如下。

一、在教师的引导下设定可探究性课题

鉴于对探究课题的功能具有较高的要求，因而不能随便拿一个问题或质疑充当。探究课题是师生纵横捭阖，凝聚了学习内容精髓的产物，自然应当是智慧

的结晶，所以，在教师的引导下提出探究课题是设定课题的一般方法。

1. 引导学生直接从课题中提出探究性问题。

课题是教材的重要资源，同时也是许多问题的隐藏之处。有人把课题比之为一个人的额头和眼睛，道出了课题对该内容的重要意义。引导学生从课题中提出一些简单的问题，不仅能激发学生的求知兴趣和学习热情，还有利于学生明确本节课的探究目标。

在教学《草船借箭》时，教师出示课题，并引导：“看到这个课题，你们有什么问题？”学生马上提出了一系列的问题：是谁用草船跟谁借箭？为什么跟他借箭？怎样借到的？结果是怎么样的呢？

以上问题都是学生想急于弄清的，于是会有后面的探究过程。

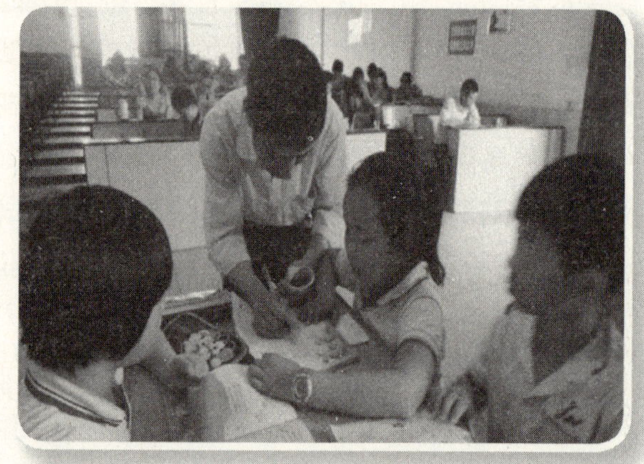

在老师的指导下进行探究性学习活动

2. 引导学生从情景图或插图中提出探究性问题。

现行的学科教材一般由三大系统组成，即教材的文本主体系统、图像系统和习题系统。其中，图像系统是教材内容的重要组成部分，图像不仅有助于学生解读所要学习的内容，更有益于激发学生丰富的联想和想象，使抽象的文字符号和形象的生活图景互相映照、相得益彰。因此，从情景图或插图去推出探究课题别有一番意趣。

教学《雷锋叔叔，你在哪里》时，先引导学生回忆：每年的三月份，我们祖国大地掀起一股什么活动的热潮？你曾经帮助过谁？或者获得了谁的帮助？然后出示情景图，引导学生观察后启发学生：“看到这幅情景图，你有什么问题需要我们一起来解决？”学生根据图片的内容很快提出：“为什么有那么多的人向雷锋叔叔学习？”“小伙伴们围在一起讨论雷锋叔叔的什么故事呢？”……教师再引导学生学习课文。

这样教学，有利于培养学生的观察能力和自主探究能力。

3. 引导学生从生活中提出探究性问题。

“探究性学习”注重学生对生活的感受和体验，强调学生的亲身经历，让学生在生活中去发现和探究问题。教学中，如果把将要学习的知识放在一个生动、活泼的情境中，更容易激发学生的探究兴趣。

在教学四年级《热从哪里传》这一课时，科学老师创设情境，看一群小朋友在喝热水，引出一个话题：这么热的水怎么喝呀？怎样使水凉快一些？从而引出“热从哪里传”的探究性任务，让学生提出探究性问题。在教学《冷与热》这一课时，通过主题人物在泳池边的对话，引出有关冷与热的话题。刚从泳池边上来的学生感觉有点冷，准备游泳的学生会感觉天气热，从而引起了学生的思考：为什么他们的感觉不一样？

曾经看到这样一个案例：一位老师执教《空气》时，是这样引导学生提出有价值的问题的：这位老师先让学生说说自己对空气的了解，然后给学生一个保鲜袋，再让学生玩玩空气，通过玩，再发现空气的特点，并且大家交流自己的发现。大部分的老师在这个时候往往会提问：关于空气，你们还想研究什么？这样一引导，学生的思维发散，他们会提出一些比较肤浅而且不值得或是根本不需要探究的问题来，那么引导学生提出问题这一环节上时间浪费了不少，可真正想让他们探究的问题没有提出来，出现了事倍功半的效果。这位老师在大家交流了对空气的发现后，又拿出一个气球吹给学生看，这时候学生的注意力被集中了起来，然后又拿出一个饮料瓶，把气球放进瓶子里，并且套在瓶口上再吹，但老师没有马上吹，而是问学生能不能吹大，大部分学生都说能吹大，然后老师请学生上来吹，结果与学生的猜测不一样，这个时候这位老师便引导学生提出自己的猜想，是什么原因呢？一个有价值的科学问题便产生了，学生的科学探究由此开始。

以“动”启发学生的思维

4. 引导学生在自学过程中提出探究性问题。

在学习新知识阶段，为了充分发挥学生的主体作用，让学生的独立思考、自主探究精神得到培养，可以先安排学生看书自学，然后引导学生发现问题，提出问题。

正如我在执教二年级下册《小鹿的玫瑰花》一课时，我先让学生自己看书，再质疑。学生的问题很多，很零碎，却没有抓住主要的问题。我并不着急，提醒孩子找找前后矛盾的词句，学生很快发现了“白栽”和“没有白栽”，此时我让孩子质疑，说说自己的疑问，孩子自然而然地问道：为什么鹿弟弟开始说小鹿的玫瑰“白栽”了，后来又说“没有白栽”呢？一个有价值的问题便产生了，学生的探究兴趣更浓厚了。这样教学，不仅培养了学生的自学能力，而且有效培养了学生发现问题、提出问题的能力。

5. 引导学生从操作中发现探究性问题。

著名心理学家皮亚杰说：“儿童的思维是从行动开始的，切断动作与思维的联系，思维就不能得到发展。”要解决数学知识的抽象性和小学生思维的形象性之间的矛盾，必须多组织学生动手操作，以“动”启发学生的思维，让他们产生更多的新问题。

在教学《三角形内角和》时，教师让学生在钉子板上围出各种三角形。学生在操作过程中发现：不能围出有两个直角或钝角的三角形。由此，教师启发学生讨论：为什么不能围出有两个直角或钝角的三角形呢？三角形的三个角有什么秘密？

6. 引导学生从认知冲突中引出探究性问题。

学生认识事物，由不知到知之，由知其一到知其二，有循序渐进的过程。因此，教师所创设的问题情境应具有层次性，由浅入深，由易到难，先简单后复杂等。

教学《圆柱体体积》时，教师按下面的三个层次创设了问题情境：

□ 课件出示：装满水的圆柱体玻璃容器，要求学生试求水的体积（可将水倒入长方体容器内，再分别量出长、宽、高，然后求出体积）。

□ 屏幕上将“装满水的圆柱体玻璃容器”换成了“圆柱体橡皮泥”，要求

学生试求橡皮泥的体积（可将橡皮泥捏成长方体，或将橡皮泥放入装有一定水的长方体容器内等方法求出它的体积）。

□ 屏幕上将“圆柱体的橡皮泥” 换成了“一根圆柱体的石柱”，再让学生试求它的体积。

这时，有一学生说：“如果知道圆柱体的体积计算公式就好了！”“那怎样推导圆柱体的体积计算公式呢？它与长方体又有什么关系呢？”师生经过一番讨论，确立了上述本节课所探究的课题。

7. 引导学生从质疑中提炼出探究性问题。

探究性课题能激发学生的自主探究兴趣，若具有针对性，可以发挥最佳效益。当然，由学生提出探究性课题自然是最好不过了。教师若能从学生的质疑中加以提炼、升华，而最终形成探究性课题，实为最佳策略。

在教学《梯形面积的计算》时，当教师引导学生完成“用两个完全一样的梯形拼出一个平行四边形或只用一个梯形通过割补法转换成一个平行四边形或长方形，从而推导出梯形面积的计算公式”后，有一学生提出这样一个疑问：“为什么不从三角形面积推导出梯形的面积计算公式？是不是不能？”对待这样一个很有价值的具有挑战性的问题，教师的做法是延迟判断，为其命名为“某某同学问题”，让全班同学帮助释疑，让全班同学分享创新性学习的快乐。

8. 引导学生从课后练习中提出探究性问题。

教材编者设计的课后习题，既是教材的要旨所在，又集中体现了训练重点和编辑意图，由此带出的探究课题，常有较高的效能。

五年级（上册）数学有一道练习，要求学生为自己家里设计一份午餐的菜单，并算出一共用了多少钱。由此某教师得到启发，让学生通过合作探究，把这一练习题改为《我为妈妈过生日》的探究性课题：妈妈的生日到了，小明想妈妈平时很辛苦，这次也要帮妈妈过生日。他可以怎样准备呢？

教师出示探究性学习单。

之后，教师出示了如下小组交流学习提示单：

□ 你们小组为什么要这样制订菜谱？大致从三方面来解释：营养要合理，荤素搭配；根据一家人的口味，选喜欢吃的菜；价格要合理。

□ 说说你们是怎样估算的。

□ 你们小组从设计菜单到发布菜单的过程合作得如何？

爸爸规定了几个条件：

有三人吃饭：爸爸、妈妈、小明

准备7个菜：冷菜2个、热菜4个、汤1个

预算：100元

请你设计一份菜单，可以参考网上虚构超市

菜谱样例：

冷菜：__________、__________

热菜：__________、__________、__________

汤：__________

二、在教师的引导下分析、探究、解决问题

学生的探究性学习不一定像专家那样，必须解决具体的问题，我们应该避免“成人化”的倾向。在学习过程中，学生是否真的探究出什么并不重要，主要是让学生了解探究的方法，掌握探究的途径，学习的过程才是我们追求的结果。一般来说，小学生的探究过程至少要经历以下三个环节：

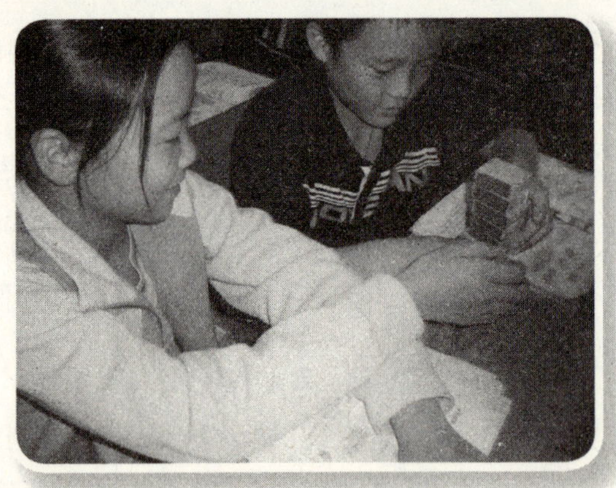

数学课上学生的探究活动

自主探究，分析问题。这一环节是学生探究性学习的核心部分。也就是由学生本人把要学的东西自己去发现或创造出来的过程。教师应帮助和指导学生在丰富多彩的活动中、在自主的实践中很好地进行这种再创造工作。

交流讨论，解决问题。学生通过各自的研究，或小组合作探索得出初步的研究成果，必须互相交流、互相倾听、相互学习、相互评价，让学生通过交流了解别人对问题的认识和不同的看法，从而在自我反思中深化自己的认识。

实践应用，深化认识。学生学到的知识必须应用于实践才能感受到是有用的，有用的知识他们才会珍惜和进一步深化研究。因此，在教学中当学生掌握了新的知识后，应注意引导学生用新的知识来解决身边的实际问题。这个新的问题情境，可以由教师创造让学生思考，也可以学生自己创造自己思考或同桌创造交换思考。

小学生的探究性学习是否有效或是否有价值，关键取决于以下几个方面：

1. 营造探究性学习氛围。

民主、平等、和谐、宽松的学习氛围，有利于激发学生的学习兴趣，调动学生的学习积极性和主动性，使学生在课堂上敢想、敢说、敢做，勇于、乐于展现自我保证探究活动顺利、高效地进行。教师要充分信任学生，放手让学生探究，学生获得小小的一点“研究”成果，教师要及时表扬和鼓励，学生在“研究”过程中出现偏差时教师不指责，应该耐心指导，帮助分析，逐步完成“研究”任务。

2. 提供合适的探究材料。

学生光有探究激情，没有具体的探究材料，仍是无米之炊。小学生认识规律是“感知—表象—抽象”，学生在探究之前，教师要为学生提供或让学生自己准备充分的感知材料（如实物、学具、图片、文具、统计数据、表格等）。充分利用教具、电化教室等现代教学技术，从学生已经知道的知识和经验出发，把学生在生活中积累的知识和经验，转化成一种可供操作、讨论、思考的材料，为学生探究创造条件。

教师提供探究材料时应注意：材料的背景要现实有趣；材料的形式要多种多样；材料的内容要开放有序。

在教学《统计表和统计图的复习》的课前，教师将搜集到的湖南几个邻近省，即江西、湖北、广东、贵州、重庆的土地面积、人口、交通公路长度及其他方面，尤其是湖南省各个方面及其变化的数据综合成模拟网。其中包括：湖南省地域图；湖南省与各临近省各个方面及其变化的数据；三种方式（文字、统计表、统计图）表示出的湖南省及几个邻近省的交通公路长及其变化情况；等等。这样，可极大地提高学生探究“统计表和统计图”的有效性。

3. 指导探究方法。

探究，是学生运用已有的知识结构材料去寻找解决问题的方法，去发现规律。然而，我们要清醒地认识到：小学生的知识和技能还很稚嫩，综合运用知识的能力相对薄弱。因此，加强探究方法指导尤为重要。

根据不同内容的不同特点，应指导学生选择合理的探究方法。如：

操作——发现。即让学生通过自己动手操作，发现规律，得出结论。

猜想——验证。即让学生对数学问题先大胆猜想，再通过探究去验证。

观察——归纳。即让学生观察大量的事例，再去探究规律，归纳规律。

类比——联想。即让学生通过类比及联想，沟通新旧知识之间的联系，探究数学方法，解决问题。

在教学《轴对称图形》（高年级）时，当师生共同提炼出探究问题后，教师引导学生按下面的程序进行探究：

独立探索，自主发现

学生观察教师提供的“轴对称图形”图片，并根据已有知识自己看、自己学、自己画、自我测试，自主探索轴对称图形的特点。之后，教师引导学生发现：如果一个图形沿着一条直线对折，两侧的图形能够完全重合，这样的图形就是轴对称图形。这条折痕所在的直线就是这个图形的“对称轴”。

提出猜想，深入探究

出示一组简单平面几何图形，学生提出猜想：一个图形，给定一条直线，如果这条直线的两侧完全一样，这条直线就是它的对称轴。即长方形、正方形、平行四边形、等腰三角形、等腰梯形、圆都是轴对称图形。

深入研究：学生选择图形进行动手操作，找出它的对称轴，并画出它的对称轴。

引导学生得出结论：长方形的对角线不是它的对称轴，平行四边形（菱形除外）不是轴对称图形。

完善概念：把一个图形沿着一条直线对折，当两侧的图形能够完全重合时，这样的图形才是轴对称图形。这条折痕所在的直线才是这个图形的“对称轴”。

证明猜想，统一认识

出示课件，运用找对称点的方法证明：下面的两个图形哪一个是轴对称图形？为什么？

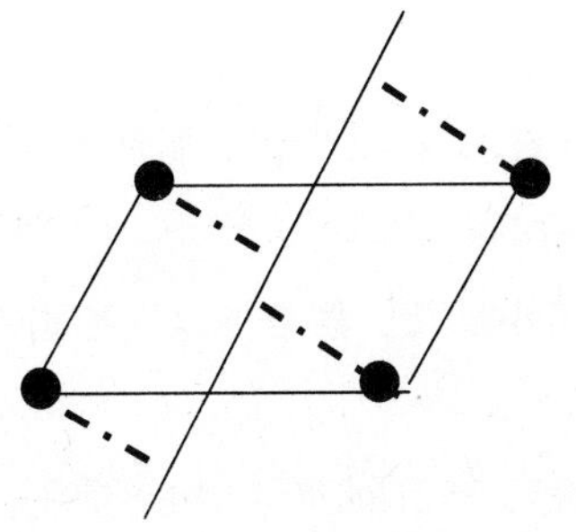

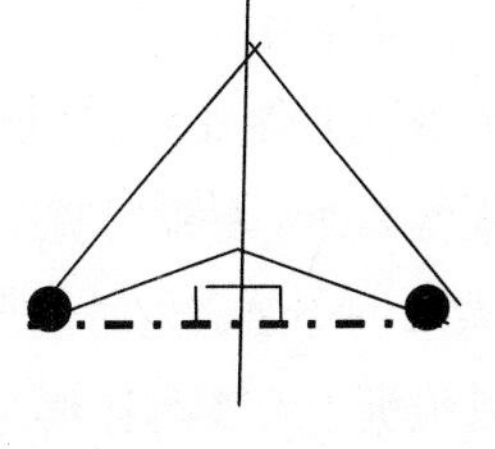

体会：在独立探索的基础上，启发学生质疑问难，引导学生事先先设想，再通过深入探究来验证猜想，不但有益于知识的意义建构，尤其对学生遇事先设想和勇于探究的创新学习习惯的形成能起到很好的促进作用。

教学《长方形和正方形》时，可引导学生进行如下探索：

①引导学生理解“长方形和正方形的面积是它所含面积单位个数”这一概念。

②依次出示下列图形，要求学生求下列长方形的面积：

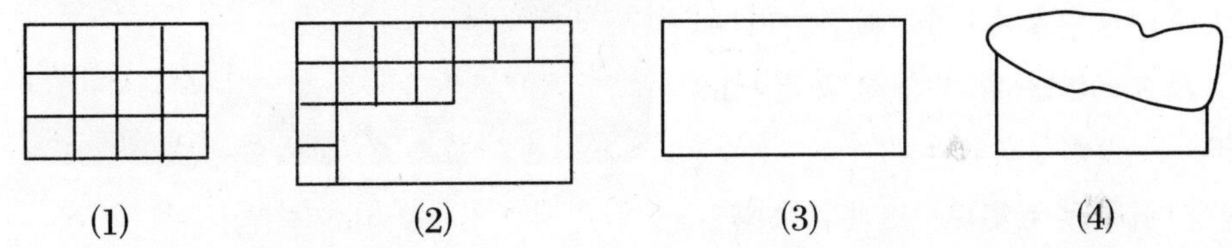

(1) (2) (3) (4)

A. 图（1）的长方形长4厘米，宽3厘米，学生可以将1平方厘米的小正方形填满整个长方形，求出长方形的面积。

B. 图（2）的长方形长7厘米，宽4厘米，12个小正方形无法填满整个长方形，但学生经过思考也能求出。

C. 图（3）只有一个长方形，没有相应的面积单位，教师可启发学生通过测量求出长方形的面积。

D. 图（4）无法知道宽，便无法求面积，这时教师出示：这个长方形的面积是15平方厘米。问“你能知道它的宽吗？”

③引导归纳长方形的面积公式。

体会：创造性思维是思维智力的品质之一，是思维的一种特殊形式。以上案例转变了传统教学模式许多不足之处，其中首要的是拓宽了学生的思维空间，旧模式中学生解答问题只能依靠旧有的经验，一旦思维受阻，便束手无策，而该教师却为学生提供了丰富的解决问题的途径。

在学习《100以内退位减法》（36−8）时，教师让学生从拿小棒的过程中探

究算法。具体为：

学生通过摆小棒发现“6根不够拿去8根，6减8不够减”，老师启发：“6减8不够减怎么办？看谁聪明，能想出办法解决这个问题。”

四人一小组，先给学生充分的时间，各自用小棒摆，摆后可以说给别人听，也可以听听别人是怎样摆的，再全班交流：

① 打开1捆，变成10根，这样散的就有16根，从16根中够拿去8根了，还剩8根，和原来的2捆合起来就是2捆8根。

② 先从3捆6根中拿去6根，再打开1捆，变成10根，又拿去2根，还剩2捆8根。

③ 直接打开1捆，变成10根，从这10根中拿去8根，剩下2根，加上原来的2捆6根，合起来是2捆8根。

从课内拓展到课外

引导学生发现：这些摆法哪些地方是相同的？

引导学生从不同摆法说说不同的算法？

① 16−8=8，20+8=28

② 36−6=30，30−2=28

③ 10−8=2，2+26=28

小结：今天我们探究的算题有什么特点？（是两位数减一位数，个位上的数不够减要退位，要从十位退1作10。）

你能给今天探究的内容取个名字吗？（两位数减一位数的退位减法）

体会：在这个学习过程中，学生利用学习材料进行探究性学习，不仅提高了动手实践能力，而且培养了学生的团队精神、合作意识。

4. 从课内拓展到课外。

新课程标准提倡：小学教学应突破课时和教室这个狭窄的时间和空间，更多地融入社会，体现教的过程性，体现大的教育观。因此，在教学中教师应引导

学生走出教室，不要把学生束缚在教室这个太小的空间里，生活才是孩子们学知识、用知识、大有作为的广阔天地。这就要求我们重视引导学生在课外积极开展后续研究活动，善于给学生出大题目，积极开展研究性学习，开放我们探究的空间，提高探究的有效性。如在教学四年级《关心天气》这课时，我们的科学老师让学生到外界去测温度、测雨量、测风向等，还带领学生到市气象局参观，了解、学习气象局工作人员是如何收集、制作和发布有关天气的消息的。这样的教学内容，突破了课堂时空对于学生发展的限制。我们应着眼于对整个大自然的探索，提倡学生走出课堂，面向社会，关注环境，关注自然，关注人类的发展，关注自己的发展，让科学探究活动由教室扩展到社区乃至整个社会，使课内、课外互相结合。

三、在教师的引导下评价反思学习过程与结果

学生在自主探究学习过程中，不可能通过一节课的学习就获得整个系统知识和文本知识，也不可能说自己运用的方法都是科学的，更不可能说自己探究发现的新事物都是文本知识的整合。因此，在课堂探究结束后，教师要指导学生及时评价自己，反思自己的行为所获取的知识。当代建构主义学说认为：学习要在活动中进行建构，要求学生对自己的活动过程不断地进行反省、概括和抽象。显然，学习中的反思如同生物体消化食物和吸收养分一样，是别人无法代替的。

评价反思的方式，既可以是自评，也可以是互评，还可以是小组评。学生通过自评、互评、小组评，不但可以提高自我总结、自我反馈、自我调整、自我发展的能力，而且可以提高学生的协作学习能力。

小学生的评价反思，一般采用“小结”的方式，诸如“通过本节课的学习，我们学习了哪些知识？你有什么收获？在今后的探究学习中，我们还应注意些什么？”当然也可以根据每节课的内容或特点有针对性地进行。

教学《梯形面积的计算》后，可引导学生对照以下几点进行自评打分：

□ 是否理解和掌握梯形面积的计算公式？能否正确运用梯形面积的计算公式进行计算？（20分）

□ 是否理解梯形面积计算公式的推导过程？（10分）

□是否准备了足够的探究性学习材料？（10分）

□是否认真听取别人的意见、积极表达自己的意见？（20分）

□是否大胆发言，提出与别人不一样的问题？（10分）

□是否独立思考，用不同的方法推导梯形面积的计算公式？（20分）

□是否能运用所学的知识解决生活中的实际问题？（10分）

在自评的基础上，还可以指导学生对照以下几点进行互评或小组评：

发现了多少对方的长处？________________

发现了多少对方的短处？________________

我的建议是：________________________

教师是学生的引路人，教师更是反思性学习的促进者。教师必须不断地对自己的教学进行反思，不断地提高自身的教学水平。同时，在教学中，教师必须积极创造反思条件，引导学生自觉反思。为此，教师必须做好以下几方面的工作。

1. 强化学生的反思意识。

让学生明确没有反思便难以自我改错纠偏的道理；明确反思不仅能及时改正错误，还能优化已有认识，提高自身合理性水平。要使学生的反思行为习惯化，即主体遇到特定刺激便自然出现相应反应。有反思习惯的学生，在学习之前、之中、之后会就学习计划、学习过程、学习结果等进行自觉、主动的反思。总之，反思意识得到强化后，学生心理上就有一道“警戒线”，它随时提醒学生对自己的学习保持应有的警觉，一旦有可疑之点即进入反思状态。

2. 为学生创设反思情境。

使学生明确意识到自己学习中的不足往往不是很容易的，因为，这是对他个人的能力、自信心的一种“挑战”。所以，作为学生反思活动促进者的教师，在此时要创设轻松、信任、合作的气氛，帮助学生看到学习中的问题所在，使反思活动得以开展。教师可以从学生的实际出发，通过提供适当的问题或实例促进学生反思。

3. 培养学生的反思技能。

反思不是简单的回顾和一般的分析，而是从新的层次、新的角度看到现实的不足。这就决定了学生至少要有下列反思技能：经验技能，它主要指学生借

助经验对自身进行相对直觉的反思的能力；分析技能，它主要用于解释描述性的资料；评价技能，它常用于对探究结果的意义作出判断；策略技能，它告诉学生怎样进入行动计划和参与计划实施，如何进行反思性分析；实践技能，它帮助学生把分析实践、目的与手段等和良好结果统一起来；交往技能，它通过广泛讨论自己反思所得的观念等，加深学生对知识的理解。教学中，教师要采取多种办法有意识地培养学生的反思技能。

4. 增强学生的反思毅力。

反思在一定程度上是自我“揭短”，是诱发痛苦的行为。缺乏毅力者即使反思技能甚强，反思也难顺利进行。反思的毅力不仅体现在学生反思的“持续性”、战胜困难、忍受痛苦等的“韧劲”上，而且表现在“督促”自己自始至终盯住自身学习的不合理性上，并敢于向别人“解释”自己的不合理性。诚如哈贝马斯所说：“谁要是能够解释自己的不合理性，他就是一个具有主体合理性的人。”教学中，教师不妨有意设置反思障碍，让学生多次尝试，以磨砺学生的反思意志，增强学生的反思毅力。

5. 建立互动的反思关系。

反思性学习是一种依赖群体支持的个体活动，它不仅要求反思者有一个开放的、负责的、执著的心态，同时也有合作、协调、信任的环境要求。它是一种合作互动的社会实践和交流活动。学生在反思过程中，如果有他人指点或与他人合作进行，会加深理解，反思的效果会更佳。因此，在教学中，教师要多创造让学生相互交流、讨论的机会。可组织学生进行小组学习、合作学习等，以提高反思效果。

总之，在教学过程中，教师要引导学生及时发现和提出问题、积极思考问题、主动探究和解决问题，让学生真正成为学习的主人。如何落实好教学探究活动，关键做到四个字：一是“简”，就是让探究情境“简单”一些。不盲目追求探究情境的花哨、时髦，因为非教学因素太多会干扰了学生的探究视觉，导致探究内容游离于教学问题之外，要用务实的眼光审视教学情境，简化教学情境中非有效因素，提升探究的有效性。二是“精”，就是让探究内容“精”一些。一节课的教学时间有限，如果探究点太多，而且每点要探究到位，势必造成探究费时，难以完成预期教学任务。为此，教师处理教材时，要变多为少，力求让探究内容精一些。三是“直”，就是让探究过程“直”一些。学生的探究

只是教师指导下的“再创造”活动，也就是说学生的探索活动少不了教师适当的“扶”。只有讲究扶放结合，才能让学生的探究过程曲中有直，更有实效。四是“活”，就是让探究方式“活”一些。不能只注意到探究内容，而忽略了数学探究方式的选择与优化，简单地采用成人化的抽象说教或复杂演绎方式，要针对小学生的认知特点，精心选择为学生所能接受的探究方式，让学生高效地探究，使高效课堂得到落实。当然，并不是所有的教学内容都适合采取探究式的学习方式，采取哪种教学方式要根据具体的教学内容和学生的年龄特点来确定。

第五节　创新课堂　教学评价新策略

随着新课程教育改革的全面启动，要保证课堂教学改革的成功，不可或缺的条件之一是课堂教学评价的引导。只有从理念上和实际操作上真正按照课程教学的价值取向来衡量课堂教学的过程和成效，把相对抽象的课程理念变成可操作的评价程序，才能使教改理念真正在课堂教学的实践中扎根。然而，当前的课堂教学评价还普遍沿袭着以教师为中心、以知识为本位的陈规旧习，这种评价不仅已经丧失了对课堂教学改革的导向与激励的功能，甚者还异化为改革的严重障碍与阻力，学校领导对此必须引起足够的重视。

在新一轮课程改革中，我们学校推出了“一三四X”创新性学习课改新举措，其核心目标是培养和发展学生的创新学习能力。在课堂教学中，这一目标能否实现，一般来说取决于两个方面：一是教师是否创新性地“教”；二是学生是否创新性地“学”。我们的评价活动正是从这两个方面入手的。

作为学校领导，首先要明白什么样的课有利于促进学生创新学习能力的发展？什么样的课反而阻碍了学生创新学习能力的发展？

举隅之一：梯形面积的计算是在学习了长方形、正方形、平行四边形和三角形面积的计算基础上进行的，它是小学数学平面直线图形中最后一个知识点。如何教学《梯形面积的计算》？以下是三位教师教学中的片段。

案例一：

□ 创设问题情境：前面我们已经学过哪些图形面积的计算？你们还记得这

些图形面积计算公式的推导过程吗?

(出示梯形教具)这是什么图形?我们怎样来推导梯形面积的计算公式呢?

□ 推导面积公式。

教师操作:将两个完全一样的梯形拼成一个平行四边形或长方形、正方形。

引导观察,并思考:两个完全一样的梯形可以拼成一个什么图形?每个梯形的面积与拼成图形的面积有什么关系?梯形上、下底的和与拼成图形的底或长有什么关系?梯形的高呢?由此你能推导出梯形面积的计算公式吗?

案例二:

□ 创设问题情境。

出示课件:物体的表面是什么图形?你能求出他们的面积吗?

□ 推导面积公式。

学生分组操作学具,并想一想:两个完全一样的梯形可以拼成一个什么图形?

引导观察,并思考:每个梯形的面积与拼成图形的面积有什么关系?梯形上、下底的和与拼成图形的底或长有什么关系?梯形的高呢?由此你能推导出梯形面积的计算公式吗?

案例三:

□ 创设问题情境。

首先,让学生拿出课前准备好的长方形、正方形、平行四边形纸片,任选一张,试着将纸片分成两个完全一样的图形,并指出:有几种分法?分成的图形是什么样的图形?

学生操作:

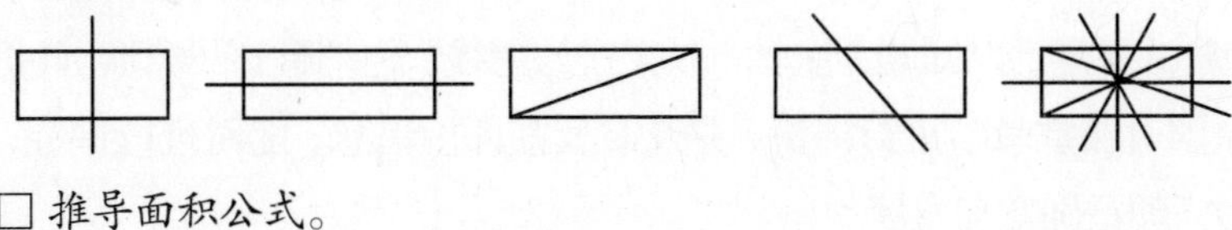

□ 推导面积公式。

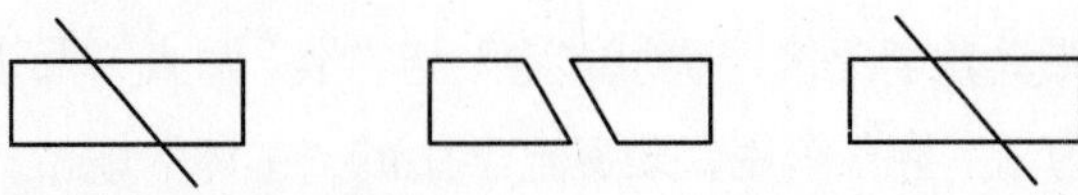

你从中发现了什么?

引导观察,并思考:长方形的长(底)等于梯形的什么?长方形的宽(高)等于梯形的什么?由此你能推导出梯形面积的计算公式吗?

从上述三个案例中不难看出：

评价小组成员深入课堂进行评价

案例一：梯形面积计算公式的推导基本上是在老师的一手操作下完成的，学生无任何操作，只是观察、思考而已，其创新思维能力及动手实践能力几乎没有得到体现和发展，因而是一堂不成功的课。

案例二：将梯形转化为已学过的图形来计算它的面积，即将未知转化成已知，从而解决问题。这是一种易于操作和掌控的教学方式。但这种转化法，在推导平行四边形、三角形面积计算公式时学生已经掌握，因而很容易模仿。这样教学，也很容易使学生按照一定的固定方式去思考或处理问题，墨守成规，学生的创新学习能力受到极大的抑制。

案例三：充分重视了学生创造性思维和创新能力的培养，使学生善于打破思维定势，多角度思考问题，提高了思维的灵活性。即：变模仿学习为发现探索，让学生从已知中发现问题，在积极探索中创新，从而创新性解决问题。因而这是一堂成功的创新课。

其次，要掌握好课堂教学评价的基本原则。

我们认为，创新性课堂教学评价的原则同样要体现新课程的教学理念。即：

导向性原则。从总体上看，创新性学习课堂教学评价应体现“以学生为主体、以教师为主导、以问题为主轴、以实践为主线”的“四主”原则。评价者要按这一原则对课堂教学进行评价，并及时反馈评价信息，随时进行调控，使课堂教学始终朝正确方向发展。

全面性原则。创新性课堂教学评价一般从“导”与“学”两大方面进行。要求做到：既不忽视教师的“主导”作用，又突出学生的“主体”地位；不仅对课堂教学效果进行评价，更注重对课堂教学过程的评价；不仅关注学生学业成绩，而且关注学生创新、探究、合作与实践能力的发展，以及良好的心理素质、学习兴趣与积极情感体验等方面的发展。

主体性原则。创新性课堂教学评价的焦点应更多集中在学生在课堂上的行

为情绪体验，知识获得以及交流合作等方面。教师要根据学生的需要，引导学生学会质疑，大胆质疑，使“有疑——释疑”的教学过程成为学生自主参与、自主探索的过程。

主动性原则。在开展课堂教学评价时，学生是否积极、自主参与课堂教学过程；是否独立思考、创造性的解决问题；是否有效开展合作学习；教师是否注重培养学生的创新学习能力等是创新性课堂教学评价的主要指标。

发展性原则。根据新课程“为了一切学生的发展”的理念，课堂教学的评价应承认学生在发展过程中存在的个体差异，由原来注重整体评价的做法转向兼顾学生个体发展的评价，增强课堂教学评价的针对性。下面就以教学小学语文第八册《扁鹊治病》为例，谈谈对课堂教学评价原则的认识。

在总结全文的时候，老师问学生：“学完了本课，你有什么收获和感受？”

生A：“我学会了文中的生字词，知道了‘讳疾忌医’的含义，就是说有了病，一定要听从大夫的嘱咐，老老实实地医治。有了缺点错误，也一定要听取大家的批评，认认真真地改过。”

生B：“我知道扁鹊的医术高超，不用任何检查就知道你的病情，比现在的医生强多了，他真了不起。”

生C：“我知道蔡桓公太骄傲了，听不进别人正确的劝告，我们要虚心接受别人正确的意见。”

……

突然，生D站起来说：“我跟大家想法不一样，我认为扁鹊不该跑到秦国去。因为救死扶伤是医生的天职。即使不能挽回蔡桓公的命，总可以延长蔡桓公的寿命吧！生命无价！”

听了D的发言后，学生们都把手举得更高了，有的甚至站了起来，或离开座位，有的则和旁边的同学私语起来，似乎在小声讨论扁鹊的对与错。此时，我想这是个让学生充分展示自我、体现他们个性的时候。于是，便稍稍做了个安静的手势，说：“同学们，扁鹊应该怎么办呢？请你们有秩序地发表自己的见解，并说明理由。”学生稍稍安静。

片刻安静后，一学生说：“扁鹊应该跑到秦国去，不然他不但不能救回蔡桓公，说不定还会搭上自己的小命。”

马上就有人提出反对意见：“虽然蔡桓公开始不听扁鹊的劝告，但现在他已知道错了，肯定会配合治疗，说不定会治好呢！”

深入课堂进行全面评价

紧接着，一学生反驳说：“蔡桓公的病已深入骨髓，就像现在的癌症，肯定是不能救活了。”

又有一学生说：“扁鹊在初遇蔡桓公时，就应想法方设法让蔡桓公配合治疗。这样，扁鹊不但救了蔡桓公的命，也许还会得到好多珍宝呢。”

……

就这样学生们你一言我一语，各抒己见。下课的铃声响了。

教师并没有到此为止，急于下结论 ，而是趁热打铁，让学生在课后去把自己的想法写下来，写作题目就叫《假若你是扁鹊…… 》

从以上教学片段中可以看出，学生的回答让我们看到了学生的世界是充满无限想象力的，他们思维的发散性很强，并富有开拓性，他们对课文的理解有自己独特的感受。归纳起来，该教学片段主要体现了三个方面的新观念：

课后交流评价

——以学生为主体，学生成了课堂的主人翁，而教师却成了课堂的发现者、开发者、欣赏者、组织者和引导者。整个教学片段当中教师自始至终没有去干涉学生的学习行为，充分体现了以学生为主，让学生在课堂中

交流、讨论、争辩、质疑……教师只是在规范学生学习行为、维护课堂秩序方面作了适当的引导。学生在课堂上尽情地发言，抒发对课文的感悟并质辩：扁鹊的做法到底是对还是错呢？他应该怎么做呢？学生从不同的角度发表了自己的看法，有的甚至将扁鹊与现在的医生进行比较，可以看出学生是思考了，是探究了，真正体现了以学生为主体，使课堂成了他们学习的演练场。

——开放式教学思想的体现。新课程所提出的开放式教学思想的渗透，并不是放任学生，而是对教材的开放，对学生评价的开放，提倡多元化教学，这当中包括学生对教材的不同体验和感受。以上教学片段就是体现了学生对课文人物的不同理解，从不同角度去欣赏。

——重视语文的熏陶作用，注意教学内容的价值取向的同时也尊重学生的独特体验。语文课程标准在总目标的表述中强调情感、态度、价值观的教育，要从学生发展的内在需要出发，注意不脱离语文学科的特点，将价值观的引导与提高文化品位、审美情趣联系起来。《扁鹊治病》是一篇非常有趣的故事。它以短小、简单、浅显的故事表达了一个深刻的道理。在本教学片段中，教师在注意上述教学内容的价值取向的同时，适当对教学内容进行拓展，尊重学生的独特体验，鼓励学生多向思维，多种表达。

再者，要把握好课堂教学的评价方式及评价标准。创新性学习课堂教学评价的方式有多种，主要有“导学结合评价”和“评价者、被评价者和学生结合评价”两种。

——导学结合评价。课堂上学生学什么、怎样学，与之紧密关联的是教师教什么、怎样教，是课堂观察的基本内容。由此可以确立课堂观察的三个基本向度，即学生学习的状态、接受知识的形态与教师教学的行为。其中，学生的学习状态应当成为课堂观察的聚集点，由此去反观与省视其他两方面的利弊与得失。

——评价者、被评价者和学生结合评价。创新性学习课堂教学评价，必须打破传统的只由一方（管理者）评价的方式，提倡“三方”评价，即由评价者、被评价者和学生代表组成三方评价队伍，其中“评价者”占70%，“被评价者”占10%，“学生代表”占20%，使评价结果客观、公正。

创新性学习课堂教学评价标准由“导”和“学”两个部分组成。其中：“导”包括指导思想、目标内容、指导过程、教师素质等四个要素；“学”包括自主参与、知识建构、情感体验、反思能力等四个要素。

创新性学习课堂教学评价标准

项目		评价标准
导	指导思想	1. 体现以学生为主体、以教师为主导、以问题为主轴、以实践为主线的“四主”教学原则
		2. 重视学生创新学习意识、创新学习方法、创新学习思维、创新学习习惯和动手实践能力的培养
	目标内容	3. 目标明确、适度、具体，符合学生实际
		4. 内容开放，容量适当，层次分明，针对性强
	指导过程	5. 抓住关键，突出重点，突破难点
		6. 多法结合，结构合理，灵活运用，课堂灵活、生动
		7. 注重学习方法、操作方法指导，情知交融，启迪创新思维
		8. 面向全体，及时反馈，设计训练针对性强
	教师素质	9. 教态自然，语言规范，应变能力强
		10. 演示操作、各种媒体运用正确熟练
		11. 板书科学、新颖、美观
学	自主参与	12. 学生全体参与，各类学生都有收获
		13. 主动参与小组讨论、合作学习任务和分工明确，讲究实效
		14. 主动参与学习新知，敢于质疑、乐于探究、勤于动手
	知识建构	15. 获得了对知识的理解，促进了新认知结构的形成；运用和掌握了一定的学习技巧、方法
		16. 能综合应用所学知识解决真实情境中的问题；思维力、想象力得到一定发展
	情感体验	17. 能有效进行感悟体验，在感悟体验中获得能力的发展和精神品格的提升
		18. 获得了成功与进步的积极体验，兴趣浓厚；积极提问、质疑，创新品质得到培养，创新思维得到激发
	反思能力	19. 能对照目标对学习的过程、方法进行不同程度的回顾总结，能说出自己的体验或体会
		20. 能对照目标说出学习收获，包括知识、技能和能力发展情况，能总结利弊得失，说出改进意见

最后，要规范听课、评课的要求。

——目的明确，准备充分。听课前应熟悉课程标准，了解教材编排体系，根据自己的教学经验，粗线勾勒出大体教学框架为参照系。

——课中翔实记录，积极推敲。即：听看结合，详细记录；集中精力，认真分析；剖析问题，归纳小结。

——评课时，要有高度的责任感。即：坚持实事求是、客观公正的原则，针对性要强，切忌面面俱到；克服“文人相轻”的陋习，只看到枯木，却不见森林；对成绩要说全估足，对失误要找准说透。

第七章　丰盈创新性学习活动实践

苏霍姆林斯基说："儿童的智慧，在它的手指尖上。"要培养小学生的创造性思维和创造才干，必须重视活动实践训练，使学生在手脑并用的实践操作中，对所学的知识有一个全面理解、重新组合创新的实践过程。

活动实践课是培养学生创新意识，活跃学生思维的一门课程，对各科教学起着不可估量的作用。过去那些年，我们为了追求"教学质量"而忽视了活动实践的开展。自2011年学校实施"一三四X"创新性学习课改新方案以来，我们分别对学科活动、班队活动、实践活动、德育活动四种活动实践课进行了潜心研究，取得了初步的研究成果。如今，学科活动不再成空，班队活动不再求闹，实践活动不再是梦，德育活动不仅是德，学生的创新学习能力得到了较好的提高。

教育是一门艺术，教学更是一门艺术。活动类课程的教学艺术是要充分发挥学生的主体作用，使之在所参与的活动中感受到知识是充满无限乐趣的艺术，诱发学生形成渴望求学的内驱力，变厌学为乐学，从而达到提高教学质量的目的。

活动实践课要在"活"字上做文章，教师在组织教学时，要以生为本，活动的内容、形式要活，做到活而不乱，活而有序，让学生在活动中怡情，在活动中益智，在活动中培养学生的特长和良好修养。

充裕的时间是活动实践课的翅膀，广袤的空间是活动课的舞台。在我校实施创新性学习活动课以来，我们已经看到了她的无穷魅力：学生在活动中获得了多元感受，在活动中获得新知，也在活动中形成了意识，锻炼了能力。学生的个性在活动实践中得到张扬，学生的整体素质在活动实践中获得提高，一个个新的生命在活动实践中生成。

第一节　学科活动不再成空

下面是宁利老师执教的一堂四年级数学活动课“巧排算式”。

活动之前，老师为学生准备了“+、-、( )、×、÷”运算符号、关系符号“=”及数字“0~9”卡片若干。

师：同学们，今天这节课，我们一起来进行一个“巧排算式”的游戏活动。游戏规则是：

□ 以学习小组为单位，每组中谁想出能成立的算式，谁就当指挥员。

□ 由指挥员指挥组内的同学拿好卡片组成算式，使等式成立。若本组人数不够，可借用其他组的同学。

□ 一组在排算式时，其余组进行判断，对了掌声鼓励，错了举手指出。

※ 第一轮游戏：抢答赛

4　4　4　4 = 2、3、4、5、6、7、8、9、10、16

请同学们思考，也可以同组内轻声讨论，看怎样才能使算式成立。谁先想出来，谁就当指挥员，并指挥组内的同学或借用其他组的同学拿好卡片上台站在适当位置上组成算式，使等式成立。其余组的同学判断他们的抢答、表演是否正确。

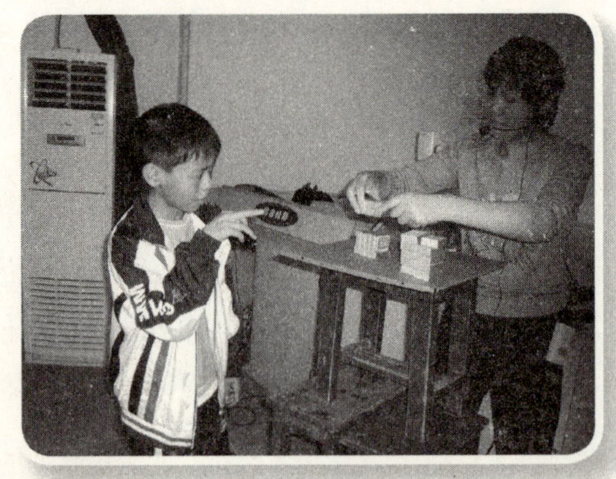

数学课上师生一起开展活动

抢答过程中，有学生说出“4个4添上运算符号后不可能等于5和10”，全班学生在老师的指导下立马进行了一场分析论证赛：

2个4 ________　3个4________　4个4________

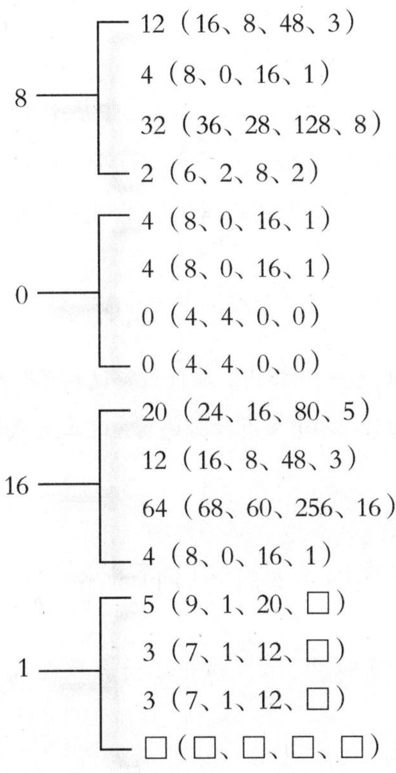

同学们通过分析论证，得出了“4个4添上运算符号后等于5，但不可能等于10”的结论。

※ 第二轮：挑战赛

4　4　4　4＝0

每组由一人记录全组写出的不同算式。老师喊停，马上就停。然后由记录员把算式写在黑板上，看哪组的算式写得多且对的多为优胜组。

英语活动课

※ 课后思考：1999

用1、9、9、9四个数字，加上运算符号，要求结果等于0、1、2、3、7、8、9。

这堂课令当时所有听课老师震惊：原来数学活动课可以如此生动有趣！通过这堂数学活动课，不仅激发了学生学习数学的兴趣，意识到了运算符号的变换会导致结果的不同——虽然给定的是同一组数，但由于运算符号位置的变换，导致运算结果不同，还发展了学生的求异思维和思维的灵活性，培养了学生的协作精神。

同样，我们欣赏了易红霞老师执教的三年级语文活动课“你说我猜”。

师：“说”与“猜”既是一门艺术，又是一门本领。说什么？说词语。猜什么？猜说的人所要说的词语。如何说，如何猜，其中又有什么诀窍，这正是我们今天这节活动课所探讨的。

出示“你说我猜”游戏规则：

□ 可以语言提示，但不能说出词语中的字，若说出来了就不算成绩。

□ 可以动作或声音提示。

□ 如果你觉得某个词语不好表述，可采用“过”放弃这一条而进入下一条。

□ 其他同学不许提醒。

活动开展：

□ 示范：老师说，学生猜（兔子）：两个字，是一种动物，它行走的方式是跳着走，我们常说“小什么乖乖，把门开开”……

□ 以“打火机”为例，分组讨论：说有什么技巧？怎样说能使对方快速猜出你所说的词语。（一般先说范围，如几个字，它属于什么类别；再说与它紧密相关的内容，如用途、形状等；尽量用动作、声音加以配合；声音洪亮，口齿清晰……）

□ 以学习小组为单位开展竞赛活动。

有A、B、C三组，从易到难，各组可以自由选择。如：

A类：狗、羊、粉笔、橡皮、长颈鹿、碗、蛇、鞋子、老师、手机……

B类：敲门、猪、月饼、猩猩、射击、眼镜、刷牙、电视机、举重、鸡蛋……

C类：足球、空间、谢谢、大摇大摆、跳水、雷锋、魔术、愁眉苦脸、屈原、欢迎光临……

活动小结：通过这节课的学习，你有什么收获？有什么体会？跟大家说一说。

至今我还记得学生们当时那一双双渴求成功的眼睛，那一双双高举的小手，那一张张激动的小脸。动力何在？是活动课给他们注入了活力。

学校曾对全校学生作过一次问卷调查，结果表明：几乎所有的学生都爱上活动课。学生在玩中学，在学中玩，十分愉快。有的学生虽然学科成绩不佳，但在活动课上却找到了展露自己才华的舞台，或说或演或诵，令人刮目相看。活动课潜移默化地对学生个性的健康发展起到了积极的促进作用。这种作用，老师们知道，教育专家更知道。教材的编写者在课本里编设学习内容时在合适的章节、单元都安排了有相关的学科活动课教程。同样以育人为目的，活动课早已成了与传统的学科类课程并行的新型课程，它同学科课同等重要。

《课程方案》明确指出："活动在实施与发展教育中同学科相辅相成。"现实生活却是：学科活动课往往成为一块"鸡肋"，许多老师把活动课当成课堂探究之余的调料，可有可无，很多活动课以"放羊"的形式出现，沦为"三无产品"——无设计、无组织、无评价，难以保证质量。更有甚者，不少老师直接进行"跨栏"运动，将活动课时间常常用于"补课"，使活动课成空。究其原因，根深蒂固的应试思想在发挥反作用。"我教两个班，每天批改百来个作业本，哪有时间？""那些东西搞得再好，期末考试又不会考到。"

当然，也有相当一部分老师愿意上活动课，却对学科活动课认识不清晰，特别容易将综合实践活动课与之混为一谈。

低年级语文活动课

什么是活动课？目前还没有一个权威的表述。综合大纲要求和学生个性需要，我认为可以这样对活动课进行描述：活动课是在老师的指导下，以活动的方式，以提高学生素质为目的，以发挥学生群体积极性为手段，参照

新课程标准，紧扣教材，贴近儿童，贴近生活，生动有趣，灵活多样的一种教学新模式。

学科活动课和综合实践课一样，都以达到教育学生为目的，都能体现学生的主体性、实践性、创新性、趣味性。但它们也有明显的区别。学科活动课虽然也是以活动的形式体现，但它为各学科课堂教学服务，是学科课程教学的延伸，但又不受学科教学的硬性束缚。而综合实践活动课程则是一门集综合性、实践性、开放性、生成性、自主性与地方性于一体的课程，它综合运用各学科知识，以实施素质教育为目的来创设各种活动。只有真正认识了它们的区别，在设计活动时才能抓住侧重点，更好地让活动课达到提高学生的目的。

以围绕“家乡变化”开展学科活动课为例，不同学科有不同的活动目的和侧重点：

语文课，重点是让学生实地观察，感受家乡的建筑、城市农村道路等的变化等，以此作为写作素材，用文字来描述所见所感。

数学课，重点可能是测量道路的宽窄，统计一定时间内过往车辆的数量，以此间接感受家乡变化。训练点在统计初步收集与整理。

美术课，重点是用笔描绘繁忙的路口，感受家乡的变化，激发对家乡的热爱。训练点是美术构图的运用。

……

而综合实践活动，它将整合各学科知识，并渗透研究性学习。既要用数学统计知识收集整理数据，用语言描述路口的繁忙景象，拍摄一些图片资料，反映家乡的变化，分析变化的原因，甚至可以发挥想象，畅想家乡的未来，大胆设想，提出整改意见和建议，培养社会责任感。可见，这一综合实践活动整合了语文、数学、美术等学科知识，对学生整体素质的提高大有好处。

如何才能让学科活动课上得有趣又有效？通过学校两年多的探索、提炼、实践，我们要求老师们在设计学科活动课时应至少在以下方面进行思考。

一、找一个切入点

只有找准学科活动课与学科知识的切入点，才能发挥一箭双雕的作用。活动课是“课”，是学科课程教学的延伸，要有明确的教学目的和要求，要通过

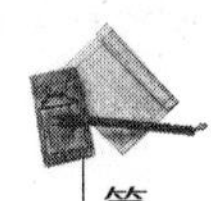

活动的开展，让学生既可以学到课堂教学中学不到的知识，扩大知识视野，同时也能将所学知识在自主实践中理解、运用得更准确深刻，提升实践能力，达到一箭双雕的效果。因此我们在活动的设计上，首先要从课本出发，从学科出发，不盲目、不任意，找到学科与活动课的切入点，找准哪个知识点可以在实践中运用较广，找准哪个知识点在活动课中可以让学生的各种能力得到提高，找准哪个知识点可以让学生把知识拓展到课外。

一年级学生在学完拼音后，周妮老师精心设计了一堂语文活动课“一起摘苹果”，根据一年级小朋友的年龄特点和认知水平，设计了去苹果园摘苹果的情境模式，把声母、韵母、整体认读音节等教材要求掌握的知识点设计在“和护林鸟问好”“闯迷宫”“共走坑洼路”“智找通园钥匙”“摘苹果”等游戏中，让学生的口语表达能力、团队合作能力、创新能力都在快乐的游戏中得到提高。

五年级张平老师的数学活动课“小小竞标会”，同样将教学内容直接与教材挂钩，是在学生学习了长方体和正方体的表面积的计算基础上设计此活动课的，学生在课堂上用所学的知识解决实际问题——为学校新教学楼计算粉刷面积，并通过实地考察选择合适的墙漆，为学校粉刷墙壁计算价钱。

高年级数学活动课

这样的活动课很好地为学科知识和活动找到了迁移点，既不脱离教材，另起炉灶，又不拘泥于教材，缩手缩脚，不是为活动而活动，不是表面上热热闹闹，实质上却空洞无物，而是为学生的学科学习创造了一个知识拓展平台与知识和能力结合的平台。

二、抓一根准绳

这根准绳便是“要以学生为主体”，抓住了这根准绳，才能充分发挥学

生的能动性，让学生在动中学。教育家陶行知提出“教学做合一”的“生活教育”理论，强调：“教学做是一件事，而不是三件事。我们都要地做上教，在做上学。”而实践也证明学生在做中学到的知识其牢固性远远高于听教师在课堂上的反复讲解。因此，在设计活动时，教师应变“讲”为“导”，尽可能从“前台”退居后台，学会在目标的确定上把关，在过程的实施上放手。教师只需把活动的主题交由学生，让学生根据主题活动需要设计活动环节，教师只在学生需要帮助时偶尔调控，出谋划策。这种形式特别适合高年级的活动课。

针对学校课改推出小组合作学习，六年级邹玲老师精选热门话题，上了一堂语文活动课“辩论赛：我的课堂谁作主”。整场辩论全程由学生主持，双方辩手针锋相对，据理力争。正方说：“我的地盘我做主，我的课堂我做主，我们是有思想的，我们不能永远做襁褓的婴儿，在学习上我们要学会独立行走甚至奔跑。”反方也毫不示弱：“老师就像指路灯，没有老师的步步指导，我们连最基本的爬都没学会，何来走甚至跑”……课堂上频频闪出“金句”，掌声此起彼伏，高度激发了学生的参与热情。当然确立学生的主体地位并不代表教师对活动不闻不问，反之执教者应该有高度的责任心，活动前的准备工作繁琐而细小，需老师认真对待。老师可以召集小组长研究商讨，确定方案，制定措施，并明确分工，责任到人。如上面提到的辩论赛，虽然课堂上呈现出来的只是老师在结尾评价总结，但邹老师介绍说，她在主题的确定上征求了集体的意见；当同学们对辩论流程不熟悉时，她分配了课代表搜集录像资料，组织同学们观摩；而为了让同学们有话可说，有理可辩，各组的小组长带领成员海量地搜集资料，进行筛选，进行了为期两周的准备。正是有了这些周密的前期准备工作，才能真正地发挥学生的主动性，充分让学生动脑、动口、动手，为活动课的成功奠定基础。

三、创多样形式

实践证明，活动课教学比课程教学课更容易激发学生对学科知识的学习，更乐于学。这是因为活动课形式的多样性、趣味性，符合学生好奇好动的特点，同时自主性强，给学生提供了较大的选择空间，调动了每一个学生参与其中。所以我们老师在学科活动的设计上更要做到新、活、趣、实。内容要实，形式要新，学生才会活。要在教学内容的选择和处理上下功夫，使之尽量

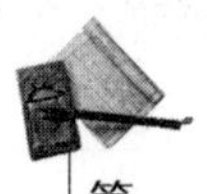

符合学生的心理要求和个性爱好，寓教于乐，启智于趣。要努力营造一种和谐、愉悦的课堂气氛，竭力避免把活动课上得枯燥乏味，上成老师的独角戏。

学科活动课的形式有多种类型，我们常采用的有：

1. 游艺类活动课。

游艺类活动课，是一种以游戏的形式出现，让学生在动脑、动口、动手的过程中感受到身心愉悦的活动类型。这种活动课的一个显著特征，就是突出一个“乐”字，即通过设计愉快活动，创设欢乐的气氛，再现喜悦的情景，使学生自觉主动地全身心地投入到各项活动中。如：上面提到的中年级语文活动课“你说我猜”，引导学生加深对字词的理解；五年级数学活动课“有趣的七巧板”，引导学生利用七巧板进行简单图像、复杂图形、创作图形这三个层次的拼图，体会图形的变换；六年级语文活动课“诗海探奇”，引导学生到诗歌的海洋中探珍取宝，领悟诗歌炼字炼句的特点；三年级英语活动课“我们的水果拼盘”，分组要学生自带水果，孩子们既要邀朋结伴去超市选购水果，又要回家动手自制水果拼盘。在整个游戏过程中既很好地巩固了水果的单词，也将常用的日常口语串接起来，孩子们的英语口语能力、动手能力、交流能力都得到了很好的提升。

2. 竞赛类活动课。

“人生所有的欢乐是创造的欢乐。”在学科活动课中经常开展一些竞赛活动，能让学生在活动的过程中感受到创造的快乐，同时也有利于他们机敏与临场应变能力的培养。如演讲赛、口头作文赛、童话接力赛、朗读赛、背书赛、速算赛、智力跑车赛、有奖猜谜赛、英语故事接龙赛等。

3. 表演类活动课。

为了使学生更好地理解把握教学内容，并把所学知识与现实生活加以联系，可设计这类活动课。采用表演独幕剧、小品、相声、角色阅读、模拟法庭、漫画、辩论等形式。这种活动课能够激发学生的创造欲和表现欲，启发学生的创新思维，训练学生的创造智能，提高学生的创新能力和合作能力。如在中、高年级开展“上网的利与弊”辩论活动，让学生通过情景表演、辩论会、互动交流等形式，围绕上网的利与弊分成正方和反方，两方展开自由辩论，可让学生对网络的利弊有较全面的认识，帮助学生分清网络的真实与虚幻，引导学生文明、健康、适度、安全上网，充分发挥网络的积极作用。

4. 体验类活动课。

体验式活动课的核心是“体验”，其活动方式是将原有的班级课堂教学与生活实践寻找一个契合点，把生活实践当中的各种问题与应对技巧精心设计成活动情境，有机地融合到课堂当中，让学生进行体验、模仿和训练，再通过学生间、师生间的体验交流与共享，使学生在心理上有深刻体验，领悟学习中的种种策略与方法，获得心灵的真正成长。

首先老师请学生汇报调查的情况（商家促销商品的广告、你家里人对这些信息的反应）。

接着出示以下信息：A商场“满100元送30”；B超市“全场7折”；C百货大楼“全场5折起”。

师：看了这些广告，假如老师想买一件140元的羊毛衫，应该到哪家商店去买呢？

评析：在这个片段中学生根据自己调查的结果和家人对这些信息的反应，根据自己已有的经历去理解、感受、建构知识，从而生成自己对知识的独特感受和领悟，在学生各自的生命中有了一次更深刻的体验。

5. 创造类活动课。

创造类活动课，是带有创造性质的活动课，是学科活动课的一个重要组成部分。有计划地开设、上好创造类活动课，是培养学生创新学习能力的有效途径，也是每一位教师面临的一项新的教学任务。如：在我们学校，每个班级的板报基本是由学生独立完成的。怎样才能吸引更多的学生去看？我们的创造类活动课必须向学生介绍有关常识，帮助学生掌握有关要领：一是在内容上做到“思想健康、突出特点、丰富多彩、生动活泼”；二是在版面设计上做到“醒目、新颖、简洁、大方”。

6. 综合类活动课。

综合类活动课，是在教师引导下，学生自主进行的综合性学习活动，是基于学生的经验，密切联系学生自身生活和社会实际，体现对知识的综合应用的实践性活动。如：在“寻觅春天”的综合性活动中，活动目标可确立为：在春风拂面、阳光明媚的日子里“拜访春天”，整合学生所学的知识，寻觅春天，赞美春天，感受大自然的勃勃生机，培养学生听、说、读、写、唱、绘以及信息搜集处理等方面的能力，全面提高学生的综合素养。活动内容为：课外搜集有关春

天的四字词语、诗词、对联；学习《春天在哪里》、《春天来了》等歌曲；到大自然中寻找春天，观察、绘画、写作。

下面是三年级165班开展“春游采风”活动后部分学生的点滴记录。

“走……走……走走走，我们大手拉小手，一起去春游。”风儿轻轻，云儿飘飘，我们像刚出笼的小鸟一般唱着歌儿，背着行囊，在操场上整装待发，妈妈却还是抱着我依依不舍，千叮咛万嘱咐。我微笑着亲亲妈妈的脸颊，小声告诉她：“妈妈，您的宝贝已经长大，您就放心吧!”

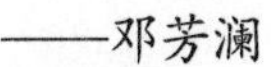

——邓芳澜

我们正在绿茵茵的草地上尽情地玩耍嬉戏，忽然，我发现了一些垃圾静静地躺在地上，好像在调皮地朝我眨着眼睛。我快步跑过去，把它们捡起来送回了“家”。环顾四周，青山依依，碧波荡漾，仿佛都在夸我是个真正的环保小卫士呢!

——许一帆

我们坐在游船上，眼前展开了一幅美丽无比的画卷：湖水清澈碧绿，像一块无瑕的翡翠，湖面上波光粼粼。湖心的小岛上树木茂盛，百花争艳，绿草茵茵，倒映在湖水中，真是湖光山色尽收眼底。清风拂面，风景如画，让人觉得如入仙境，陶醉不已!

——郭澍

总之，活动课要上出活动课的特色，充分体现它的趣味性(活动内容引人入

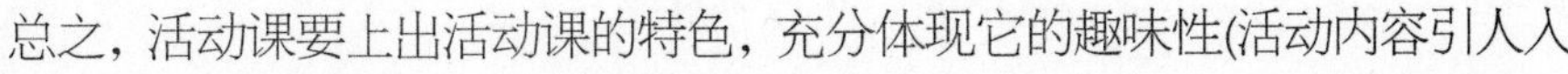

胜，而不是枯燥乏味)、学科性(围绕学科内容设计有效活动，而不是空洞无物)、自主性(促成学生动手参与，而不是强塞硬灌)和创新性(诱发学生探索创新，而不是机械模仿)。真正实现活动课与学科课殊途同归、相辅相成、相互补充、相得益彰的关系。

我们思考着，一路摸索前行。

回忆童年，“打陀螺”、“踢毽子”、“扔沙包”、“跳格子”、“滚铁圈”等游戏历历在目，至今仍回味无穷。鲁迅说：“玩是孩子的天性。”没有哪个孩子不喜欢玩，如果把枯燥无味的学习内容穿插在一系列活动中，让孩子在“玩”中习得知识，提高能力，发展思维，那岂不是两全其美的事。于是我们投其所好，在小学学科活动中坚持围绕“玩”展开，引导学生主动参与、亲身实践，让学生在活动中玩活思维，玩转知识，玩出能力。

第二节　班队活动不再求闹

班队活动是班主任以课堂形式履行其德育职责而组织开展的教育活动，是促进学生情感交流、身心发展、品行构建、团队凝聚的重要途径和载体。班队活动是学校教育活动的重要组成部分，是对学生进行教育的主要渠道，是发展学生素质的基本途径。

过去，我们的班队活动都片面地追求“热闹”，学生在活动中或唱歌跳舞、或表演相声小品、或表演诗朗诵，可谓形式多样。但细细想来，班队活动如同一场节目表演，很多节目与活动主题毫不相干，华而不实，缺乏实效性。而且活动的每一个环节都是由班主任老师精心策划指导，并且进行了多次彩排，在班队活动课时由学生表演而已。这样的班队活动只能说学生的胆量得到了锻炼，但是学生的能力并没有真正得到提高。

自学校实施“一三四X”创新性学习课改新方案以后，我们对“班队活动课”又有了全新的认识：

——班队活动和其他教育活动一样，它是班上所有同学的活动课，内容大多根据一个主题，老师引导，学生参与，从而达到对学生进行集体教育的目的。

——班队活动课是培养学生创新学习能力的途径之一，是班级进行教育活动的主要形式。在对学生进行教育的过程中，要努力创造真正属于学生的活动，要以学生为主体，以能力培养为核心，以素质整体发展为价值取向，为学生搭建一个展示自我的平台。

随着学校课程改革的深入推进，班队活动越来越显示出其特殊效应。为了保证班队活动取得良好的效果，我们不应该只片面地追求热闹，在设计、组织和开展活动时必须遵循班队活动的基本原则。班队活动效果如何，与活动过程中是否正确地遵循这些原则是有密切关系的。

那么，班队活动应该遵循一些什么原则呢？

高年级班队活动课

一、教育性原则

班队活动的教育性原则就是要求在组织和开展班队活动时，要以对学生的教育与发展有积极影响和有力的促进为目的。这是班队活动的基本原则。教育性原则，不只是要求教育者在组织班队活动时出于一个良好的教育愿望，更主要的是通过班队活动的组织，切实使受教育者获得真正的教育，获得实实在在的发展，或增长了知识，或陶冶了情感，或培养了良好的品行。从这个意义上说，班队活动要求教育者必须具备活动教育的思想，具备灵活选择活动主题和活动形式对学生进行教育的能力，也要求他们具备筹划活动进程，协调活动中各个具体教育因素的技能。

下面是刘巧芳老师教学“只有一个地球”后举行的一次班队活动。

活动主题：拯救地球

地球是一切生命的摇篮，是我们唯一的家园。但是，随着人类活动的增加，出现了许多环境问题，我们美丽的家园在呻吟。本次班会旨在通过生动的活动形式唤起同学们的环保意识，从我做起，从现在做起，用自己的实际行动保护我们的地球。

材料准备：班会以门诊部的形式出现，按照病人诉说病状，医生诊断病因并开处方的程序开展。可以让学生查找几个受污染较严重的典型材料作为代表，以此反映地球受污染的严重，同时还要查阅解决这些污染的一些措施。配乐诗朗诵《小鸟在天空消失的日子》，学唱《共同的家园》。

环境布置：地球门诊部场景。

班会简述：

□ 主题班会在配乐诗朗诵《小鸟在天空消失的日子》中开始。

□ 几个病人相继出场，医生一一给予诊断，并开出处方。

[白云] 大气污染严重，破坏臭氧层，形成臭氧空洞，白云受紫外线侵害。

学生自主开展班队活动

[珠穆朗玛峰] 大气污染严重，造成温室效应，致使全球气候变暖，高山积雪极地冰带融化。

[楼兰姑娘] 美丽的楼兰古城，辉煌一时的楼兰文明，因严重缺水而被黄沙掩盖。

[藏羚羊] 因人为破坏，藏羚羊正面临生存的严峻考验。

□ 写倡议书。以姜湾小学全体学生的名义向全人类发出倡议，呼吁全世界的人们爱护环境，保护地球，让地球更好地造福于我们的子孙后代。

□ 班会在全班学生嘹亮的《共同的家园》的歌声中结束。

在当今世界，环境问题已成为现代社会环境中急需解决的重要问题，联

合国发布的《人类环境宣言》中，已向全人类郑重宣言："维护和改善人类环境已经成为人类一个紧迫的目标。"它告诉我们不能将一个受到污染、生态失衡、资源贫困的地球交给我们的下一代。为了全人类的生存发展，全世界都应该携起手来，保护人类共同的赖以生存的家园——地球。这次班队活动就遵循了教育性原则，达到了教育学生保护环境的目的 。同时这次班队活动还让学生丰富了知识，锻炼了本领。要举行这次活动，学生要千方百计地搜集一些资料，而这些资料一般在课本上是没有现成的。他们要利用课余时间到图书馆查阅、上网收集，请教科任教师。这不仅丰富了他们的知识，又锻炼了他们搜集、整理材料的本领。

二、针对性原则

班队活动的针对性原则是指要针对班队组织与建设的实际需要，针对学生的年龄特征，以及学生所处的地域和条件对学生进行教育。

如何加强班队活动的针对性？杨爱武老师在研讨会上介绍了她的成功经验：

> 我教的154班，不知从什么时候起，悄悄地刮起了给同学取外号的风气。这些外号有根据同学身体缺陷取的，有根据姓名谐音取的，有根据性格特点起的，五花八门，随口即叫。有的已给学生带来很大的心理压力甚至伤害，不高兴别人叫外号的学生经常报告老师。老师每天处理这些事情也花了不少时间，但效果并不明显。经过冷静思考，我就针对这一现象组织了一节主题为"给别人取外号好不好"的班队活动课，让学生们在课上谈对这种现象的看法，谈自己被别人起外号的感受，谈看到别人被叫外号时的愉快和不愉快等等。接着安排一个环节，看谁能勇敢地向曾经被伤害过的同学道歉。在个别胆量大的同学带动下，课堂上道歉声此起彼伏……我最后根据同学们讨论的情况进行总结并提出明确的要求：取外号并不完全是坏事；根据优点、特点取的，别人高兴的可以再叫；根据缺点、缺陷取的，伤人自尊，别人不高兴的，不能再叫了。从那以后，班级的这一现象得到了很大改变，极少有人报告这一问题了。

这次班队活动针对班上学生思想的实际而开展，真正做到了有的放矢。

我们认为，班队活动的组织要充分考虑学生的年龄特征。对于不同年龄的

学生，要根据他们的不同特点来组织活动，如小学低年级学生的思维主要是形象思维为主，直观操作在其活动中占据主导地位，加上他们知识经验不足，因此，可以多开展一些简单易行的活动。随着学生年龄的增长，知识水平和工作能力的提高，要多进行一些探索、制造等较复杂的技术性操作活动，逐步培养他们独立工作、独立钻研、独立分析的能力和创造能力。班队活动不仅要考虑全体学生共有的一般的年龄特征，同时也要照顾每个学生的个性特点，在组织活动时，对他们每个人的兴趣、爱好、能力、水平都加以考虑，以发挥每个人的特长，培养他们的特殊能力。

四年级学生开展的“自主学习”班队主题活动

三、主体性原则

学生是活动的主体，能否充分发挥学生的主体作用是班队活动成败的关键。班队活动应该让学生自己动手动脑，自己设计、组织、管理，充分发挥全体学生的独立和自主精神。一堂好的班队活动能让每个学生都“活”起来，特别要注意消灭活动中的“死角”，让人人都有任务，人人都有角色。班主任是活动的指导者，但不能包办代替，要把自己精心合理的辅导与充分发挥学生的自主与独立精神结合起来，培养学生的自主性和独立性。著名教育家苏霍姆林斯基指出：只有激发学生去进行自我教育，才是真正的教育。自我教育能力是学生必须具备的一种能力，这是一种终身受用的本领。有了这种本领，学生就会教育自己，自我管理自己。如在四年级171班开展的“三爱三节”班队活动中，全班每一位学生，人人争先恐后找资料，个个抢着发言。每个学生最起码都有一次上台展示自我的机会。这种体验活动更加凸现了学生的主体地位。由于内容是自己感兴趣的，又是自己选择的，学生的活动热情和探究欲望特别高。他们自己采访，自己调查，自己整理材料，深刻体会到了成功的喜悦，认识到了自己的人生价值。

以下是一位老师在研讨会上介绍她所在班开展的一次班队活动情况：

有一位家长向我反映，“儿童适当地看电视，对增长孩子的见识是有益无害的。但我的孩子整天坐在电视机前，我知道，这对孩子的成长是很不利的，但不管我怎么说，孩子就是听不进去。请老师想办法帮我解决这个难题。”我在班上进行了一次调查，发现类似的学生还不少。当周，我组织学生开展了一次以“小学生要不要多看电视”为主题的辩论赛。”

“论开始了。正方一辩表明了自己的观点——看电视可以增长我们的知识，可以提高我们的想象力，可以让我们知道外面发生的一些事情，同时还可以让枯燥的夜晚变得充满生趣……反方毫不示弱，也阐述了自己的观点——整天看电视，会使我们感到疲劳。不仅是视力疲劳，大脑也会疲劳。另外，电视节目中也有一些不适合我们儿童看的内容，如仇杀、自杀、失恋、暴力、盗窃等。整天看电视，还会影响我们的学习……对方竟一时语塞。

第一局还算平静，但第二局却使观众与辩友的斗志到达了高潮。由于自由发言，大家便尽情地说，八名辩友也急了，都站了起来，大声快速地说，生怕对方听不见。台下，有的观众也纷纷站了起来，高声发表自己的见解。有的不急不忙，嘴一张一合，说出的文字，针针见血，好多伶牙俐齿；有的叭叽叭叽地说个没完，很有些道理。那场面真叫一个火，那感觉真叫一个爽！我想这才正是辩论的精妙所在吧！

这就是新一轮课改给他们带来的变化。

四、多样性原则

小学阶段的学生，正处于一个求知欲旺盛，好奇心强，兴趣广泛，活泼好动，追求新异的阶段，因此，在组织班队活动时要充分考虑学生的这些特点，体现活动的多样性。班队活动的多样性包含了两个方面的含义：一是活动形式的多样化；二是活动内容的多样化。形式多样化，就是要满足其求新、求异的心理要求，激发他们积极参与活动的兴趣；内容的多样化则是为了适应学生德、智、体、美全面发展的要求，促进学生全面、和谐地发展。因此，在组织、设计和开展活动时，一定要克服两种偏向：一是为了一味地追求活动的所谓“教育性”或“塑造性”，不顾学生实际的兴趣和需要，使活动形式单调刻板，内容单一而无变化。二是为了活动而活动。组织和设计活动时一定要做到内容丰富，主题鲜明，形式新颖，气氛和谐，使学生感到新奇，有趣，乐于参加；使

班队活动成为以理服人、以情感人、以美怡人、以趣育人的教育活动。

五、生活化原则

生活化原则是指班队活动要扎根生活，深入实际，使活动符合客观现实发展的真实状况，让学生在真实的活动中体味生活、感悟人生，以达到对学生的自然而然进行教育的目的。切忌远离实际、远离生活，忽视活动对学生的自然启发性。教育家杜威就坚决反对活动远离生活的做法，他说，教育就是要给学生一个真实的情境，一个使学生真正感兴趣的活动。

这样利用班队活动培养学生的集体意识，一方面使学生更好地融入班级中来，便于进行教育；另一方面，学生与学生之间形成了一种相互影响、相互帮助、相互关心的氛围，使集体意识灌输到每个独生子女的思想中，让他们从班队活动中体会其中的乐趣。

在具体操作过程中又是怎样实施的呢?

1. 设计班会活动模块。

为了使班队活动操作起来更简单易行，我们一般将整个活动流程划分为板块式，如“七嘴八舌话主题”、“绘声绘色讲故事”、“开开心心乐翻天”等。每个板块有相关的策划人、编辑人及主持人，在老师的指导下，如果学生基本上熟悉了工作流程，老师就要放手让他们尝试。经过一年左右的实践活动，每个板块的负责人又要带出一批新人。当然，板块之间的策划人、编辑人、主持人等也可以互换。

2. 插入相应艺术元素。

每个学期的班会活动课，我们都会更新活动主题曲。主题曲的选入会事先发布通知，如“快乐星猫”、“如果幸福你就拍拍手”、“倍儿爽”等学生喜欢的流行歌曲，都曾经成为我们班会活动的主题曲。在每个板块的环节进行中，学生都会模仿电视的综艺节目喊出相应的口号。

3. 鼓励自编自演自导。

在学生熟悉班队活动流程之后，我们鼓励以学习小组为单位的比拼。如：在“学习小组风采展”的主题班队活动中，我们进行了小组快板词的编、演、评展的活动；在“开开心心乐翻天”环节，开展了自编自演小品竞赛；在“七嘴八舌话主题” 环节，开展了“主持人擂台赛”；在“绘声绘色讲故事”环节，

开展了“我是故事大王”活动。

班队活动课的教学结构一般为：

活动准备（明确目的——提出主题）——活动引导（组织讨论——分析主题）——活动过程（观察了解——开展活动）——活动反思（激励评价——总结反思）。

【活动课案例】

五年级159班主题班会“做学习的主人”

一、活动准备

1. 活动前设计出各种模块：①主题大放送；②经典乐诵读；③开心大问答；④逗你笑不停。

2. 课前头一个星期，老师将模块的内容告之学生。

3. 学生自主选择其中的1～2个板块，准备好相关素材。

二、活动引导

播放主题曲，全班一起边歌边舞。

中队长夏华珍：今天我们欢聚在一起，举行我们的主题班会，现在，我很荣幸地宣布：159班“做学习的主人”主题班会现在开始。请班主任易老师讲话。

师：同学们，我们学校自推出“创新性学习”课改新举措以来，我发现：课堂变了——课堂上学生由原来的被动接受到敢于展示、敢于表达、善于交流、善于合作、勇于质疑；自主、合作学习已经贯穿课堂学习的全过程，探究学习的方式也经常在课堂上看到。学生变了——洋溢着学习的快乐和生命的活力。我们班的学生又有什么变化呢？下面的活动以学习小组为单位，你们尽情地展示吧！

三、活动过程

模块一　主题大放送

同学们，大家好！我是主持人张子潇！我是主持人黄奕楠！这里是主题大放送！

张：从三年级开始，我们就实行了学习小组合作学习、合作管理的方式，同学们兴趣很高。

黄：这种方式给了我们一个自由学习的空间，考验了我们的自制力，锻炼了我们的自我管理能力。两年多来，学习小组成员合作交流，团结互助，各小组表现都很优秀。

齐：下面让我们听听各学习小组响亮的口号吧。

——哈佛大学有句名言“谁也不能随随便便成功，它来自彻底的自我管理。”

——一个好的学生，一个会学习的学生，首先是一个自主的学生。

——方仲永的故事想必很多同学都听过，他五岁能作诗，后来因没有再学习，变成了常人。所以，我们学习还应该注重一个“勤”字。

——“玉不琢，不成器；人不学，不知义。”

张：下面，我来考考同学们，看看大家都知道哪些与学习相关的名言警句。

（指名说）

黄：是啊！人的一生都在学习，学无止境是我们的体验，学有所成是我们的目标，那么如何更好地学习呢？答案是——做学习的主人。

张：那么，做学习的主人应该有什么样的表现呢？首先表现在做课堂的主人。我们班的黄奕楠、汤涵、杨心怡、夏华珍、洪瑜雯、谢茹同学就堪称课堂的达人，有请他们上台讲讲经验吧。

（学生介绍经验）

黄：我想现场采访他们，请问你们的课堂表现怎么这样优秀呢？有什么诀窍吗？

（现场采访）

张：让我们以他们为榜样，像他们一样主动学习，让我们的课堂充满生机与活力。

合：让我们一起来：学会学习，做学习的主人，做新时代的主人。

模块二　经典乐诵读

这一环节由施彤睿、朱思皖主持。

施：国学经典可以擦亮我们的眼睛。

朱：国学经典可以点燃我们的智慧。

施：国学经典可以提高我们的素养。

男：国学经典可以启迪我们的人生。

施：各位同学，我们又在“经典乐诵读”栏目相见了，我是本栏目的主持人施彤睿，

朱：我是她的搭档朱思皖。易老师常说，作为学生不仅要学好书本上的知识，还应该利用课余时间阅读甚至背诵经典诗文。

施：是啊，一直以来，我们姜湾小学致力于营造“书香校园”，师生共读千古美文，使得华夏文明中文学的这枝奇葩在我们身边绽放、飘香。今天，让我们一起来欣赏同学们的精彩展示。

朱：打开中国文化的历史长卷，穿越千古尘埃，首先向我们姗姗走来的就是儒家文化。儒家经典中，最为朗朗上口、浅显易懂的是《弟子规》，请听海洋组为大家诵读一段《弟子规》。

施：《三字经》是中国古代历史文化的宝贵遗产，短小精悍、朗朗上口，千百年来，家喻户晓，广为吟诵。下面由学习组来展示《三字经》的独特魅力。

朱：古往今来的英雄数不胜数，感慨古今，雄浑苍凉，大气磅礴，昂扬郁勃。我们暂且把目光停留在三国这个乱世，一起随书香组去感受苏轼笔下《念奴娇·赤壁怀古》中三国的风云变幻，领略周瑜的雄姿英发。

施：东汉末年著名的军事家、政治家、诗人曹操的《观沧海》是中国文学史上第一首完整的山水诗，语言质朴简洁，苍劲有力，请欣赏探索组朗诵的《观沧海》。

朱：毛泽东是一位卓越的无产阶级革命领袖，更是一位前无古人、后无来者的诗词大家。《沁园春 雪》，是一篇足以代表毛泽东诗词风格的传世之作。他那雄视大江南北的广阔视野，那纵论古今人物的宏大气魄，被誉为千古绝唱。让我们和天马组的同学一起来领略伟人毛泽东那气势磅礴的华丽乐章。

施：少年是华夏文明的传递者，承千古文明，绘时代华章；少年是中华文化的后来人，承先辈博大精深，续未来风光。少年智慧，国可兴邦。问苍茫大地谁主沉浮？——唯我中华少年!请欣赏梦彩组朗诵的《少年强》。

朱：姜湾的校园，因国学经典的勃发而浪漫；

施：姜湾的课堂，因国学经典的演绎而精彩。

朱：最是书香能致远，腹有诗书气自华。

施：让经典滋润我们的人生，让书香伴随我们一路远行!

模块三　开心大问答

开场白：大家好，这里是开心大问答！我是主持人杨心怡！我是主持人黄芸聪！

杨：同学们，咱们都阅读了《西游记》，《西游记》中的故事情节是不是很精彩呀？今天的大问答就是关于《西游记》的哟。

黄：老规矩，第一轮是必答题，然后是抢答题。请看大屏幕。

（第一轮是必答题；第二轮是抢答题。）

合：同学们，“开心大问答”要和你们再见了，下面有请“逗你笑不停”的主持人。

模块四　逗你笑不停

开场白：逗你笑不停，天天好心情，大家好！我们又在“逗你笑不停”栏目见面了，我是你们的偶像——幽默大师大姚哥，我是你们的快乐天使——搞笑大王南瓜哥。

姚：南瓜哥，今天这次班会来了这么多老师，我们先来露一手，咋样？

肖：那当然，我们给大家讲个相声吧。

姚：掌声再热烈点，行么？

肖：够了，我们开始吧！

姚：谢谢大家的掌声。

肖：看来咱俩的相声很受同学们的喜爱嘛，同学们，三句半，你们喜欢吗？

姚：那我们就赶紧一块来欣赏吧，有请知识组上场。

肖：刚才知识组表演的三句半的确是妙趣横生，相信漫画大师埃·奥·卜劳恩创作的幽默连环画《父与子》，也会给你带来惊喜与快乐。请看——

合:今天的“逗你笑不停”到此结束，同学们，我们下期再见!

四、活动反思

师：同学们，今天班队活动课，每个学习小组的成员都表现得很好。这就是学校课改给我们带来的变化。我提议，大家再细想一下：在今后的学习中，我们应该怎样进行自主、合作、探究学习，做学习的主人呢？通过今天的活动，你有什么收获？

（学生随机性发言）

师：谢谢同学们！希望你们在以后的学习中有更佳的表现，创新学习能力有更大的提高。

中队长：谢谢老师！让我们学会学习，做学习的主人。让我们一齐唱响班会活动结束曲。

播放结束曲，大家在欢乐的节奏中结束班会。

实践证明，班队活动不应片面地追求热闹，而应遵循这些班队活动的原则，增强目标意识，精选班队活动的主题，让学生成为班队课的主人，注重活动的巩固与延伸，使班队课民主、开放起来，使它们变成学生们展示自我的舞台。这样班队活动才能最大限度地发挥它的德育功能，成为一道可口的精神食餐。总之，班队活动课是一门学问，需要我们不断地去探索和研究，更需要我们不断地去实践。只有重视它，才能把班队活动这一重要的教育形式搞得更好，更加完善。

第三节　综合实践不再是梦

下面几则是我们学校近年来开展综合实践活动后学生、家长、老师的点滴感言：

邹星玉同学："我是独生子，爸爸妈妈在外地工作，我平时很少与人交流，没什么朋友。可自从参加综合实践活动后，在小组同学的帮助和鼓励下，我逐渐学会了怎样与人交往，学会了如何自己去克服困难，解决问题，同学们都说我开朗多了。"

少先队大队部开展的清明节扫墓活动

易维浩同学："通过这次实践活动，我深深地体会到一个人的智慧和力量是有限的，在我们小组同学的共同努力下，我们做出来的成果展览得到了老师和同学们的赞扬，我体会到了从未有过的成就感和幸福感。"

文康宁同学："老师和父母不知说过多少遍，我们不能吃路边小摊食物，不卫生。可我们总也忍不住，这次开展了路边

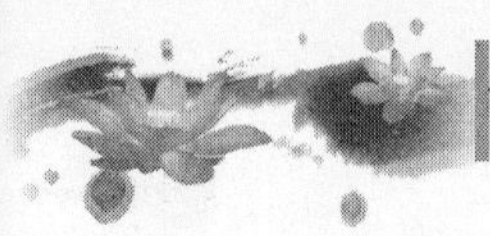

小摊食物的调查活动，亲眼目睹了这些食品的制作过程，现在就算有人请我们吃也不敢再吃了。”

赖雨玲同学：“说真的，这几天和同学一起去实地调查，采访、拍照、记录、写调查报告，的确有点累，不过大家都很开心，学到了很多书本上学不到的东西，还收获了真诚的友谊，真正的‘累并快乐着’，值！”

周妮老师：“以前总觉得一、二年级的孩子们上课总能积极地举手发言，大胆地提出自己的问题，可一到中年级，问题越来越少，即使有问题也不敢问，课堂气氛越来越沉闷。这学期组织了几次综合实践活动后，感觉孩子变化挺大的，又敢自信地站起来发表自己的见解了。”

熊云芳的家长：“我们以前一向只关注孩子的成绩，孩子学习也不是很主动，在学校有什么事也不太和我交流。这段时间孩子去参加了几次实践活动后，发现她上学兴趣格外浓，每次活动都会竭尽所能地策划呀，宣传呀什么的，有什么事情还会主动与我们沟通，有时我们也会为她出出点子，我们与孩子的心也越来越近了！”

……

这些发自内心的感言让我们欣喜地发现：我们的孩子在变，老师在变，家长也在变。

在一次次的活动中老师、学生、家长紧密地联系在了一起。活动中同伴互助式地研讨、实践，大家一起出谋划策，共同分享经验，互相学习，彼此支持，共同成长。孩子们增长了知识，锻炼了能力，还收获了友谊。

意大利儿童教育家蒙台梭利说：“我听了，我就忘了；我看了，我就懂了；我做了，我就理解了。”综合实践活动作为一种新的课程形态，是“基于学生的直接经验、密切联系学生自身生活和社会生活、体现对知识的综合运用的”实践性课程。它要求学生通过亲身参与实际活动，综合运用所学知识，积极探索、主动体验，发挥主动性和创造性，在实践过程综合中运用知识解决实际问题。这类课程着眼于培养学生主动发现问题的意识、独立解决问题的态度和能力，以及综合运用知识创造性解决问题的能力。所以，对于丰富学生的精神生活、开阔学生的认识视野、培养学生的创新精神和实践能力、促进学生个性的全面发展具有独特价值。

素质教育的核心内容是培养学生的创新精神和实践能力。培养创新性人才是时代的迫切需要。三年前，我校推出了“一三四X”创新性学习课改新方案，并确立了三条基本实施途径，“创新学习活动实践课”就是其中的实施途径之一。它是在老师的指导下，利用课内外的形式，有目的、有计划、有意识地培养学生创新学习能力的一条不可缺少的途径。

近三年来，我校不断地探索实践，以多种活动为载体，突出学生的主体，充分挖掘学生的潜力，使学生的实践能力和创新精神得到了发展。

一、多角度自主选题，激发学生的自我设计创新意识

苏霍姆林斯基说过：“在人的心灵深处，都有一种根深蒂固的需要，这就是希望自己是一个发现者、研究者、探索者。在儿童的精神世界里这种需要特别强烈。”坚持学生的自主选择和主动参与，到实践中去发现问题、解决问题，体验、感受生活，发展实践能力和创新能力，这是综合实践活动的基本理念。综合实践活动十分尊重学生的兴趣、爱好，为学生的自主性发展开辟了广阔的天空。

生活处处有科学，处处有创新。教师要有意识地引导学生从生活中的问题出发，有目的有重点地带领学生观察社会、观察生活，抓住那些有意义、学生感兴趣而又符合其身心发展的生活难点、社会热点、区域特点，去发掘、捕捉，去培养学生的问题意识、创新观念。在确立研究主题的过程中，要将学生的需要、动机和兴趣置于核心地位，鼓励学生自主选择，进行自主探究、发现，从不同的角度发现问题，提炼主题。学生的发展是开展综合实践活动的核心。综合实践活动主题的选择，以及组织都是以学生为中心，沿着人与自然、人与社会、人与自我三大组织线索展开，形成学生体验自然、亲历社会、人际交往等三大活动系列。在活动课的主题设计中，要注意发挥学生的创造性，使他们勇于独立思考，掌握从不同的角度观察、思考和解决问题的办法，起到启发学生创新意识的作用。

近两年，我们城市开展了创建“省园林城市”的活动，我校特结合这次活动的号召，设计了“我为环保做件事——我的绿色家园”为主题的综合实践活动，希望以此起到以点带面的作用。让学生在活动中自己发现问题、探究思路、寻找

青少年素质拓展活动

方法、解决问题，体会"人与自然"的关系，培养学生关注世界、关注社会、关注生活的责任感。上课伊始，先用多媒体展示一组校园绿树成荫的图片，激发学生对自己学校美丽校园的自豪感。接着再展示一组校园环境被破坏的图片，让学生情感上形成极大的反差，然后顺势导入本次活动的主题"我为环保做件事——我的绿色家园"。接着趁热打铁，问学生看到这个主题后，你想了解什么，想做什么。接着引导学生对提出的想了解的、感兴趣的问题进行筛选整合，生成小主题。然后让每个同学选择一个自己最感兴趣的小课题，自由分组，为各自小组起一个个性化的名字，并定出小组的活动口号，从而激发学生的探究热情，引导学生根据实际情况制订出切实可行的方案。

在"调查小小塑料袋"的实践活动中，首先，我要学生围绕"小小塑料袋"提出想研究的问题，如塑料袋的种类、制作，成分，多少人使用，哪些危害，人们对它的态度，怎么回收、处理的，呼吁宣传人们减少使用，可否用一些物品替代等等。然后根据提出来的问题进行筛选整合，提炼出有研究价值的小主题。学生自主确立自己最感兴趣的具体研究内容，讨论探究小主题的设计，制订小组活动的计划。在此环节中，学生掌握的不仅仅是书本知识，还学会制订切实可行的活动计划，确立恰当的活动形式，选择合适的探究方法，并且还预设了可能遇到的困难和应对的方法等。学生能主动地发现问题，解决问题。这种学习方式，能改变过去强调学生接受学习、死记硬背、机械训练的现状，培养了学生自主学习、自主探究和自我设计的创新能力。

二、多形式深入研究，培养学生的主动探索创新精神

皮亚杰指出："儿童只有自发地、具体地参与各种实际活动，大胆形成自己的假设，并努力去证实才能获得真实的知识，才能发展思维。"综合实践活动以学生的现实生活和社会实践为资源，强调以活动为主要形式，强调学生亲

身经历，要求学生积极参与各项活动中，在“做”、“考察”、“实验”、“探究”等一系列的活动中发现问题和解决问题，体验和感悟生活，发展实践能力和创新能力。

为了使实践活动开展得更加有效，教师有时候也可以根据实际情况，引导学生根据自己学校的特色确立一个总的核心主题，根据学生的兴趣分成若干小主题，再由学生自己进行主题的实践研究。去年我校在全校范围内组织了“乡土文化资源的开发”综合实践活动。乡土文化资源是书本知识与学生生活世界的交汇点之一。进行“乡土文化资源的开发”的探索研究，有利于激发学生热爱家乡的情感，使家乡的传统文化得以传承，更有利于学生综合能力的提高。通过一个多学期的实践探究，老师和学生对资料精心整理编写了《醴陵乡土文化》与《文人墨客颂醴陵》两套校本教材，还建立了姜湾小学乡土文化校园网站。这两套书分别从醴陵的基本概况、自然地理、风景名胜、醴陵名人、五彩瓷艺、璀璨烟花、民俗风情、醴陵方言、家乡美食、文苑采风等方面介绍了醴陵的乡土文化知识，内容丰富多彩、形式生动活泼。而且每个篇章后还附有实践题目，同学们在了解乡土文化的同时，也能体验学习的乐趣，可以说是一本全面了解醴陵的“地域文化普及读本”。姜湾小学乡土文化校园网站版面设计整洁、美观、新颖，色彩搭配协调，布局合理、内容丰富。醴陵乡土文化校本教材的编写和网站的建立为学生了解家乡文化提供了交互平台，激发了学生热爱家乡的感情，同时也为学生的实践活动提供了展示舞台，促进了学生综合能力的全面发展。

学生进行“乡土文化资源开发”的调查

在开展的“乡土文化资源的开发”的综合实践活动中，学生进行调查研究的过程体现了方法的多样性。

小主题——“了解釉下五彩陶瓷”

学生先独立上网查找资料，了解釉下五彩陶瓷的历史、种类和特点，再与本组所有成员利用周末共同到东方红瓷业公司了解釉下五彩陶瓷的生产情况和销售情况。学生通过自己的观察、调查、访问，掌握了第一手材料，了解了釉下五彩陶瓷的制作工艺。我还让学生也来尝试设计制作一件陶瓷作品。学生的思维一下子就活跃了，他们展开自己想象的翅膀，亲自设计制作出许多奇妙构思的陶瓷。回家的路上还感慨万千：制成一件陶瓷艺术品有多么不容易啊；我发现陶瓷艺术品越来越受欢迎；我知道一件釉下五彩陶瓷的制作工序很不容易。

小主题——“调查家乡民俗风情”

该组学生对醴陵的传统节目“思情鬼歌”的表演进行了仔细观察和研究，对传统音乐的传承提出了许多有创意的意见。有的学生对农村现有的民风民俗“七月鬼节”进行了调查研究，通过网络搜索、查阅书籍收集关于鬼节的来历和有关信息，并通过请教家长、采访当地的老人等途径，收集了有关家乡鬼节的相关信息。有的学生还全程参加整个祭祀活动的过程，从而了解了家乡人在过这个节日时的一些独特习俗，并能针对某些陋俗提出具体的改进意见。

学生前往制服厂现场感受

综合实践活动不是要求学生去学习和掌握所涉及领域的系统知识，也不是要求学生一定要探求出问题的正确结论。相反，由于在活动的过程中，得出的结论存在未知性，从而决定了活动过程的多样性和探索性。因此，要让学生大胆质疑，大胆设想，勇于实践探索，从中培养学生的探究精神、动手能力和创新能力。随着活动的展开和继续深入，新的目标进一步生成，新的体验进一步产生，创造性火花不断闪现，这是其他课程所没有的。比如，在“了解釉下五彩陶瓷”活动中，关于“五彩陶瓷”方面的知识比较多，制作程序也比较复杂，因此要想真正了解釉下五彩陶瓷，就得通过各种手段收集相关的

信息，同时还需要现场感受、亲手制作才行；在“调查家乡民俗风情”活动中，学生通过多种手段收集了“思情鬼歌”、“七月鬼节”等相关信息，并就某些陋俗提出了具体的改进意见。我们认为，这就是“创新性学习”。

综合实践活动实施中教师的指导也很重要，要求教师随着活动进程的推进，调整相应的指导重点和策略，尊重学生的选择，帮助学生摆脱固有思维模式的限制，鼓励学生以独特的多样的活动方式深入探索，大胆创新，表达自己的意见。要不断提醒学生注意把在调查研究过程当中那些动态的、真实的体验、感受和成果及时记录下来。这些记录包括读书笔记、学习总结、心得体会等。活动后，还要指导学生对所获得的数据、材料还进行整理、分析与归纳。这样，不仅能锻炼学生的心理承受和社会应变能力，还可以提高学生处理即时问题的技巧和综合分析的能力，培养学生主动探索的创新精神。

三、多元化展示评价，发展学生自我反思创新思维

综合实践活动中的评价是制约学生的探究活动有效开展的重要因素，对综合实践活动实施的深化具有一定的导向作用，只有采取正确的评价导向，才能提高综合实践活动在学生创新能力和实践能力培养中的有效性。第一要求以综合实践活动课程目标为导向，注重评价的整体性，突出综合实践活动追求学生创新精神和实践能力发展的价值取向。评价应该包括学生在综合实践活动实施过程中各方面的基本表现和收获的情况。如参与活动的态度、学习方式和探究方法的掌握程度、创新能力和实践能力的发展情况、合作和协调能力的发展等等。同时，有侧重地对学生在综合实践活动过程中创新的亮点给予积极的肯定和鼓励，

学生前往博物馆进行“乡土文化资源”的考察

引导学生进一步发展。二是要求从综合实践活动课程的过程性取向的特点出发，注重建立多元的评价标准和多样化的评价方式。综合实践活动重视学生的活动过程的评价，着眼于学生在活动过程中的表现和收获。综合实践活动的生成性、开放性，使活动过程呈现出个性化的特点，不同的学生有不同的探究方式和途径，也有不同程度的收获，因此，不应该以同一的标准来衡量所有的学生，或仅仅根据学生的活动结果来进行评价。肯定学生的活动价值，肯定学生所获得的生活经验，鼓励学生大胆追求创新性的活动目标，通过评价为学生创新性活动目标的达成营造良好的心理氛围。

成功是人人渴望的，它不仅会给学生带来欣喜的感受，增强自信心，同时也能激发学生的创新热情，挖掘学生的各种潜能。在成果展示阶段，要引导学生将研究成果逐一展示出来。这些成果既可以是显性的，如搜集并整理的有关资料，也可以有隐性的成果，如探索过程中的酸甜苦辣、经验体会、活动反思等。还可以鼓励学生用最能表现活动效果的方式来展示。学生的思维是最活跃的，最有创意的，有的同学制作PPT展示，有的同学以手抄报，情景剧表演等形式来展示。展示之后是评奖，可以设置“优秀组织奖”、“积极参与奖”、“最佳访问奖”、“最佳记录奖”、“最佳设计制作奖”等多种奖项。还可以把评比权交给每个小组的成员，让他们在讨论和评议中产生。活动结束后，让学生填写好活动评价反思表，有自评、互评，有过程评价，也有成果评价。这种评价反思方式是多元的，重在培养学生的评价能力。

杨振宁博士指出，如果说以前还有可能一个人独立完成诺贝尔奖项工作的话，那么进入现代社会以来，没有人们的共同参与，相互合作，任何重大发明创造都是不能实现的。在互评和自评过程中，学生学会了欣赏他人，宽容他人，也懂得了如何严格要求自己。

在一次“小学生零花钱的调查”综合实践活动结束后，同学们发自内心地这样评价：“丁伊睿真是个好组长，她总能照顾到小组的每一个同学，热情地帮助遇到困难的同学。”“在调查研究时，赖宇不怕冷遇，不怕拒绝。这是最值得我学习的地方。”这样的评价让学生在参与过程中具备一种尊重关怀他人、民主平等待人、团结合作共事的品质和善于与他人分享不同的见解和信息的能力。有的同学在总结反思中这样写道：“纸上得来总觉浅，通过调查才真正体会到钱来之不易，

我们不能浪费零花钱，要有节约意识。”“搞一次调查活动真的很不容易，如果没有组内成员的分工合作，哪有今天的收获。”这些都是在课堂上无法获取的宝贵财富。

对学生而言，在活动过程中自己亲历实践，无论结果是成功抑或失败，都是收获了宝贵的生命体验，有很多不同的感受希望与他人分享。所以，这种多元化的展示评价，注重学生参与活动的过程与情感，肯定学生参与活动的多元方式，重在培养学生关注社会的兴趣，使学生充分认识自己和公平评价他人，能发展学生自我反思创新思维。

综合实践活动是一门新型课程，教师设计时往往没有固定模式，这更增加了课程的开放性、自主性。孩子们自己去尝试、去经历、去感悟。整个活动，踏踏实实一步一个脚印去参与，通过调查、采访、查找资料、数据统计等方式，亲身经历活动的每一个环节。这样做虽不一定有明显的外显结果，但在潜移默化中，学生的社会责任感增强了，认识水平提高了，发现并解决问题的能力增强了，创新意识和实践能力也都得到了培养。

实践证明，综合实践活动是培养创新人才的广阔天地。教师应在不同的教学阶段，主动把握机遇，精心创造教学情境，为学生创设自由的发展空间，以此培养学生的创新意识和创新能力，为学生适应现代化社会奠定良好的基础。

“走进家乡”前期准备课教案

□ 问题的提出：家乡是一个亲切、温馨的字眼。家乡的文化传统可以反映家乡的历史风貌、文化背景；家乡的风景名胜体现了家乡的自然美；家乡的特色产品或产业为当地带来了巨大的经济收益，而且也体现着当地的民风民俗，具有深刻的人文内涵。它们的历史渊源、经济价值、文化底蕴，值得广大青少年学生了解和探索。这种了解和探索有利于增强学生热爱家乡的情感，也能提高学生对自然、社会和自我之内在联系的整体认识，发展学生的创新精神、实践能力、社会责任感以及良好的个性品质。

□ 活动目标：通过实地参观、调查、访问，让学生对家乡有更深的了解。通过查阅各种资料，让学生对家乡有了一个初步的了解，对家乡的历史、人文、风景等有一定的认识；通过各种实践活动获得丰富的经验和积极的情感体验，激发学生更加热爱家乡、热爱祖国、热爱神奇的大自然；通过各种活动激发学生的探究兴趣，培养学生的合作意识、团体精神、分享合作与交往的快乐；在活动中培养学生的规划能力、探究能力、社会调查能力、动手能力、创新能力和与人交往合作的能力。

本节课活动目标：学会筛选小主题，培养学生从生活中提出有价值、有意义的研究问题，并将研究问题进行鉴别和筛选的能力；学会制订活动方案，鼓励学生进行大胆的预设和猜想，从而提升学生的参与热情，培养学生的规划能力、合作能力；培养学生热爱家乡的情感，从小树立为家乡献力的远大抱负。

□ 活动准备：知识准备——查找资料，了解与家乡有关的知识；物质准备——照相机、活动记录本、设计调查表纸张等。

□ 活动过程：

——创设情境，引出活动主题

师：同学们，你们喜欢旅游吗？都去过哪些地方呢？（北京、海南、九寨沟……）今天老师带你们去我们的家乡——醴陵走一走、看一看，你们高兴吗？请大家看大屏幕，这就是我们的家乡——醴陵（出示醴陵的图片）。

师：看了这些图片，大家一定有很多的感受想要说，对吗？谁先来说说？

生1：我想说我们的家乡真的是太美了！作为醴陵人，我简直是太骄傲了！虽然我出生在醴陵，在醴陵生活这么多年，可是我对自己的家乡却了解得不多，真的觉得有点惭愧！

生2：我简直不敢相信自己的眼睛，原来我的家乡醴陵有这么悠久的历史文化，地域也十分广阔，可称得上是地大物博了！我想说作为家乡人，我感到无比的自豪！我真想了解有关家乡的一切！

……

师：的确，听了同学们所说的、所想的，老师也有同感。我们的家乡有悠久的历史文化，众多的名胜古迹，再加上四季分明的自然风光，才使醴陵成为具有独特魅力的古城。那么对于我们的家乡——醴陵，你最想了解她哪个方面的知识？

生1：我很想知道醴陵的名字是怎么得来的？

生2：我想知道醴陵究竟有多大？占地面积是多少？有多少人口？

生3：平时我和家人旅游的时候总是要给亲朋带回来很多当地的特产，我很想知道我们的家乡又有哪些特产呢？

生4：我也很喜欢旅游，而且很喜欢照相。无论我到哪儿去旅游我都会照很多的照片，以留作纪念。我很想知道家乡醴陵还有哪些适合旅游的好地方？

……

师：是啊，正像同学们所说的，我们都是家乡人，生在醴陵，长在醴陵，可是我们却对我们的家乡既熟悉又陌生。为了全面地了解我们的家乡醴陵，同学们提出了一个又一个让自己感兴趣的问题，那这节课我们就把本次综合实践活动的主题定为《走进家乡》，你们觉得怎么样？（板书课题：走进家乡）

——筛选整合，确定小主题

① 提炼小主题

师：刚才大家的想法很多，也提出了很多自己感兴趣的话题，为了使我们在今后的调查活动中更加有目的性，首先我们一起来提炼出几个有研究价值的小主题。那么应该怎样来提炼小主题呢？

提炼小主题的方法：整合相似、相近、相包含的问题；筛选出近、小、实的问题；筛选出有研究价值的问题。

② 筛选小主题

下面就请大家就根据这些方法，在小组内讨论对刚才提出的问题进行筛选归类。

③ 确立小主题

根据大家的筛选整合，我们确立以下内容为这次综合实践活动的小主题。了解家乡的历史、探寻家乡的风光、收集家乡的物产、调查家乡的发展……

——自由结组，制订活动方案

① 选择研究内容，自由结组

下面请同学们依据自己的兴趣爱好选择自己的研究主题，选择了相同主题的同学可以自由结组，形成课题研究小

普通话推广周宣传活动

组。

② 选好小组长，设计活动口号

③ 小组研讨制订活动方案

为了便于大家更好地完成小组的调查活动，请组长组织大家集思广益，根据所选的小主题共同商讨活动策略，制订活动方案，为下一步的调查活动做好准备。

④ 小组汇报活动方案

下面请大家汇报一下你们这个小组打算怎么开展活动呢？其他小组认真倾听，可以提出质疑，帮助他们完善活动方案。

⑤ 修改活动方案

请大家根据同学们的意见，进一步修改完善活动方案。

师：听了各小组的汇报，看得出准备得都很充分，说得也很切合实际，都有自己小组的特色，我真为你们高兴。同时更希望每个小组在调查的过程中要讲究方法，注意安全，在与人沟通的时候注意文明礼貌。大家还可以借助家人、朋友的力量，用摄像机、照相机记录和拍摄一些有价值的录像和照片，给自己多一些展示空间，同时也让同学们更好地了解我们的家乡醴陵，更爱我们的家乡！

——活动总结

这节课我们经过选题、讨论、研究提出了很多和家乡有关的问题，也制订了切实可行的活动方案，这就是研究性学习的良好开端。课下你们就带着这些问题走出校园、走向社会，走进工厂，走进图书馆、博物馆去调查访问、查阅资料寻找答案吧！老师相信你们的能力，你们一定会做到最好！相信我们的家乡醴陵也会更加美丽、富饶！

“综合实践不再是梦”，这就是新一轮课程改革给我们带来的全新变化。

第四节　德育活动不仅是德

德育实践活动课的开设是新课程改革的重要内容之一。

2011年，我们学校推出了"一三四X"创新性学习课改新方案，其核心目标是培养和发展学生的创新学习能力。该"方案"明确指出："创新性学习活动实践课"是实施创新性学习的三条基本途径之一，而"创新性德育活动"又是"创新性学习活动实践课"的一种基本形式或课型。

《株洲日报》、《株洲晚报》、《株洲网》小记者合影

通过多年的研究与实践，我们认为，德育实践活动并不神秘，德育实践活动课也没那么难上，关键是认识与定位问题，认识对了，定位准了，很多问题也就都迎刃而解了。

德育实践活动是在教师引导下，学生自主进行的综合性学习活动，是基于学生的经验，密切联系学生自身生活和社会实际，体现对知识的综合应用的实践性课程。德育实践活动不是教学层面的一种教学活动方式，而是课程层面的一种具有独立形态的课程。

设置德育实践活动的意图主要是要加强学校与社会生活的联系，锻炼学生综合运用知识解决问题的能力，因此，德育实践活动不仅是为了"德"。多彩的德育活动，不仅能培养学生良好的思想道德品质，促进学生身心的健康发展，还能提高学生的综合能力。

课程改革要求教学过程从以教师教为中心转向以学生学为中心，德育实践活动更是如此。当然，德育实践活动也离不开教师的主导作用。活动中如果缺少教师有效的管理与引导，整个活动将是杂乱无章的、无序的、低效的，所以要进行统筹规划。

近几年来，学生工作部根据学校出台的"德育活动基本框架"相继开展了一系列活动，促进了学生综合素质的提高。

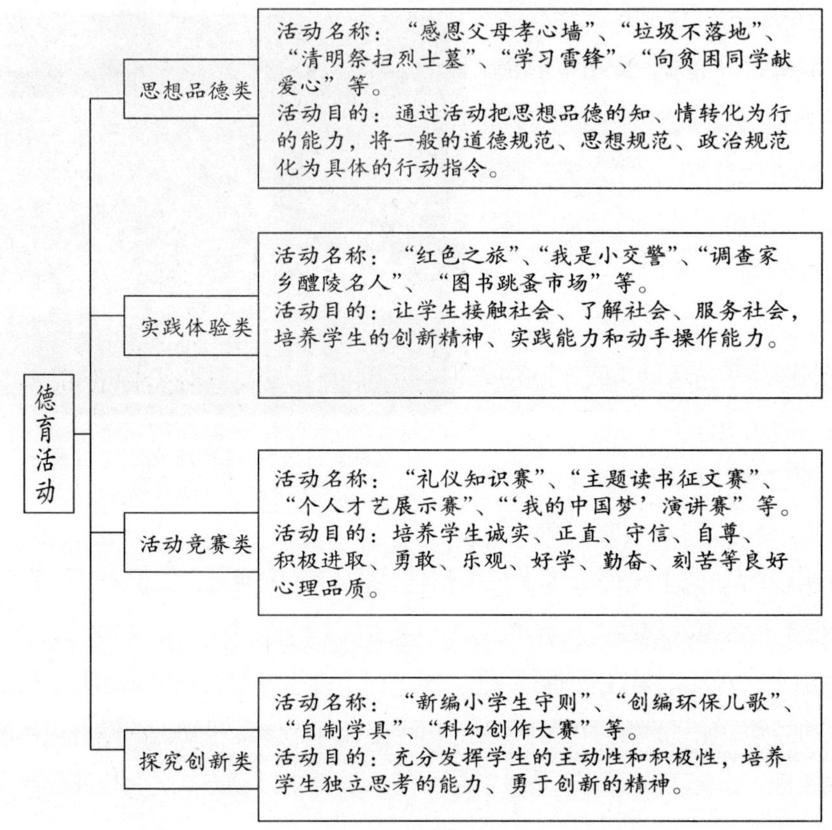

德育活动基本框架

下面分别就“图书跳蚤市场”、“ 社团活动展风采”、“自编小学生守则规范儿歌”、“系列亲子活动”等作简要的介绍。

一、图书跳蚤市场

2011年4月23日的下午，我们学校操场上人山人海，热闹非凡！笑声、叫卖声、讨价还价声，声声入耳。哈哈，原来这是我们学校举办的一次“图书跳蚤市场”活动。

随着主持人说“图书‘跳蚤’市场正式开始！”同学们便纷纷开始“抢”书。同学们个个不示弱，积极参与到了“抢”书的行列中。操场上的摊位可真多呀！同学们有的把书放在椅子上，有的来不及搬桌子，就干脆把书放在了地上，变成了名副其实的“摆地摊”了！为了招揽顾客，一些图书推销员有的吹起了口

社团学生表演的文艺节目

哨，有的喊起了口号，大声吆喝“快来挑，快来买，全场书跳楼大减价啦！”“机不可失，时不再来，快来买呀！”操场上热闹非凡。

这次图书“跳蚤市场”持续了两个多小时，有的同学收获了7本书，才不到40元钱，赚大了。也有的初步涉足买卖市场，但玩得很开心。每个班收入了一笔不小的班费，真是一举多得呀！“今天活动可真有趣呀！”“今天的活动可真丰富呀！”“我终于以合适的价钱买到了自己喜爱的图书。”孩子们欢快的话语一直在校园的上空回荡。

我们学校从开展课改以来，综合实践活动一直备受关注。这次活动又让我们收获了一份快乐，一份希望！

——摘自一位学生的日记

学生所描述的是我们学校组织的一次很普通的德育实践活动。开展此项活动，旨在培养学生珍惜书刊、节约资源的好习惯，锻炼学生的社会实践能力，激发学生买好书、看好书的热情。

活动程序为：

（1）学生工作部做好活动方案，对各班进行活动的安排和部署。

（2）各班将需要卖出来的各类书籍存放在指定区域，并做好班级内学生卖书情况的记录(将书名和卖书者一一对应起来)。

（3.）各班到学生工作部对活动情况进行汇总。

（4）活动总结——成功与不足，找出原因并找到解决问题的办法，为下一次活动提供可参考的依据。

活动影响：

跳蚤市场上的商品，都是学生带来的，其中主要是书籍，也有一些学习用品、手工作品等。使闲置的物品“动”起来，将学生的废弃物品循环利用，这

是对学生进行环保教育及理财意识与实践能力培养的一个缩影；活动中，为了吸引更多的“顾客”光临，各班的摊位前还竖起了自行设计的宣传标语或宣传海报，这又是对孩子们营销手段与创作能力一个很好的培养；图书跳蚤市场活动，给学生提供了展示自我的舞台，同学们在活动中以书交友，在活动中体验到了交易的艰难，学会了人际交往，学习了理财，培养了学生的和谐交往能力，丰富了校园生活。

二、社团活动展风采

11月26日至29日，由国家体育总局体操运动管理中心、中国大学生体育协会和中国中学生体育协会联合主办，南京工业大学、全国啦啦操竞赛委员会和南京新恒鼎体育推广有限公司承办，中央电视台第五频道、中国教育报刊社、土豆网、腾讯网和中国啦啦操网等单位协办的“2013年全国啦啦操联赛总决赛”在南京工业大学体育馆盛大举行。此次比赛有来自全国31个省市共204支代表队，4369名运动员在80余个项目中进行了为期三天的激烈角逐，国家体育总局、教育部和大、中小学体育协会的相关部门领导亲临现场为比赛助阵。

本次比赛是迄今为止全国规模最大、级别最高和参赛运动员以及代表队最多的啦啦操大赛。醴陵市姜湾小学“乐精灵”啦啦操队第一次代表湖南省参加小学组自由舞蹈自选2级项目的比赛，更是第一次参加全国这样最高级别的啦啦操比赛，孩子们异常兴奋！

以刘玉洋、陈添雅和宋筱轩等14名学生为代表的醴陵市姜湾小学“乐精灵”啦啦操队在28日下午的比赛中，不畏强手如林，赛出了风格、赛出了水平，喜获小学组自由舞蹈自选2级动作啦啦操第三名的好成绩。孩子们出色的表现、良好的精神状态和赛场礼仪受到了所有在场观众、兄弟学校及评委们的一致好评，充分展现了醴陵市姜湾小学学生健康、阳光的精神风貌。

——摘自株洲教育网的报道

这是我们学校健美操队参加完“2013年全国啦啦操联赛总决赛”以后，株洲教育网对此次活动所作的报道。从这则报道中可以看出我们学校在学生才艺方面所取得的成绩。

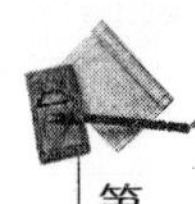

为了给学生一片属于自己的天空，学校成立了合唱、管乐、军鼓、腰鼓、舞蹈、健美操、羽毛球等多个社团组织。为了让广大同学参与到活动中来，真正落实让每一位同学都能参加一项社团活动，让同学们深切感受到社团文化的魅力，得到艺术、学术和体育等方面的熏陶，学校在课改的征程中，不论是课堂教学，还是活动的开展都注重了“以学生为主体，以学生的发展为本”的教育教学思想。

学生的全面发展是我们所有老师期盼的，而课改送给学生最好的礼物恰恰是给了学生一个自由成长、自由发展的平台，我们希望学生能踏着课改之路在这任他们翱翔的舞台上尽显风采。

通过一系列的社团活动，学生充分发挥自己的才能，享受到了生活的乐趣，感受到了生活的气息，触摸到了生活的脉搏。

通过一系列的社团活动，学生学到的不只是知识与才干，更多的是思想上的长进和人格上的成熟，学生们有了更为活跃的思维、创新的品格、远大的志向和高品位的素质与才干。

三、自编小学生守则规范儿歌

《小学生守则》和《小学生日常行为规范》对小学生良好行为习惯的养成，以及学校良好校风、学风、教风的形成，都起到了重要作用。

随着社会发展变化，中小学生思想道德建设面临许多新的情况和新的问题，学生受社会的许多灰色文化的影响，不文明的行为习惯悄悄形成。基于此，学校开展了以“自编小学生守则规范儿歌”为主题的德育实践活动。

学生工作部门开展的“快乐争章”活动

学生从现实的生活实际出发，自主参与姜湾小学《小学生守则》和姜湾小学《小学生日常行为规范》的编写，并与原有的

《小学生守则》和《小学生日常行为规范》有机结合，赋予一个新的内涵。通过系列的自编、诵读、演唱等活动，学生从中受到了潜移默化的爱国主义教育、民族精神教育、文明礼仪教育，提高了审美情趣，加强了人生修养，形成了良好品质。

活动要求：

1. 人人参与。

动员全体学生围绕着《小学生守则》、《小学生日常行为规范》、《社会公德美》、《家庭美德类》、《个人品德美》及实际生活中应遵循的生活规则等参与姜湾小学《小学生守则》和姜湾小学《小学生日常行为规范》的编写。题目可以是《新小学生守则儿歌》或《小学生行为规范儿歌》或自定。各班评选5~10首作品参与学校的评比活动，获奖作品将向全校推广。

2. 成果宣传。

各班对学生的优秀作品要展现于班级黑板报上，学校对优秀作品要刊登于《姜湾课改导报》上，同时还要张贴于校园宣传窗内。动员学生利用双休日、节假日、放学后等时间，在自家门口、街道及其他公共场所等加强对本校学生自编自创“自编小学生守则规范儿歌”的宣传，把传唱文明活动推广至社区，促进社会文明的进步和公民道德水准的提高。

3. 行为转化。

要求各班根据本班学生的实际情况，对个别行为不良的学生，有针对性地选择“自编小学生守则规范儿歌”，督促学生背、唱，强化他们的行为，促其转变。

4. 整体内化。

要求借助传唱“自编小学生守则规范儿歌”为契机，抓紧落实好学生的文明行为规范工作。通过活动，形成习惯，做到“自觉自律”，形成“老师要求我这样做”为“我认为应该要这么做”的内化行为。

活动影响：从作品的内容上来看，大部分有童真、有童趣，寓教于乐，内容通俗，语言活泼；从结果上来看，学生把自编的“小学生守则规范儿歌”当成了自己的好伙伴，真可谓是“发于点滴、行于心田、融于交流、从于道德”。

新小学生守则儿歌

小朋友们起得早，
背起书包去学校。
讲卫生来懂礼貌，
见到老师要问好。
碰到同学说声早，
排路队时快静齐。
升国旗时领巾飘，
大家一定要站好。
上课听讲要发言，
下课不要追跑闹。

小学生行为规范儿歌

预备铃声响铃铃，
请把书本摆放齐。
各项准备都做了，
上课专心效果好。
下课铃响铃铃响，
师生再见礼貌好。
课间休息要牢记，
楼道右行守秩序。

——学生优秀作品选

四、系列“亲子”活动

随着时代的发展，许多家长忙于工作，有时连双休日也用在工作上，无暇顾及孩子，与孩子共处的时间较少，当然交流也随之减少。根据这一现状，我校每年上学期进行的“读书节”活动均会采取“亲子读书”、“家长读书”等方

式，鼓励家长和学生踊跃参加共同读书活动。有的班级邀请家长写孩子读书节活动感言；有的班级将孩子在学校参加阅读活动的情形拍摄下来，制作成课件给家长们看，把孩子们写的精彩语言记录下来，要求孩子读给家长们听；有的班级举行颁奖典礼，表扬亲子阅读活动中表现突出的家长。在此项活动中，家长们表现出空前的热情和极大的支持。活动后期，学校还会根据各年级、各班级的提名及家庭的申报情况，评选出若干个"学习型家庭"，并在闭幕式上授牌，予以鼓励。

每年下学期举行的"体育节"活动，学校也会安排一定的亲子趣味活动。如：低年级的"小小指挥官"、"赶小猪"；中年级的"齐心协力接力跑"、"青蛙踏荷叶"；高年级的"同舟共济"、"挑重物往返接力跑"，等等。一项项活动从设计到组织都会注重家长和孩子的共同参与和亲密交流，使每项活动都收到了好的效果。

德育实践活动课程是一片广阔的沃土，等待着我们去开垦。我们愿在理论专家和先行者的带领下，加入这支充满生机和希望的劳动大军，共同挖掘，共同探索，使学生的创新学习能力得到更好的发展。

第四篇 『四模』出炉 『X』出鞘

导言

教学有法，建模是实施“以学定教”的前奏，但“教无定法”，教师又必须根据实际情况精心研究课堂教学“X”环节。

不同学科有不同的教学模式与方法，不同的教师也有不同的操作方式。

本篇着重介绍小学语文、小学数学、小学英语及小学综合学科的四种创新性学习教学模式及其实施策略。

第八章 “模”而不“一”，“X”显神奇

构建“四模”，旨以“模”促“动”，即让教师有个“抓手”，人人都能“动”起来，从而实现我们的课改价值与目标。

但我们也深知，素质教育的一个核心问题就是要求教育教学中必须学情化，即一切以时间、条件、地点为转移，具体内容或针对不同的对象具体分析，反对“一刀切”。

“精心研究课堂教学‘X’环节”，是我们对教师提出的基本要求；“培养和发展学生的创新学习能力”，是我们实施课改的核心目标；“唤醒和激励，促进学生和谐、主动、可持续地发展”，是我们课堂教学的核心价值。

进行课堂教学改革，首先必须懂得：

（1）课堂教学是爱的教育，尊重和热爱生命的教育。

（2）课堂教学是学生形成正确的人生观、价值观、世界观的主要场所。

（3）课堂教学是学生习惯养成的主要场所。

（4）课堂教学是学生学业发展的主要场所。

（5）课堂教学是学生进行思维碰撞、点燃创新火花、放飞心灵与理想的主要场所。

（6）课堂教学是学生自主学习、自主发展的主要场所。

（7）课堂教学应该是学生学会合作与共享的主要场所。

（8）课堂教学应该是学生展示自我、感悟自身价值、体验成功的主要场所。

（9）课堂教学应该是学生发展个性特长的主要场所。

（10）课堂教学应该是体现教育公平、关注学生差异、促进每一个学生发展的教育。

第一节　教学有法　“四模”出炉

一只猴子在四处寻找食物。它从一个岩石的间隙中看到在岩石那边有一棵结满果子的果树，于是拼命想从岩石狭小的间隙中钻过去。如果对于猴子来说，岩石那边的果实是它渴求的利润，猴子会怎么做呢？它选择的是意志坚定地一直使劲钻，身体都被岩石磨破了好多处。因为劳累和饥饿，猴子瘦了。就这样，在第三天时，它竟然很轻松地钻了过去，并美美地吃上了果子。等树上的果子全部吃完后，猴子准备继续寻找食物，这时他才发现，因为太饱了，它又钻不出来了。这只可怜的猴子因为没有找到赢利模式，结局一定是很悲惨的。因为，当它终于饥饿、疲惫地从岩石的间隙中钻出来后，它甚至已经无力再去寻找新的食物了。其实它可以选择这样的赢利模式：在自己辛苦钻过去后，把果子先搬到岩石的那一边，然后再钻出来，边吃边寻找下一棵果树；他也可以叫一个小一点的猴子钻过间隙，把果子运出来一起分享。显然，寻找到了赢利模式，结果就会有天壤之别。

从起点出发，受尽苦难周折，却又回到起点。这是很多创业企业面临的最大困扰，其中主要原因是没有找到赢利模式。

企业如此，课堂教学也是如此。在我国新课程改革已实施多年，但仍然有许多教师在教学中徘徊，不知所向，不知所“教”，我们认为，原因之一就是没有找到改革的“抓手”——教学模式。

现代教育到底还要不要模式，显然在今天它已不再是一个悬而未解的命题。“教学有法，教无定法”，这一提法显然是在调和“按部就班”与“天马行空”的两极对立中确证了模式的客观存在，因此，我们完全应该旗帜鲜明地确立模式在教学中不可或缺的地位，并全面深刻地认识模式在课堂教学过程中所发挥的重要作用。

有人总是以“教无定法”、“以学定教”为借口，反对各种教学模式的建构。但我们认为，“教学模式的构建”是实现“教无定法”和“以学定教”的前奏与归宿。

在新一轮课程改革中，虽然许多教师对新课程的基本理念有所了解，但在教学过程中仍然不知所措。因此，在总结前人经验的基础上，结合新课程理念及自身的实际，先行构建一个可供教师参考的教学模式是很有必要的。

模式即风格。正像世界上没有两片完全一样的树叶一样，各种模式也都别具风范，它们自诞生起就以其鲜明的特色而昂首独立、自成一派。比如，钱梦龙老师的“导读式”、“常中有变，变中守常”，体现的是机智和幽默；张富老师的“跳摘式”、“快中求好，大进大出”，体现的是热诚和快捷。由此可见，众多的课堂教学模式无不体现了执教者独特的人格魅力和个性风范。

“学科课堂教学”是我们学校实施“一三四X”创新性学习最重要的一条途径。课堂教学如何改革？我们紧紧抓住“创新性学习”这条主线，通过查阅资料、研究探讨、实践论证等，初步构建了以自主学习、合作学习、探究学习为基本学习方式的“四导”创新性学习学科教学模式，即“导学”、“导思”、“导悟”、“导练”。

创新性学习“四导”教学结构

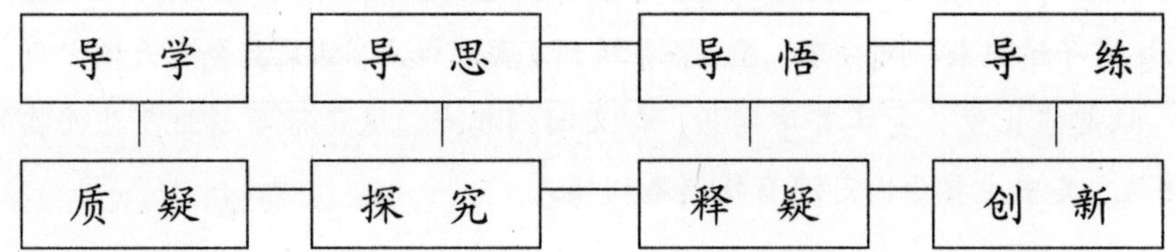

具体操作要点为：

1.“导学——质疑”。

自学前，教师要根据教学内容设置一定的学习情境或设计适合于学生的自学提纲，激发学生的学习情感，引领学生进行有效的学习；教师要尽量放手让学生进行自主学习，让他们自主地选择适合于自己的学习方式或方法，全力地去探索，发现疑难问题。这一环节既可以放在课前完成，也可以放在课中完成。

2.“导思——探究”。

“疑”是创新性学习课堂教学的主轴，也是学生学习的关键。教师要教给学生问“问题”的方法，培养学生不唯上，不唯书，不满足现成的答案，对学习的内容能独立思考，探索出新的问题。同时，教师要运用多种方法，启迪学生思维，激励学生积极地独立思考，敢于求异创新；注重讨论与交流，让学生集思广益、广开言道、取长补短，让学生充分表现自己。

3. “导悟——释疑”。

对学生新发现或仍然不懂的问题，教师要进行点拨。“教师点拨”就是教师精讲，简要点拨，画龙点睛，让学生自悟破疑；同时还要引导学生梳理问题、归纳要点，“悟”出结论。

4. “导练——创新”。

教师继续抓住疑问这根线，寓疑于各种练习之中，让学生动笔，以巩固学生所学的知识，提高解题能力，并鼓励学生通过练习提出新问题；采用多种“导创”方法，让学生在学习中得到“创新”，及时给学生创造性的思想和行为以评价与鼓励；在练习过程中，教师要引导学生进行自我评价，同时还要抽查学生汇报，反馈学习结果。

严格来说，“四导”教学模式只是我们学校在学科教学中如何引导教师进行创新性学习的一个基本框架，具体到每个学科中应该有不同的操作模式。

教学有法，贵在创新。语文教研组、数学教研组、英语教研组、综合学科教研组分别在“四导”教学模式的基础上构建了本学科的具体操作模式。即：

小学语文“创新性学习”课堂教学结构（四步导读）

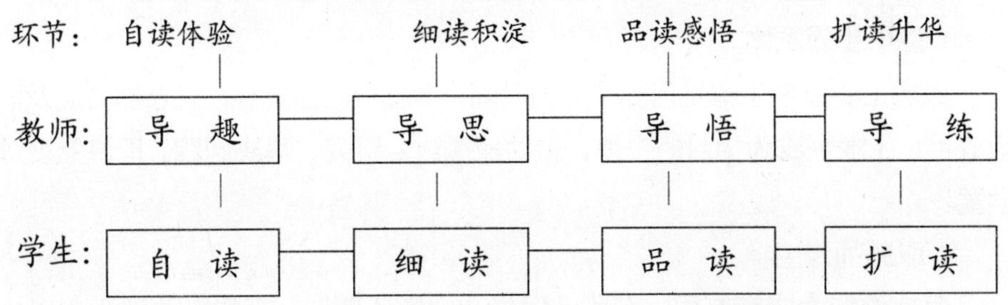

小学数学“创新性学习”课堂教学结构（四步导学）

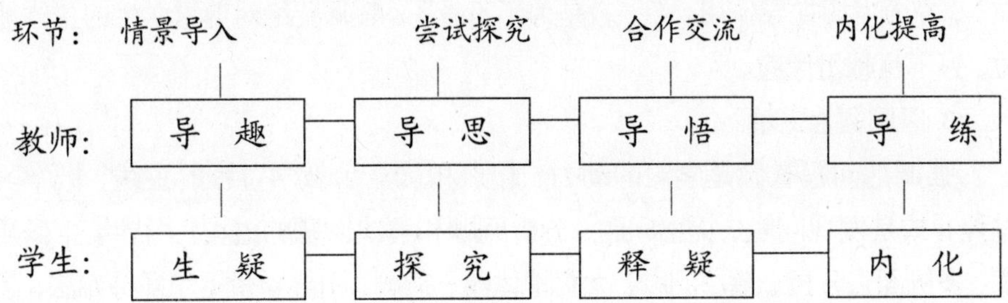

巧设情境、主体参与"S+4P"英语课堂教学结构

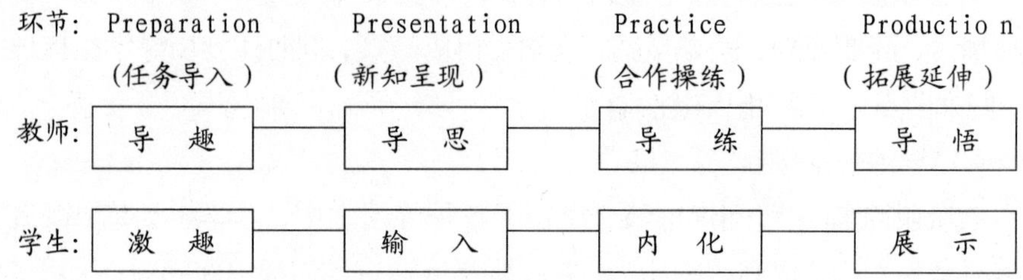

品德与社会课程的创新性学习教学结构(五环节)

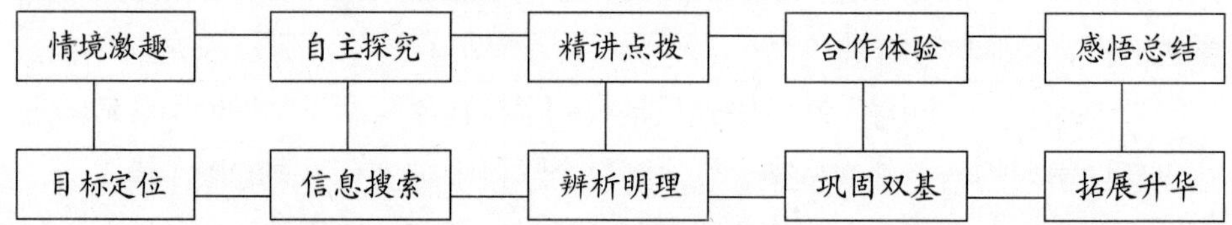

这四种模式虽各有千秋——学科的本质属性，但核心目标是一致的——实施创新性学习，培养学生的创新学习能力；基本特征是一样的，即均体现了"以学生为主体、以教师为主导、以问题为主轴、以实践为主线"的"四主"原则。

1. 以学生为主体。

课堂上要给学生留足自主学习的时间。学生自己能解决的，老师就应及时地放手，让学生成为学习的主体，主动地探讨、研究、解决问题，把讲堂变成学堂。

2. 以教师为主导。

学生的能力毕竟有限，有些问题学生"道不明"，有些方法学生难以发现，教师就要"点拨"；有些知识是隐性的，学生难以学透，教师就要适时"补充"，充分发挥主导作用。但"教是为了不教"，教师要绝对尊重学生的主体地位，万不可越俎代庖。

3. 以问题为主轴。

强调把问题看做是学习的动力、起点和贯穿于教学过程的主线，把学习过程看成是发现问题、提出问题、分析问题和解决问题的过程。引导学生多角度、多侧面去分析、解决问题，大胆地体验、猜测。引导学生运用多种方法，了解问题的多样性和复杂性，学会思考问题，通过多种渠道去追求任何一个可能

的答案，大胆提出新想法和新办法。

4. 以实践为主线。

教学活动中强调学习不仅要用自己的脑子思考，而且要用自己的眼睛看，用自己的耳朵听，用自己的嘴说话，用自己的手操作，即用自己的身体去亲身经历，用自己的心灵去亲自感悟。

模式即效益。“四模”的出炉，为广大教师在教学理论与教学实践之间找到了一个较好的着力点。在“四模”的引领下，教师从“无所适从”到“熟能生巧”，很快掌握了创新性学习课堂教学的基本特征，从而大大减少了盲目摸索、尝试错误所浪费的时间和精力，尤其对于青年教师尽快独立教学、学校课改工作规范化、正常教学秩序的建立等，具有非常重要的意义。

第二节　教无定法　“X”出鞘

尽管“四模”的生成一直致力于完美，但没有一种模式不存在先天的局限，这是由模式的针对性和特色化所决定的。

（一）

诺贝尔奖获得者丁肇中在《科学发现的几点体会》一文中指出：我的一个绝对正确的理论可以告诉大家，往往实际的发现跟原来的目标根本没有关系……我的又一个体会就是，对意外的现象要有充分的准备。由此来认识模式的生成应该明确，放之四海而皆准的“唯美模式”是不存在的，每一种具体的课堂教学模式本身亦需要根据教学对象、内容、条件、环境的不同而变革。

（二）

苏霍姆林斯基给教师的100条建议中的第一个忠告是：没有也不可能有抽象的学生。学生是活生生的个体，是有差异的个体。学生个体差异性，决定了负责任的教师在进行教育教学活动时，会对学生实行不一样的教学手段。这与我国古代教育家孔子先生倡导的“因材施教”的教学原则是同一个道理。可以说，这是一个放之四海都正确的真理。

学生接受知识的方式是多样的。无论从学生的年龄层面，还是从学生的

知识建构层面来研究，学生接受知识的方式是不同的，既有完全依靠教师的时候，有基本上依靠教师的时候，有可以相对独立地进行学习的时候，有在教师指导下可以基本上独立学习的时候，也有学生可以完全独立地进行系统学习的时候。知识的难易也是有区别的，即使在同一学科，但不同课节所学的内容难易差别也是不同的。因此，一节课应该采用何种教学方法，必须根据学生认知能力发展的不同阶段、不同学科的特点和不同的教学内容来选取。也正因为如此，教学研究才是一个永恒的、常研常新的课题。

有“模”可“依”，才有“方”可“循”。但模式，宛如一个毛坯房，只是搭建了一个龙骨架，至于如何装修得更适用、更漂亮，却可因人而异的；模式，亦如一张交通图，清晰地指示着大致的方向，至于你是按部就班地从容走过，还是想中途下车各行其是，都是有自主性和灵活性的。

建模是为了找到实施教学策略的最佳方法，产生事半功倍之效，如若一味地遵循、照搬，势必阻碍新问题的解决。教师可“遵模”，而不必“固模”；可“依模”，亦可“修模”，前提必须是依教学内容而定，依科学合理的教学策略而灵活变通。教师的智慧也正体现在其灵活有变的教学方法中，一堂生动形象、充满艺术性和感染力的课，会使学生终身受益；灵活多变的教学设计会使课堂充满生机、妙趣横生。

“‘模’而不定‘模’，精心研究课堂教学‘X’环节”是我们学校每一位教师在课堂教学中必须遵循的行为准则，同时也是我们新一轮课程改革的精髓。

【案例呈现】六年级语文《文言文两则》

文言文教学一直是语文教学的一个难点，难在学生缺乏兴趣。因为选文时代久远，脱离当今社会生活，语言又晦涩难懂。新学期第一课一只“拦路虎”就摆在眼前。《学弈》、《两小儿辩日》两则文言文，前者突出人物的动作、神情、心理活动的描写，兼有作者画龙点睛的评价，后者倾注于人物生动活泼的对话，语言理解上也较前者容易一些。如若一成不变地套用“导趣——导思——导悟——导练”之“四步导读”模式，实施两文的教学，定让孩子在晦涩难懂的基础上更感枯燥乏味。

《学弈》教学框架

导趣：“我是百事通”——“孔孟”知多少汇报谈。

导思：

自主学习单——抽签考评
1.大声地自由读课文，读准音、读通句子。
2.根据文后注释或工具书，疏通文意，重点理解小黑板上的词句。
3.不懂之处标记出来，向小组内成员请教或问老师。

导悟：

合作学习单——小组竞展
会提炼：两个徒弟学弈的相同之处和不同之处在哪？
爱思考：文中是怎样评价的？你有什么样的感悟或感慨？
好激辩："名师出高徒"，结合对本文的感悟，请发表你的看法。

导练：1.背诵本文。

2.向低年级的学弟学妹，生动地讲述这个故事，并给他们有益的劝导。

《两小儿辩日》教学框架

	课堂大比拼——小组竞展
导练：	朗读我最行——看哪组读得准，对话又动情？
	理解我最棒——你考我答，译全文。
导悟：	评价我给力——两小儿，你怎么看？

合作探究单——小组竞展兼抽签考评
想象：孔圣人不能决，想象一下他当时的神情或心情？他又会对两小儿说些什么呢？
思考：孔圣人也不能决，你怎么看待？请结合名言或生活体验谈谈看法。
探究：太阳距离地球的距离真有早晚的变化吗？说说你的科学揭秘。

显然，《学弈》的教学是按"四步导读"的模式，有梯度地开展；而《两小儿辩日》却将"导练"成为课堂教学的主旋律，在前文学习的基础上，以竞赛的形式，让孩子充分地自主学习。这样的教学环节调整，既是对教学内容准确有效的把握，更是对教学模式机智灵活的处理。

"模"而不"一"，需要倾注更多的教学智慧，不管怎样的"模"，终极目标均是——提高课堂教学效率。这最关键的点，便是教师能否对课堂教学中学生的主体地位有充分的认识，最大可能地调动学生学习的积极性，充分尊重学生的主体地位，主动探求提高学生积极性的方法，以“模”为导，而不被“模”所牵。

【案例呈现】小学数学课型特点及相应的教学结构

“小学数学创新性学习教学结构（四步导学）”是我们学校建构的“四模”之一。其基本结构为：

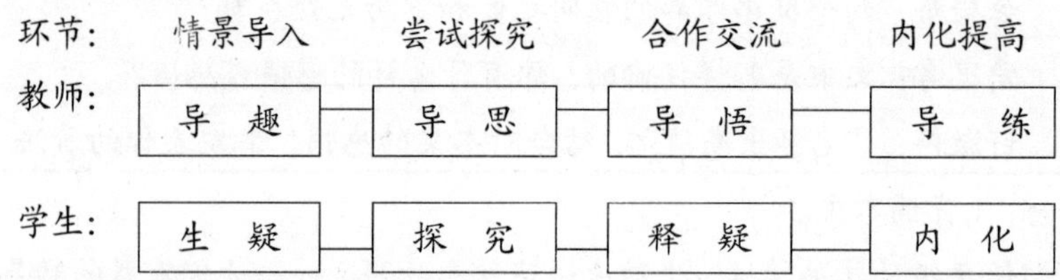

但在实际教学中，我们注意到了：

课型不同，其教学结构自然就不同。如：新授课是指以传授新的数学知识，形成新的数学能力为主的课型；练习课是新授课之后，教师有目的、有计划地指导学生运用已学过的知识进行一系列基本训练的教学活动；复习课则是以帮助学生巩固所学的知识，培养学生综合运用知识解决问题的能力为主要任务和目的的授课形式。

内容不同，其教学结构也不同。如：

“应用题新授课教学”的特点是：铺垫引路，用数量关系式沟通解题思路；遵循“问题探索——解决交流——应用评价”三个阶段教学。其基本教学程序一般为：创设情境，提出问题，明确目标——审明题意，分析关系，找突破口——发现思路，自己解决，交流归纳——练习巩固，适当扩展，检测评价。

“计算新授课教学”的特点是：重视学习迁移，沟通知识联系。其基本教学程序一般为：复习引入（为有效迁移铺垫）——学习计算（理解算理掌握方法）——练习反馈（多层训练达标检测）——归纳总结（自我评价形成结构）。

“几何形体新授课教学”的特点是：重视操作实验，多种感官参与和实际应用；遵循“问题——实验——归纳——应用”四个阶段教学。其基本教学程序一般为：复习铺垫，孕伏转化，提出问题，明确目标——操作实验，积累感知，运用迁移，形成概念——发现规律，独立思考，归纳方法，汇报交流——实际应

用，练习深化，达标检测，总结评价。

小学数学的基本课型是多种的，如新授课、练习课、复习课、讲评课、测验课、活动实践课等。其中最重要的课型是新授课，每一类课型又可按学习内容不同分为若干种类型。因此，我们建构的“小学数学创新性学习教学结构（四步导学）”只是为数学教学活动提供一个基本框架，提示一条教学思路，不是机械模仿的样板。我们要求教师要从实际出发，结合实际，灵活掌握课型特点，把握教学规律，优化课堂教学。

【案例呈现】合作学习要求

低年级：能共同开展学习；能相互检测。

中年级：小组能合理分工；能在独立学习的基础上，围绕问题讨论、合作；能组织有序发言、检测、互帮等活动。

高年级：小组能迅速分工，相互配合学习；能在独立学习的基础上，围绕问题讨论、合作；能快速组织有序发言，检测落实到位，依据学习效果当堂互帮；能以小组为单位主动组织开展课外活动。

对学生的“合作学习要求”有坡度，不能以同一个尺度去要求不同学段的所有学生。在小组合作学习过程中，不同学段学生有着不同的能力水平，如果教师以同一个标准去要求学生或以等级评分的方法去评定学生的表现，就会使一部分学生丧失学习的信心和兴趣，达不到教学的最佳效果。

“有‘模’而不定‘模’”，引发了课堂教学的一片生机：

学生——洋溢着学习的快乐和生命的活力。具体表现为：推崇创新、追求创新、以创新为荣；善于发现问题，并自觉提出问题；自觉、主动、积极地投入到创新性活动中去。

教师——教学设计更具有创新性。具体表现为：依据“四模”灵活多变，充分尊重学情，以培养学生的创新学习能力为核心目标，变课堂为学堂，顺应学会学习的时代主潮。

课堂——每学段、每学科、每个班级、每位教师“模”而不“一”。课堂上学生由原来的被动接受到敢于展示、敢于表达、善于交流、善于合作、勇于质疑；自主、合作学习已经贯穿课堂学习的全过程，探究学习的方式也经常在课堂上看到。

这正是“X”的神奇之处。

概括起来说，姜湾小学的课堂教学有两个特点：

一是“变”了。即教学观念变了，教学思想变了，教学方法变了，教学策略变了，教学结构变了。

二是“活”了。每个学科的教学模式不一样，每个学段的教学方式不一样，每个教师的教学方式不一样，但每堂课都体现了“四主”学习原则，都注重了创新学习能力的培养。

这就是我对姜湾小学课堂教学的整体印象。

——株洲市基础教育科王迅科长的评价语

第九章 小学语文创新性学习模式的建构与实施

课堂教学是学校教育教学工作的中心环节，是实施课改的主要阵地。小学语文是基础学科。科学地设计小学语文课堂教学模式，体现学生的主体地位，调动学生学习的积极性，使学生乐学、会学，逐步提高学生的语文素质，是全面推进素质教育的关键。

阅读是学生的个性化行为，不应以教师的分析来代替学生的阅读实践，要提倡自主、合作、探究式学习方式。改革课堂教学，就应改变教师的授课方式，改变学生的学习方式，淡化分析性操作，给学生足够的时间和机会，让他们充分地阅读、讨论、理解，使学生获得更多的自主学习空间和学习的主动权；应让学生在教师的指导下独立地提出问题、分析问题、解决问题，在自主实践的过程中积累感悟，受到熏陶，培养语感。

随着新一轮基础教育课程改革的推进，我校语文教师通过探索研究，逐步构建了小学语文创新性学习教学模式。

第一节 小学语文创新性学习模式的建构

《语文课程标准》把“积极倡导自主、合作、探究的学习方式”作为课程的基本理念之一，并贯彻到每一个阶段的目标和教学建议中，课程改革的核心是如何加深学生对知识的理解和运用，进而培养出有创新性能力的人才。在新的课程理念下，教师要创建出怎样的语文课堂教学模式，让语文课堂真正成为学生自主学习的主阵地呢？我们姜湾小学的语文老师经过一年多时间的反复探索研究，终于在实践中摸索出了课堂教学“四步导读”的教学模式，即导趣、导思、导悟、导练。这种模式的主要特点是以学生为主体、以教师为主导、以问题为主轴、以实践为主线。其结构为：

小学语文“创新性学习”课堂教学结构（四步导读）

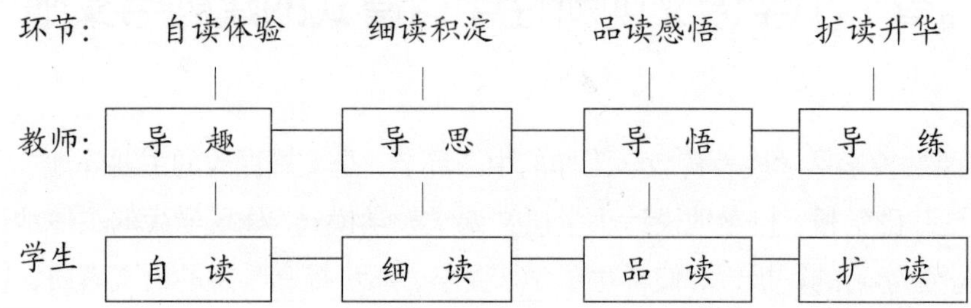

“四步导读”课堂教学模式紧紧围绕一个“读”字，因为《九年义务教育全日制小学语文教学大纲》指出：“小学各个年级的阅读教学都要重视朗读。”“要让学生充分地读，在读中整体感知，在读中有所感悟，在读中培养语感，在读中受到情感的熏陶。”这就为我们的语文教学确立了一个方向，即通过“以读为本”来促进学生的发展。以读为本，体现了语文学科的本质特点，突出了语文课的特色与魅力。同时，以读为本，也符合语文学习的规律，符合学生的认知规律。小学课文，多是文质兼美的记叙文，文中形象鲜明，语言优美，感染力强，为我们的语文教学提供了有利条件。在教学中，我们应该充分地发挥课文的语言文字优势，指导学生读通、读熟、读懂课文，使学生在读中学习知识，在读中形成能力，在读中激发感情。通过读，把学生带入课文所描述的或优美或激昂的境界之中，让学生在语言文字的感受中，理解文章内容。真正做到以读为本，才能更有效地促进学生的发展，提高学生的语文素养。

学生围绕“自读”提纲进行自主学习

"四步导读"课堂教学模式还突出一个"导"字，站在教师教学操作角度上讲，这"四步"均以问题为主轴、以实践为主线。问题是一切学习的开始，老师要引导学生善于阅读发现问题，敢于探究提出问题，主动合作交流解决问题，创新运用深化问题。这就是一个完整的创新性学习的教学过程。在教学当中提倡老师要围绕"问题"出发，激发学习兴趣，明确学习目标，自主参与解决问题来开展教学。在"自读体验"中"发现问题"，在"细读沉淀"中"提出问题"，在"品读感悟"中"解决问题"，在"扩读升华"中"创新运用拓展问题"。

"四步导读"教学模式，站在学生的角度上来讲，体现了自主、合作、探究的学习方式。以学生为主体，充分显现学生的自主性、合作性、探究性、实践性、创新性。这与新课程改革提出的以学生为主体，转换教师角色，注重学生的学习过程，注重学生亲身体验的新理念是相一致的。具体操作如下:

1. 导趣——自读（自读体验）。

"自读"既可以在课前作为预习内容，也可以在课堂中进行。在"自读"前，教师根据教材内容设置一定的教学情境，激发学生的情感，让学生全身心投入到特定情境中，达到与作者产生情感共鸣的读书目的，形成自学与探究的欲望；教师还可以设计"自读"提纲（也可称之为"自读任务卡"、"导学预案"），让学生在自读时有纲可循，逐渐形成自学的能力。

2. 导思——细读（细读积淀）。

此环节的主要任务，一是反馈学生的"自读"情况，二是整体感知课文内容，初步随文解决有关的基础知识，如熟识生字新词、多音字，了解写作背景及课文的主要内容，理清课文结构等。同时还要引导学生运用已学的质疑方法找出课文学习的重点、难点和疑难问题，为下一环节的学习作好铺垫。

3. 导悟——品读（品读感悟）。

"导悟——品读"的主要方式是以小组合作学习的形式进行"互动交流"。一是感悟内容，结合文章的重点、难点，准确把握文章的主题思想，或加深字词理解，或注重词句修辞，体会作者的创作意图，引导学生能置身其中，有所感，有所悟；二是情感提升，结合文章主题，拓宽生活层面，激发学生思维，加深对文章主题思想的理解，通过文章内容的反复朗诵，让学生深入品读课文内容，教师要适时点拨和引导，甚至必要的精讲，引发学生共鸣。

4. 导练——扩读（扩读升华）。

"导练"即引导学生进行创新运用，这是学生拓展课堂内容、发展创新的高潮环节。学生把新知识与已有知识融合在一起，形成新的知识结构体系，并能大胆地采用多种形式进行创新运用；教师可引导学生对所学习的内容或方法进行必要的归纳与总结。

构建小学语文创新性学习教学模式的目的是让学生自主地、创造性地学，教师能够创造性地教。本模式的构建从根本上确立了学生的主体地位，强调学生学习的积极性、主动性，使学生在实现认知与能力的发展的同时也促使个性的发展，有效改变了过去过于强调的接受性学习、维持性学习教学模式，为小学语文新课程课堂教学改革，为学生的自主创新性发展，探索出了一条很好的路子。

第二节　小学语文创新性学习模式的实施

"四步导读"课堂教学模式一般是针对整篇课文教学内容而定，精读课文可依课时教学目标，灵活运用各环节。如精读课文需要两课时，如果第一课时已经完成了"导趣"、"导思"两个环节，那么第二课时就可以直接从第三个环节开始进行教学。我们反对模式的"固定化"和"绝对化"，要求教师依据教学内容和学生的实际精心设计课堂教学环节。"四步导读"课堂教学模式对高年级学生很适合，老师也很好操作。但是低年级学生年龄小，他们自主学习的能力和质疑问难的能力还不强，老师的要求就不能太高，切不可生搬硬套。正所谓教学有法而教无定法，面对不同学段、不同内容时，老师要根据具体情况灵活运用。有"模"不"一"，"X"显神奇。我们反对模式的"固定化"和"绝对化"，要求教师依据教学内容和学生的实际精心研究课堂教学"X"环节。

下面是根据"四步导读"课堂教学模式设计的两个不同学段的教学案例。

【教学案例一】《金色的脚印》

《金色的脚印》是六年级上册的一篇略读课文。教学目标是：理解课文内容，体会狐狸一家及它们与正太郎之间的感情，懂得与其他生命互爱互助，和睦相处；能有感情地朗读课文；揣摩作者如何把人与动物、动物与动物之间的感情写真实写具体。教学重点是理解课文内容，体会狐狸一家及它们与正太郎之间的感情，懂得与其他生命互爱互助，和睦相处。教学难点是揣摩作者如何把人与动物、动物与动物之间的感情写真实写具体。课时安排是1课时。教学过程分如下四个环节：

小组汇报合作学习成果

板块一：导趣——自读

预习提纲：

旁征博引：查阅有关作者的资料。

自由阅读：自由熟读课文，读准字音，读通句子。

聚沙成塔：积累好词佳句。

静心初悟：通过预习，你初步读懂了什么、感受到了什么，真心写下你的自读印象。思考课文的主要内容，同时提出有价值的问题。

导趣揭题：

——同学们，提到狐狸，你们对它的印象是怎样的？请用一个词来概括一下。（狡猾、奸诈、贪婪）看来，狐狸在大家心目中已如过街老鼠了。不过，我们今天来学习一个关于狐狸的故事，我相信大家对狐狸的印象一定会有大大的改观。

——板书课题，齐读课题。

【设计意图】课前布置学生按预习提纲预习课文，让学生在自读时有纲可循，逐渐形成自学的能力。上课伊始，教师采用谈话的方式引入课题，让学生谈谈对狐狸的印象，激发学生的学习兴趣，让学生全身心投入到特定情境中，形成自学与探究的欲望。

板块二：导思——细读

自读反馈：

小组内交流“聚沙成塔”积累的好词佳句，“静心初悟”写下的自读印象(或谈课文主要写了什么)。

检测汇报：

我会读：佣人 柞树 嗥叫 喀嚓 惦记 蒙眬

光秃秃 冷清清 热乎乎 孤零零 湿漉漉 直勾勾

目不转睛 大摇大摆 踱来踱去 漫不经心 无影无踪 兴高采烈

我能悟：抽签或自荐或推荐展示汇报“自读印象”。

我会想：小组提出还有哪些不能解决的问题？老师归纳提炼中心问题。

细读静思：

自主合作学习单

预设问题：

1. 老狐狸为了救小狐狸都做了什么？哪些情节最让你感动？

2. 正太郎和狐狸之间的关系发生了怎样的变化？为什么会有这样的变化？

要求：

1. 自主探究：用较快的速度阅读课文，找出相关的句子用横线画出，在感受最深的句子旁写下批注。

2. 合作交流：自主学习后和小组成员交流，达成共识，准备汇报。

【设计意图】此环节的主要任务是反馈学生的自读情况，解决课文中的生字词，初步理解文章内容。同时还要引导学生运用已学的质疑方法找出课文学习的重点、难点和疑难问题，提炼出“自主合作学习单”，学生再根据“自主合作学习单”的任务静心细读，自主探究，然后小组交流，达成共识，为小组展示汇报作好准备。

板块三：导悟——品读

展示汇报：

分组展示——组际互评——教师点拨

1. 老狐狸为了救小狐狸都做了些什么？哪些情节最让你感动？

预设句子（一）

“只见一只大狐狸正冲着秋田狗大摇大摆地走过来，它嘴里叼着一只哆哆嗦嗦的鸡。”

——难道狐狸真的不怕狗吗？怕，为什么还要这么做？

——是啊，此时，它不只是一只狐狸，更是一位伟大的父亲啊。为了救小狐狸，它奋不顾身地去引开秋田狗，真是太伟大了。

指导朗读：哪个词语要重读？指定小组读，评价，其他小组再读。

预设句子（二）

“它用牙齿拼命地咬，好长时间才明白过来这样做是徒劳的，就卧在地上给小狐狸喂奶。”

——怎样咬才是拼命地咬？此时，老狐狸的心情怎样？

——是啊，这种拼命的咬是一种母爱的本能（女生读）。

老狐狸这血肉之躯怎能和铁链相抗衡，这是一位母亲救孩子时的疯狂啊（男生读）。

这种拼命地咬是一位母亲最后的一丝希望啊（全班齐读）。

小组学习中老师进行适当的点拨

——只可惜，狐狸父母如此的拼命却没能如愿救到小狐狸，接下来它们又做了什么呢？小组继续汇报展示。

预设句子（三）

“老狐狸在地板下面做了窝。”

——它们为什么要在地板下面做窝？（照顾小狐狸、咬木桩）

——它们这样做危险吗？

——是呀，多危险哪！可是老狐狸夫妇明知山有虎，偏向虎山行。是什么力量促使它们这么做的呢？（爱的力量）

——为了救小狐狸，老狐狸夫妇操碎了心，以致于正太郎发现两只老狐狸的时候，它们已经毛色黯淡，明显地消瘦了。（出示句子，齐读）

“正太郎发现两只老狐狸跟以前相比，毛色黯淡，可能是由于惦记小狐

狸，明显地消瘦了。”

——从这暗淡的毛色，消瘦的身影当中，你能想象到狐狸父母这段时间是怎么熬过来的吗？（想象说话）。

——一句简单的外形描写，让我们感受到，小狐狸一日不救出来，老狐狸就食不下咽，寝不安席。真是可怜天下父母心啊！（再次齐读这句话）。

——这份生死相依的浓浓亲情，打动了我们，也打动了正太郎，不知不觉中，它们和正太郎的关系渐渐发生了变化。

2. 正太郎和狐狸之间的关系发生了哪些变化？为什么会有这样的变化？小组继续汇报展示。

生汇报谈感受，出示句子：

“四只闪着青光的眼睛正直勾勾地盯着他。”

“过了一个月，老狐狸和正太郎熟悉了，有时家里没有别人，正太郎的屋门就会轻轻响一声，两只狐狸从门缝里挤进来，舔正太郎的手，轻松自在地在屋里慢腾腾地踱来踱去。小狐狸见到正太郎时，也会用它那粗糙的粉红色的舌头柔和地舔他的手。”

“不知过了多长时间，正太郎觉得脸蛋热乎乎的。他费力地睁开眼睛，蒙眬中看见一只大狐狸正在不停地舔着他的脸颊。另一只狐狸蹲在他的胸脯上，温暖着他的身体。”

——是啊，从一开始的敌视，到互相信任，再到舍身相救，正太郎的善良获得了狐狸一家的友情，让我们再来重温这温馨的过程，感受这份友情的珍贵，我来读正太郎的行为，你们读狐狸一家的变化。

师引：是啊，当正太郎发现狐狸父母时，狐狸父母正用——

生读：四只闪着青光的眼睛正直勾勾地盯着他。

师引：每逢家里做过油肉、炸豆腐什么的，他就留下一些，扔到地板下面；还每天把一杯牛奶倒在地板下面那只破碗里。就这样——

生读：过了一个月，老狐狸和正太郎熟悉了，有时家里没有别人，正太郎的屋门就会轻轻响一声，两只狐狸从门缝里挤进来，舔正太郎的手，轻松自在地在屋里慢腾腾地踱来踱去。小狐狸见到正太郎时，也会用它那粗糙的粉红色的舌头柔和地舔他的手。

师引：当正太郎为了救小狐狸一不小心踩到悬崖边的积雪上，和雪块一起

头朝下栽了下去，失去了知觉。

生读：蒙眬中看见一只大狐狸正在不停地舔着他的脸颊。另一只狐狸蹲在他的胸脯上，温暖着他的身体。

——狐狸一家和正太郎成了亲密的朋友，所以正太郎决定把小狐狸放回到山谷里去，（出示插图）这就是小狐狸刚放出来的情景，你们看到了什么？

——多么和谐，多么温馨的画面啊！如果让你们给这个插图取一个名字的话，你们会取什么名字？并说说你的理由。《冬日里的温暖》《团聚》《瞧，这一家子》《爱的脚印》《金色的脚印》。

3. 课文为什么以《金色的脚印》为题？引导学生从多方面进行探讨。

"金色的脚印"表面意思是阳光照耀下，印在雪地上狐狸的脚印。深层次看，"金色"一般用来形容那些十分珍贵、有意义或值得纪念的东西，在这里指狐狸一家得到人们的关心而团聚，又开始了它们美好的生活；这脚印，不仅包含着狐狸一家生死相依的浓浓亲情以及它们对人类的友善，也包含着人类对其他生命的珍重与爱护。

【设计意图】"理解课文内容，体会狐狸一家及它们与正太郎之间的感情，懂得与其他生命互爱互助，和睦相处"是本节课的教学重点，老师预设了"老狐狸为了救小狐狸都做了什么？哪些情节最让你感动？正太郎和狐狸之间的关系发生了怎样的变化？为什么会有这样的变化？"引导学生按"自主感悟——小组交流——分组展示——组际互评——教师点拨"的步骤进行"互动交流"，引导学生置身其中，深入体会狐狸一家与正太郎之间的感情，懂得与其他生命互爱互助，和睦相处。"揣摩作者如何把人与动物、动物与动物之间的感情写真实写具体的"是本节课的难点，通过引导对文章重点句段的品读，学生就能很好地理解作者是抓住了狐狸的动作、神态、外貌以及正太郎的动作、心理活动把人与动物、动物与动物之间的感情写真实写具体的，这样就达到了课前的预设目标。

板块四：导练——扩读

1. 学了这篇课文，你一定重新认识了狐狸，你能为狐狸说几句公道话吗？

2. 小结：动物是可爱的，友好的，更是有感情的。大自然是人和动物的共同家园，人类要和动物和谐相处，这个世界才会更加美好！

3. 课外作业：

（1）推荐阅读《狼王梦》。

（2）以《小狐狸回家后》或者《相亲相爱的一家人》为题，续写这个故事。

【设计意图】此环节先让学生谈谈学习这篇课文后对狐狸的重新认识，与前面相呼应，从而让学生明白“动物是可爱的，友好的，更是有感情的。大自然是人和动物的共同家园，人类要和动物和谐相处，这个世界才会更加美好！”这样整堂课就显得结构严谨，浑然一体。然后向学生推荐阅读《狼王梦》，激发学生进行课外阅读的兴趣。最后引导学生课后以《小狐狸回家后》或者《相亲相爱的一家人》为题，续写这个故事，把课内知识向课外延伸。这也是学生拓展课堂内容、发展创新的高潮环节。

这是六年级语文教师杨爱武老师为“国培影子教师”展示的一堂示范课。教学中，杨老师采用了学校构建的小学语文创新性学习“四步导读”课堂教学模式进行教学，得到了听课教师与培训学员的一致肯定和高度赞扬。

【教学案例2】《蜜蜂引路》教学设计

【教材分析】本课是课标版教材第四册第七单元的一篇课文。善于观察，勤于思考的列宁，把不会说话的蜜蜂当作向导，在陌生的地方找到了自己要找的人。看来，只要肯动脑筋，许多好像不可能的事情也能办成。课文篇幅短小，情节简单，却能给人很深的启迪。

【教学目标】

1. 能正确、流利、有感情地朗读课文。
2. 理解课文内容，了解列宁利用蜜蜂引路的过程。
3. 培养学生认真观察、善于思考的科学探究意识。

【教学重点】能结合重点词句理解列宁是如何利用蜜蜂引路的。

【教学难点】能从列宁利用蜜蜂引路的事例中领会列宁善于观察和思考的特点，从中受到启发和教育。

【教学准备】多媒体课件

【教学过程】

板块一：导趣——自读

一、谜语导入

1. 同学们都喜欢猜谜，今天老师请大家猜一个谜语：小小虫，嗡嗡嗡，飞到西，飞到东，传花粉，采花蜜，人人夸它爱劳动。猜猜它是谁?

2. 师板书：蜜蜂（指导书写生字“蜂”）。

3. 勤劳的小蜜蜂本领可大了，除了传花粉，采花蜜，还会引路呢!（师板书：引路。指导书写生字“引”）

二、读题质疑

齐读课题：读了课题后你有什么问题吗?

(蜜蜂给谁引路? 列宁为什么要蜜蜂引路呢? 蜜蜂是怎样引路的? 等等)

【设计意图】俗话说得好：良好的开端是成功的一半。一个好的导语可以增强学生的学习动力，唤起学生的注意力，调动学生的多种感官，让其积极地投入到文本所设计的教学情境之中。读题质疑，以疑促思，以疑促读，利用阅读期待，激发学生的阅读兴趣。

板块二：导思——细读

一、学习生字，疏通文本

1. 自由读课文，读准字音，读通句子，长句或难读的句子要多读几遍。

2. 小组内学习生字。

3. 检查生字自学情况。

1）带拼音读，并说说自己的识记生字的方法。

出示课件：

mòsī	fù	pài	tán	yà
莫斯科	附近	派人	谈天	惊讶

2）去拼音读，课件出示：

莫斯科 附近 派人 谈天惊讶

二、再读课文，了解内容

再读课文，思考：课文主要讲了一件什么事呢?

(列宁利用蜜蜂找到养蜂人)

【设计理念】识字是小学低年级语文教学的重点。“让学生喜欢学习汉字，有主动识字的愿望，逐步形成识字能力，为自主识字、大量阅读打好基础。”这是《语文课程标准》对识字提出的要求。汉字是个万花筒，每个汉字都有丰富的内涵。因此，在识字教学中，要培养学生喜欢学习汉字的情感和主动识字的愿望，在趣味识字中培养学生的创新能力，发展智力，形成识字能力。通过学生自读，强化了对课文内容的整体感知，为提高学生对课文内容的概括能力打下了基础。

中年级语文汇报展示课

板块三：导悟——品读

一、小组合作探究

列宁为什么要找养蜂人？他找到了吗？他是怎么找到的呢？

二、小组汇报交流

预设1：

1. 列宁为什么要找养蜂人呢？你能用“因为……可是……所以……”的句式说说列宁找养蜂人的原因吗？

2. 比较句子，区别词语的细微不同。

列宁常常请养蜂的人来谈天。

往常派去找他的人不在，列宁只好亲自去找。

3. 选词填空。

往常　　　　常常

班长的学习成绩非常好，他（　）得到老师的表扬。

我们学校的校车（　）都是一个男司机开的，但最近却由一个女司机开。

【设计意图】培养学生言之有理的表达及准确理解和运用词语的能力是培养学生语感的重要手段，在此有机渗透是十分必要的。

预设2：

1. 列宁找到了养蜂人吗？哪个自然段写了他们见面的情景？

2. 在小组内分角色朗读课文，请注意人物的语气。

3. 哪个小组愿意上台来展示。

4. 指名学生评价。

通过评价引导学生体会养蜂人当时惊讶的表情，以及列宁轻松幽默的语气。

5. 全班分角色朗读。

【设计意图】言为心声。人物语言是人物思想、品德、性格、情感等方面的外在反映，或者说“物化”。离开朗读的中介，儿童往往很难理解课文，很难理解课文中的人物，当然更谈不上让人物活起来。所以我在此着力指导学生读好人物的对话。让学生在读中了解课文内容，培养阅读能力，发展思维。

预设3：

1. 列宁是怎么找到养蜂人的呢？小组以不同的形式上台汇报。

读一读：找出课文中相关的段落读一读。

找一找：找出列宁经过了哪些地方。

说一说：说说列宁找养蜂人的过程。

画一画：画出列宁找养蜂人的路线图。

2. 列宁亲自去找养蜂人了，他经过了哪些地方呢？这几个地方分别在什么位置呢？学生展示路线图，对着路线图说说列宁是怎样找养蜂人的。让我们一起跟着列宁来找找养蜂人吧！（引导背诵第3自然段）

3. 列宁为什么认为跟着蜜蜂就能找到养蜂人呢？他当时是怎么想的呢？

投影出示：

当列宁从住处出来后，他一边走一边看，发现路边的花丛里有许多蜜蜂心想……

于是，他仔细观察，只见那些蜜蜂采了蜜就飞进附近的一个园子里，园子旁边有一所小房子。列宁又想……

4. 事情的结果和列宁所想的是一样的吗？课文中哪个句子告诉了我们？

列宁走到那所房子跟前，敲了敲门，开门的果然就是那个养蜂的人。

顺势理解“果然”，请用“果然”说句话。

列宁终于找到了养蜂人，他的心情会怎么样呢？指名朗读，体会列宁高兴的心情。

5. 蜜蜂又不会说话，列宁真的是靠蜜蜂引路找到养蜂人的吗？

（靠的是列宁仔细观察、认真思考）

【设计意图】学生是学习和发展的主体。语文课程必须根据学生身心发展和语文学习的特点，关注学生的个体差异和不同的学习需求，爱护学生的好奇心、求知欲，倡导自主、合作、探究的学习方式，充分激发学生的主动意识和创新精神。在本环节采用多种合作学习方式，如读读、找找、说说、画画，让学生运用多种感官参与教学实践，亲身经历操作，努力为学生营造一个开放而富有活力的学习氛围，提供展示的机会，让学生体验到成功的喜悦，使学生真正成为学习的主人。在本环节中还应有效利用空白处发挥学生的想象，从人物的行动推想人物的内心，从而让学生更全面、深入地了解人物的品质特点。

板块四：导练——扩读

一、课堂小结，充实内涵

孩子们，观察和思考是好品质。正因为列宁善于观察，很爱思考，才让不会说话的蜜蜂会引路。此时此刻，列宁在我们心目中不正像一只会引路的蜜蜂吗？他是我们学习道路上的引路人（课件出示列宁名言），因为他的话在鼓舞着我们努力前进！让我们牢牢记住！（学生齐读）

二、推荐阅读名人故事

是呀，学习，学习，再学习！孩子们，像列宁这样会引路的名人还有很多很多，老师希望孩子们多读名人的故事，从他们身上一定能学到很多东西！

【设计意图】这是一堂课的小结，但更是孩子学习名人的引领。相信在老师的鼓励下，在这堂课的生动学习中，孩子对名人的故事产生了浓厚的兴趣。这将成为孩子阅读名人故事的开始，大大地充实了文本的内涵。

这是二年级语文课改联盟组成员张元英老师为全校语文教师展示的一堂示范课。本节课以新的课程理念为指导，根据本年级学生的特点，采用了学校构建的“小学语文创新性学习‘四步导读’课堂教学模式”，让学生在读中了解课文内容，在读中培养阅读能力，在读中发展思维，在读中陶冶情操，为学生

营造开放而富有活力的课堂。

以上案例，就是我们所提出的“四步导读”课堂教学模式的完整呈现。学生通过自主学习发现问题，积极参与探究、在互动研讨交流中解决问题，并创造性地加以运用。教师的主导、学生的主体得到完美结合。“学”、“问”、“研”、“创”四环节，让学生始终处于主体地位，自主、探究、合作学习机动地融入其中，学生对语言的理解、对人物思想的揣摩、对个性化的感悟充分体现了新课程改革提出的“三个维度”目标。

马克思主义认为，任何事物的进步和发展都依赖于改革和创新，只有不断地改革和创新，才能使事物在原有的水平上逐步提高，没有改革就没有进步，没有创新就没有发展。要大面积提高教学质量，培养社会主义现代化建设需要的“四有”人才，同样离不开对传统教学思想、教学模式的改革和创新。小学语文“四步导读”教学模式源于实践，反过来又指导教学实践，具有较强的操作性、开放性和优效性。这对于提高课堂教学效率，减轻学生课业负担，大面积提高教学质量是一个巨大的推动和促进。

第十章　小学数学创新性学习模式的建构与实施

在全面推进课程改革的进程中，如何按照新课程基本理念初步形成师生积极互动、共同发展的教学模式是我们学校新一轮课堂教学改革的一个重要问题。

传统的课堂教学模式已经不能适应时代发展的需要，老师们也普遍感到新课标给课堂教学提出了更高的要求，部分年轻教师更是无所适从，不知道怎样有效实施课堂教学活动。基于此，我们从改革传统的课堂教学模式入手，试图寻找出一条既符合时代发展需求和新课标理念，又能适合学校实际情况的小学数学创新性课堂教学模式。

模式的建构并不是目的。我们要求每一位数学教师，把握好数学教学模式的发展趋势，并灵活运用到自己的教学实践之中。

第一节　小学数学创新性学习模式的建构

新修订的《数学课程标准》（2011版）的课程目标由“双基”发展为“四基”，即在过去“基础知识”、“基本技能”的基础上增加了“基本思想”和“基本活动经验”。教育部首次把数学思想、数学活动经验这些“软任务”提升为与“双基”同等重要的“硬指标”，这给我们的课堂教学提出了更高的要求。要落实“四基”，我们的数学课堂教学又该发生怎样的改变呢?

传统的“双基”教学重视的是基础知识、基本技能的传授，讲究精讲多练，主张“练中学”，追求基础知识的记忆和掌握、基本技能的演练与熟练。而从“双基”发展到“四基”，我们不能只关注基础知识和基本技能这些理性的、形式化的结果性知识，也要关注学生在学习过程中感性的、情景化的过程性知识。因此，要真正使小学阶段的数学学习能促进学生的素养提升，有益于

学生的终生成长，知识学习的过程必须是深层的“意义建构”过程，而非表面的“形式模仿”。

2011年，学校提出了课堂教学改革应遵循的“一个中心”和“四个基本原则”（简称“四主原则”）。

“一个中心”就是一切为了学生的全面、健康、和谐、可持续发展，简称以“学生发展为本”，这是课标理念的根基。

“四主原则”即以学生为主体、以教师为主导、以问题为主轴、以实践为主线。要求教师做到：学生能学的，放手让学生自己学；学生能想的、能说的、能做的，让学生自己想、自己说、自己做；需要教师点拨的，要及时给予点拨，充分发挥教师的主导作用。

基于数学学科的特点和学校对课堂教学的要求，我们在学校建构的创新性学习“四导”教学模式的基础上，摸索出了小学数学“情境导入——尝试探究——合作交流——内化提高”“四步导学”创新性学习教学模式。

“四步导学”创新性学习教学模式，是以建构主义等理论为依据，以新课程理念为核心指导，将教学过程中促进学生素质发展的各种因素进行优化组合而形成的新型教学结构。强调以学生发展为本，以培养学生创新精神和实践能力为目标，重视学生自主探究与合作交流能力的培养。

小学数学“创新性学习”课堂教学结构（四步导学）

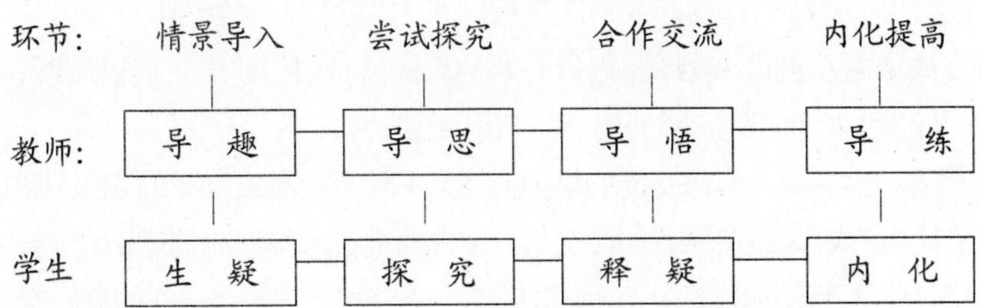

小学数学“四步导学”创新性学习教学模式的操作要点为：

1. 导趣——生疑（情景导入）。

教师根据教学内容或学生的实际设置一定的学习情境，激发学生的学习情感，调动学生学习的主动性；同时，让学生从熟识的情景中发现数学问题。

“情境导入”应关注学生的生活经验，选择学生身边的、感兴趣的事物，

为培养儿童自身的学习能力、创造能力和自我发展能力创设一个广阔的空间

提出有关的数学问题，努力为学生创设一个“生活化”情境，让学生在生动具体的现实情景中开始数学学习，体验和理解数学。

2. 导思——探究（尝试探究）。

“疑”是创新性学习课堂教学的主轴，也是学生学习的关键。教师要运用多种方法，引导学生积极地独立或合作进行尝试性探究，教师适时进行指导。

著名数学家波利亚认为：“学习任何知识的最佳途径，都是自己去发现。因为这种发现理解最深刻，也容易掌握其中规律、性质和联系。”因此，教学中必须引导学生去观察、思考、探究。

3. 导悟——释疑（合作交流）。

其中包括：“尝试探究”后的汇报交流；对学生新发现或仍然不懂的问题，组织学生进行合作学习或再次进行深入的探究，解决疑难问题或突破教学的重点或难点。期间，教师要进行必要的点拨或精讲，让学生自悟破疑；同时还要引导学生梳理问题、归纳要点，“悟”出结论。

倡导自主探究、合作交流的学习方式，实际上是激发学生的积极性和创造性，使其成为知识的发现者和研究者，自主探究、合作交流的意识和能力是现代人应具备的素质。此环节为学生提供了一个有利于交流与合作的良好空间。

4. 导练——内化（内化提高）。

教师继续抓住疑问这根线，寓疑于各种练习之中，让学生动笔，以巩固学生所学的知识，提高解题能力，并鼓励学生通过练习提出新问题；采用多种“导创”方法，让学生在学习中得到“创新”，提高学生的创新学习能力；引导学生对所学习的内容或方法进行必要的归纳与总结（“归纳与总结”既可以放在“练习”前，也可以放在“练习”后）。同时，教师还要引导学生进行一定的

自我评价，提高学生的自我评价和自我反思能力。

第二节　小学数学创新性学习模式的实施

众所周知，教学有法而无定法。我们反对用整齐划一的标准去穷尽可能发生的一切，主张“模”而不“一”。教师要根据不同教学内容、不同的学习对象灵活运用小学数学“四步导学”创新性课堂教学模式。

【教学案例1】异分母分数加减法

教学目标：

1. 理解异分母分数加减法的算理，并能正确地进行计算和验算。

2. 让学生经历异分母分数加减法计算方法的探究过程，认识将新知识转化成旧知识是获得知识的重要途径，体验转化的数学思想，培养学生的推理能力和概括能力。

3. 感受探索数学知识的乐趣，进一步培养学生良好的验算习惯。

教学过程：

一、导趣——生疑

课件出示情境图：手工课上同学们用纸片折自己喜欢的玩具：小林用一张纸的$\frac{1}{2}$折了一只小船；小敏用同一张纸的$\frac{1}{4}$折了一架小飞机。

提出问题：你能根据以上信息提出分数加减法问题并列出算式吗？

生1：小林和小敏一共用了这张纸的几分之几？算式是：$\frac{1}{2}+\frac{1}{4}$。

生2：小林比小敏多用这张纸的几分之几？算式是：$\frac{1}{2}-\frac{1}{4}$。

揭示学习任务：这两个算式分别是异分母分数加法和减法，怎样计算异分母分数加减法正是我们今天要研究的内容。

【点评】在“导趣——生疑”环节中，教师先出示情境图，让学生根据情境图中的信息，提出问题；在此基础上，再让学生按分母的特点归类出两类分数——分数加、减法；然后设疑“我们已经学过同分母分数加减法了，异分母分数加减法又该如何计算呢？”从而激发了学生的探究兴趣，也唤醒了学生已有知识和经验。

二、导思——探究

课件出示“导学指南”：

□ 先估一估，再试着算一算 $\frac{1}{2}+\frac{1}{4}$ 和 $\frac{1}{2}-\frac{1}{4}$，并验证计算结果。

□ 在小组内说说自己的想法和做法，探讨解决自己的疑惑，并记录小组不能解决的问题。

□ 与小组成员一起讨论归纳异分母分数加减法的计算方法。

同学们根据“导学指南”的要求完成学习任务，并将小组研究的成果展示在小黑板上。

学生自主探究，之后小组交流。

小组汇报：每个小组都已经展示出了自己的研究成果，哪个小组愿意先来汇报？

组1：我们组是这样想的：异分母分数加减法我们没有学过，但同分母分数加减法我们学过了，于是我们先把 $\frac{1}{2}$ 和 $\frac{1}{4}$ 通分转化成 $\frac{4}{8}$ 和 $\frac{2}{8}$，这样我们就算出 $\frac{1}{2}+\frac{1}{4}=\frac{4}{8}+\frac{2}{8}=\frac{6}{8}=\frac{3}{4}$，$\frac{1}{2}-\frac{1}{4}=\frac{4}{8}-\frac{2}{8}=\frac{2}{8}=\frac{1}{4}$ 了，我们用下面的图验证了计算结果是正确的。

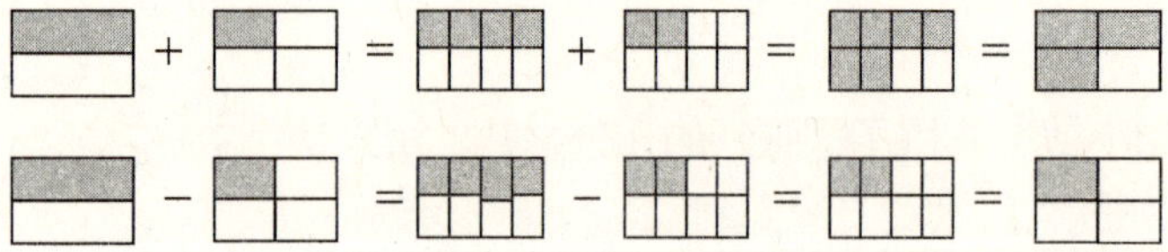

组2：我们组也是用通分的方法，但我们是把“4”做公分母，我们的算式是 $\frac{1}{2}+\frac{1}{4}=\frac{2}{4}+\frac{1}{4}=\frac{3}{4}$，$\frac{1}{2}-\frac{1}{4}=\frac{2}{4}-\frac{1}{4}=\frac{1}{4}$，我们是用折纸涂色的方法验证的。

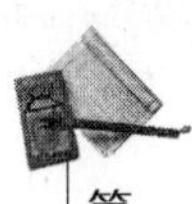

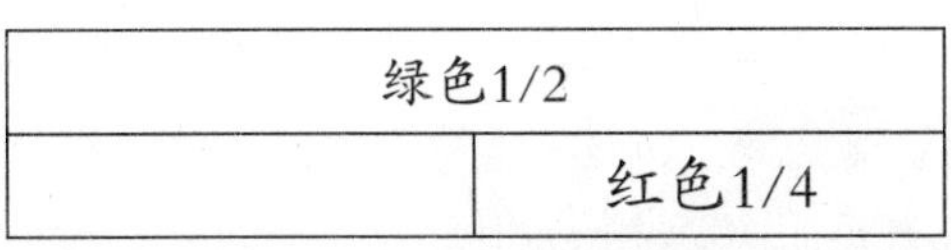

师：还有用不同的方法计算$\frac{1}{2}+\frac{1}{4}$和$\frac{1}{2}-\frac{1}{4}$吗？

组3：我们组用了两种方法，一种是通分，还有一种是化成小数来计算：$\frac{1}{2}+\frac{1}{4}=0.5+0.25=0.75=\frac{3}{4}$，$\frac{1}{2}-\frac{1}{4}=0.5-0.25=0.25=\frac{1}{4}$，我们是用画线段图来验证的。

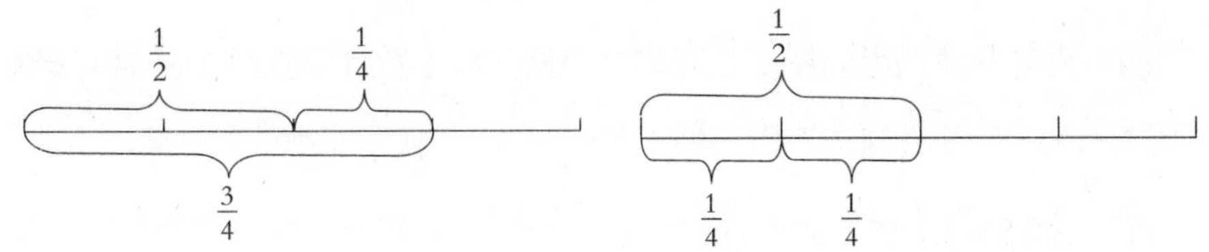

我们觉得：异分母分数加减法可以先通分化成同分母分数，再按照同分母分数加减法的方法计算，也可以化成小数来计算。

【点评】在“导思—探究”环节中，教师紧紧抓住“疑问”——“异分母分数加减法怎样计算？”并通过“导学指南”给学生提出明确的探究任务，引导学生经历异分母分数加减法计算方法的猜想、验证、归纳的过程，给学生提供了充分从事数学活动的时间和空间，将学习的主动权还给了学生。

三、导悟——释疑

师：每个小组都已经展示出了自己的研究成果，下面我们一起来讨论几个问题。

师：前两个组都是运用通分的方法，你喜欢哪一组的？理由是什么？

生1：我喜欢第二小组的，因为用最小公倍数做公分母比较简便，用“8”做公分母不仅不简便，算出的结果还要约分。

生2：我想问他们为什么要通分？

生3：因为$\frac{1}{2}$和$\frac{1}{4}$的分母不同，也就是分数单位不同，不能直接相加减，通分后转化成同分母分数，分数单位相同了就能直接相加减了。

王小红老师执教的“异分母分数加减法”

生4：我想补充，我觉得分数单位不同不能直接相加减，就像十位上的2不能和个位上的3直接相加得5一样，所以要先通分，统一分数单位。

师：没错，分数单位不同就是计数单位不同，不能直接相加减，要先统一计数单位才能相加减。

师：对于第三组的观点，你们有什么看法？

生1：我觉得他们组的做法是对的，但是化成小数计算这种方法具有局限性，因为有的分数不能化成有限小数，例如：$\frac{1}{2}+\frac{1}{3}$就不能用小数计算。

生2：我也觉得用通分的方法好些，它适合于所有的异分母分数加减法。

生3：我有不同的意见：虽然通分适合于所有的异分母分数加减法，但是并不一定是最好的方法，我觉得有时候化成小数计算还简便些，例如：$\frac{1}{125}+\frac{7}{10}=0.08+0.7=0.708$。(生鼓掌)

师：说得好！虽然化成小数计算具有局限性，但我们还是应该根据数字的特点灵活地选择计算方法。

师：把异分母分数转化为同分母分数来计算和转化成小数来计算这两种方法有什么共同之处？

生1：都用了转化的方法。

生2：都是把我们还没学过的知识转化成了已经学过的知识。

师小结：说得太好了，刚才同学们通过“猜想——举例——验证——归纳”的过程，成功地运用已有知识探索出了异分母分数加减法的计算方法，真了不起。像这样将新知识转化成旧知识，再根据新旧知识之间的联系解决新问题，并加以验证，是我们学习数学的一把金钥匙，有了这把钥匙，我们能打开更多的数学奥秘之门。

板书：猜想 ——举例——验证　　归纳　　新知识 $\xrightarrow{\text{转化}}$ 旧知识

【点评】在“导悟—释疑”环节中，教师在展示出各组的研究成果后，引导学生相互质疑：“这两个组都是运用通分的方法，你喜欢哪一组的？理由是什么？”“对于这种方法，其他组的同学还有什么想说或想问的吗？”“对于他们组的观点你有什么看法？”学生通过画图、折纸、用小数验算等多样化的计算方法和验证方法，实现了方法多样化，有效地培养了学生思维的灵活性，也促进了学生思维的“深入”。

比如，当学生从“$\frac{1}{2}+\frac{1}{4}$和$\frac{1}{2}-\frac{1}{4}$”可以用小数计算推理异分母分数加减法都可以转化成小数来计算时，有学生立即提出用小数计算具有局限性，“像$\frac{1}{2}+\frac{1}{3}$就不能用小数计算，而先通分再按照同分母分数加减法的方法计算适合于所有的异分母分数加减法”。正当学生达成异分母分数加减法先通分再计算比较合理的共识时，又有学生发表了不同的见解：“虽然先通分再计算适合于所有的异分母分数加减法，但是有时用小数计算还简便一些”，并且举出了“$\frac{1}{125}+\frac{7}{10}=0.08+0.7=0.708$”的例子。

在这样的讨论交流中，学生的思维被逐渐引向了深入。学生在理解异分母分数加减法先通分再计算的普适意义时，并没有囿于这种方法，这种同中求异、不盲目照搬正是培养创新性人才所应具备的品质。通过此环节教学活动，学生探究出了异分母分数加减法的计算方法的同时，积累了数学活动经验，感悟到了其中蕴含的数学思想和方法，实现了学生知识的深层“意义建构”，使“四基”得到了有效的落实，促进了学生的自我发展。

四、导练——内化

1. 先涂色，再填空。

（　　）+（　　）=（　　）+（　　）=（　　）

2. 选择合适的方法计算。

$\frac{2}{9}+\frac{1}{2}$　　$\frac{5}{6}-\frac{1}{3}$　　$\frac{3}{10}+\frac{1}{4}$

教学中老师引导学生观察、思考、探究

3．小明说：一本书，我三天看完，第一天看了全书的$\frac{1}{4}$，第二天看了全书的$\frac{3}{8}$，第三天看了全书的$\frac{1}{3}$。他说得对吗？为什么？

【点评】在“导练——内化”环节中，教师继续抓住异分母分数加减法计算方法这条主线，设计各种不同的练习，如画图涂色、选择合适的方法计算、解决问题等，加深了学生对异分母分数加减法计算原理的理解和内化，并培养了学生灵活运用知识解决问题的能力。

【教学案例2】圆锥的体积

教学目标：

1. 使学生掌握圆锥体积的计算公式，并能运用公式正确地计算圆锥的体积。

2. 通过“猜想—验证”的学习方式，学生体验圆锥体积公式的推导过程，对实验过程进行正确归纳得到圆锥的体积公式，并能利用公式正确计算。

3. 渗透知识间“相互转化”的辩证唯物主义思想。

教学重点：理解圆锥体积的计算公式并能运用圆锥体积公式正确地计算圆锥的体积。

教学难点：通过实验的方法，得到计算圆锥体积的公式。

教学过程：

一、导趣——生疑

（一）出示情景画面，从生活中发现数学问题并大胆猜测：

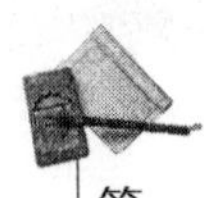

出示画面：夏天到了，小明到冰激凌店买冰激凌，他看上了两种冰激凌（图片分别是圆柱形和圆锥形）：圆柱形冰激凌，底面积是20平方厘米，高是10厘米，单价：78元；圆锥形冰激凌，底面积是20平方厘米，高是30厘米，单价是78元。讨论：到底选出哪种冰激凌更划算呢？

（预设：①买圆柱形的划算，理由是这种比圆锥形的个大。②买圆锥形的划算，这种比圆柱形的高。③不能确定，不知道谁的体积大，无法比较。④买哪个还要看他们的体积。）

（二）揭示课题，明确本节课的学习任务：

1. 先让学生想解决的办法：对于大家的猜测，我们怎么来判断哪种对呢？你有什么方法？（从实物中抽出图形）

2. 这节课我们一起来研究圆锥体积的计算方法。

【设计意图】这一环节通过学生感兴趣的生活问题引入课题，让学生对本节课的知识产生了探究下去的动力，激发学生的探究欲望，同时也使学生清楚本节课的学习任务。

学习方式的指导：通过学生对生活问题进行猜想，使学生认识到其中所包含的数学问题，并由此引导学生再想一想你有什么解决方法。

二、导思——探究

（一）通过操作，体验圆锥体积公式的推导过程：

1. 回到情境中，明确情境中的圆柱和圆锥是等底不等高的情况。

2. 出示4组圆柱和圆锥：等底等高；等底不等高；等高不等底；不等高不等底。（不等的情况均为3倍关系）

要求：①每小组选两组图形进行实验；②必须选择其中与情境相同的一组实验，然后再选择另外的一种。

请各组同学小组讨论选择结果。

3. 操作实验，填好报告单。

	实验类型	发现结果
1		
2		

4. 汇报结果，展于实验报告单。

教师在学生汇报的过程中进行大致归纳：

	实验类型	发现结果
1		
2		
3		
4		

【设计意图】①与情境相联系，自然过渡，同时使学生认识柱、锥之间存在着等底不等底的情况。②每个小组都选择两组图形进行操作实验，这样比以往的一组学生的操作性更强，观察面更广。学生通过对不同情况的操作满足了学生的求知欲望和需求，同时为学生的归纳做好了铺垫。③在小组合作中对问题进行操作解决。④汇报既是对刚才的操作过程有一个反馈，同时也是使学生对知识有一个整体的把握，为下边的归纳提供基础。

学习方式的指导：通过学生以小组为单位自主选择实验用具进行操作验证，使学生充分地体验整个探索的过程，体会到操作实验是数学学习中的一种重要的学习方式。

三、导悟——释疑

1. 学生试着归纳结果：圆锥的体积公式。

2. 师生共同归纳圆锥的体积公式：圆锥的体积等于和它等底等高圆柱体积的三分之一。

正确书写公式：圆锥体积 $=\frac{1}{3}\times$底面积$\times$高

字母公式：$V=\frac{1}{3}SH$

(重点理解：等底等高)

3. 利用公式解决问题，巩固对公式的理解：

（1）回到情境中，用公式进行验证，看谁的选择是正确的。（选择两种都可以，因为它们的体积是一样的。）

（2）练习：口答：

① 圆柱体积是圆锥体积的3倍。（　　）（判断对与错，并说明理由）

② 一个圆锥体的体积是a立方米，和它等底等高的圆柱体的体积是（　　）。

③ 一个圆柱体的体积是12立方米，比与它等底等高的圆锥体积多（　　）倍，多（　　）立方米。

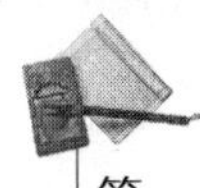

【设计意图】①让学生先对刚才的操作进行归纳，使学生对操作过程有一个完整的体验过程，也体现出教师对学生的尊重。同时在学生归纳的过程中老师还可以通过学生的回答捕捉到学生在此阶段是否还存在问题，存在什么问题。此环节体现了学生的“四个先”。②得出公式，为操作实验的过程画上圆满句号。③不脱离情境，我们操作的最初目的就是为了解决情境中的问题，所以在这里要情境中把问题解决，同时也使学生对公式的应用得到了练习。④对实验中得到的公式加深理解；对学生的空间想象力加以训练；拓宽知识。

学习方式的指导：通过先让学生自己试着对推导过程进行总结归纳，体现课堂上的“四个先”。尊重了学生的认知，给学生体验成功的机会，然后再进行师生共同归纳，更重要的是使学生进一步体验了探索的完整性。

四、导练——内化

（一）基本练习：根据自己本节课的学习情况，选择一题完成：

1. 一个圆锥体的零件，底面积是19平方厘米，高是12厘米，这个零件的体积是多少？

2. 一个圆锥体的零件，底面周长是12.56平方厘米，高是12厘米，这个零件的体积是多少？

我们不能带领他们走遍世界每个角落，
但我们却能把掌握知识的方法教给学生

（二）变式练习：

1. 圆柱内的沙子占圆柱的(　)，把这些沙子倒入（　）内正好倒满。

2. 一个圆锥的体积是5立方厘米，比与它等底等高的圆柱小（　）立方厘米。

（三）开放练习：

要在一个长方体中放一个最大的圆锥（出示长方体），想一想，怎样放体积最大？

【设计意图】第四次学习方式的指导：通过学生根据自主学习情况进行习题的选择，进一步巩固了对知识的理解与应用，更重要的是满足了不同孩子的需求，使每一个孩子都能体会到学习的快乐。

第十一章　小学英语创新性学习模式的建构与实施

英语作为一门语言课，在其教学中怎样培养学生的创新学习能力，正日益引起人们的重视。

小学英语学科最重要的就是要培养学生的学习兴趣。小学生有着爱说爱闹的孩子气，他们无所顾忌，敢想、敢说、好动，求新求异的愿望强烈。因此，适时渲染课堂氛围是英语课堂教学的关键。

我们构建了小学英语巧设情境、主体参与"S+4P"创新性学习课堂教学模式，有利于调动学生学习英语的积极性，发挥学生学习中的主动性和创造性，使学生创新学习能力得到了较好的培养与发展。

教学中我们也发现：不同的学段、不同的班级、不同的课型、不同的教学内容在运用巧设情境、主体参与"S+4P"创新性学习教学模式时还是有一定的差异，因而，在创新性课堂教学模式需要教师灵活多变，使每一堂课都富有个性、充满灵性。

第一节　小学英语创新性学习模式的建构

《英语课程标准》指出："小学英语教学的主要目标是激发和培养学生的学习兴趣，使学生掌握一定的语言基础知识和基本技能，培养学生初步运用英语进行交际的能力以及发展学生的智力和个性。"小学英语教学的基本理念同样是"以人为本"，其根本目的是帮助学生掌握学习英语的方法，培养学生终身学习的能力。

新课程改革要求现代小学英语课堂教学要改变过去重视语法及词汇知识的讲解与传授，改变课程实施中接受学习、死记硬背、机械训练的现象，倡导体验、实践、参与、合作与交流的学习方式。正如课标所指出的“要让学生在真实的情境中体验和学习语言”。

英语课改联盟组成员正在研讨“任务驱动式”教学模式在课堂教学中的运用

作为新时期的英语教师，不仅仅是语言知识的传授者，还应该是学生语言技能的培养者、学生个性发展的辅助者、学生学习的指导者。为了让学生真正掌握所学语言，并能应用于实践，我们应想方设法为学生创设情境，巧设任务，组织好每一项课堂活动，打造生活化的英语课堂，让学生成为课堂的主人，多创造机会让学生在充满生机的课堂中找感受、谈体验，大胆探求，畅所欲言，让学生时刻处在自主、体验、实践、参与、合作和交流活动中，从而帮助学生建立学习的成就感和自信心，为学生发展及潜能的发挥提供尽可能大的空间。这样，学英语不再是一种抽象的语言学习，而是有血有肉、和生活紧密相连的具体形象的活动。这正如丹麦语言学家斯帕森所说，“学外语像游泳一样，学生必须潜在水中，而不是偶然沾沾水，学生浸泡在水中，才感到自由自在，这样他们才能够像一个熟练的游泳者那样乐在其中”。

基于这一认识，我们构建了小学英语巧设情境、主体参与“S+4P”创新性学习课堂教学模式。巧设情境、主体参与“S+4P”小学英语创新性学习模式中，“S”即Situation，要求教师发挥自己的教学智慧，依据所要教学的内容，在课堂中巧妙地创设情境；“4P”即课堂教学的四个步骤，老师通过引导学生在精心设置的情境中有计划有步骤地开展形式多样的教学活动，完成具体的交际任务，让学生亲身体验，大胆实践，积极参与，共同合作和交流，使其语言交际的能动性和创造性得到充分发挥。

小学英语创新性学习课堂教学结构

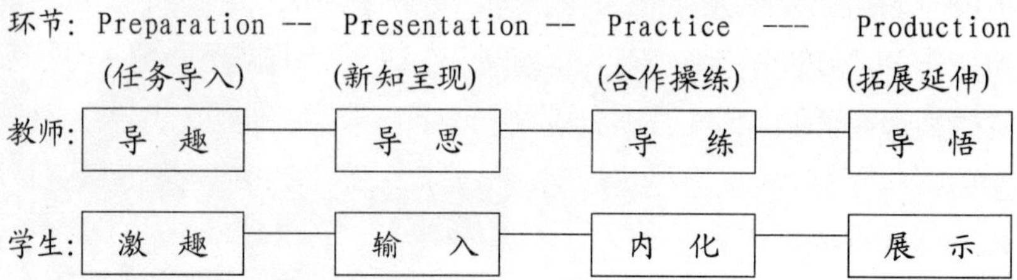

1. Preparation(情境导入，布置任务)。

巧设情境、主体参与“S+4P”教学模式的第一步是Preparation(情境导入)。俗话说，“良好的开端是成功的一半。”要想酝酿一堂完整而成功的英语课，首先设计一个精彩的导入是十分必要的。教师可以依据本单元的主题巧妙地创设情境，布置任务，快速吸引他们走入本课的学习，通过完成情境设置下的各项活动实现对旧知的复习和新知的引入，利用富有吸引力的任务激发他们的学习兴趣和求知欲，为后面的精彩呈现做好充分的准备。

2. Presentation(精彩呈现)。

巧设情境、主体参与“S+4P”教学模式的第二个步骤是Presentation(精彩呈现)。精彩呈现是在情境导入中复习旧知的基础上，将新知识呈现，并突破学生学习中的重难点，为下一步学生自主探究打好坚实的基础。在这一步骤中，教师精心设计与教学任务类似的语境，通过重点句型入手，抓住语篇关键词句，不着痕迹地将重难点一一呈现，重难点的顺利解决能让学生在接下来的合作探究中水到渠成。

3. Practice（合作操练）。

合作操练是我们整个教学设计中不可忽视的一个环节，通过前面的学习，基本完成知识的输入，而教师需要对学生进行收敛式的思维训练，以期达到熟练运用语言的目的。在这一环节中，教师准备了三种不同梯度的表演方式：“I can show”、“ I can read”、“I can make”。让学生根据自己的能力自主选择其中一种在小组内合作探究，练习并表演，表演成功就能为本组赢得相应分值。这种方式大大提高了学生的参与热情，培养了积极的学习态度，且让不同层次的学生都能体验到成功的感受，从而让知识真正内化。表演过程中，学生综合运用语言的能力和创造能力也将得到真正提高。

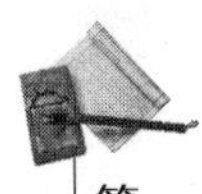

4. Production（拓展活动）。

巧设情境、主体参与“S+4P”阅读教学模式的第四个步骤是Production(拓展活动)。语言学习的最终目的是为了交际。在这一步骤中教师应科学而高效地设计各种活动或任务，并且最好能够激发学生参与的积极性，供学生在任务达成的过程中积极应用所学语言进行交际与展示，为他们的书面和口头表达提供练习平台。

第二节　小学英语创新性学习模式的实施

巧设情境、主体参与“S+4P”小学英语创新性学习模式要求教师依据所要教学的内容，在课堂中科学巧妙地设置情境，布置任务。老师通过引导学生在精心设置的情境中开展形式多样的教学活动，让学生亲身体验，大胆实践，积极参与，共同合作和交流，从而淡化课堂意识，达到教无痕的效果。当然，在具体的实施过程中，针对不同的年级和不同的教学内容，教师要灵活采用不同的教学策略。

【案例一】

PEP小学英语五年级上册

Unit 3 My birthday

The second period (对话教学)

教学内容：PEP Grade5 Unit3 Part A Let's talk

教学目标与要求：

1. 能够听、说、读、写句型“When is your birthday? ” “My birthday is in February.” “Is your birthday in February， too? ” “ No， my birthday is in...”

2. 能够使用句型“How many birthdays are there in January? ” “ There are...”进行生日情况调查并填写好调查表。

3. 能够听懂、会唱歌曲“When is your birthday”。

4. 了解中西方主要节日所在的月份及父母、同伴的生日。

学情分析：

五年级的学生上课思维活跃，好表现，有一定的英语基础，因而有着较强的表现欲，加上学校一直坚持小组合作学习方式的训练，学生乐于合作学习，小组探究的能力也非常强。因而只要老师精心创设情境，设置任务，为学生提供较好的语言环境，大部分学生能够运用所学的语言大胆进行交际。当然也有些学生基础差点，缺乏足够的自信，需要老师多鼓励，多花心思创造较多的机会给他们，让他们感受到成功的体验，从而提高他们学习英语的兴趣。

教材分析：

本单元主题为"When is your birthday? "主要内容是学会12个月份的名称以及谈论有关生日、中西方重要节日的话题。本课时为第二课时，是在学生基本掌握12个月份名称的基础上，学会运用不同的方式询问并回答某人生日在哪一月份，以及了解中西方的重要节日。教学内容与学生生活密切相关，句型也容易上口。

教学重、难点分析：

1. 重点是强化第一课时的句型"When is your birthday? " "My birthday is in..."听、说、认读新句型"Is your birthday in，too? "

2. 教学难点是使用多样化的询问方式了解别人的生日。

课前准备：教学课件；小组生日调查表。

教学步骤：

一、Preparation

1. 师生一起说唱Let's chant（P26）。

2. Free talk：

What day is it today? What's the weather like today? Which season is it now? Which months are spring\summer\fall\winter?

3. Guessing game: Which month is missing?

【设计意图】师生一起进行与课堂内容密切相关的TPR 互动活动，快速唤醒学生的课堂意识，营造浓厚的英语氛围和师生之间的融洽气氛，也为新课做了铺垫。然后从当天的天气入手，自由谈话引出一年中四季的各个月份，带领学生不知不觉了复习了12个月份名称，然后设计一个guessing game 环节，即在展现了12个月

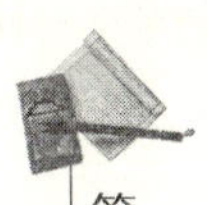

份之后，任意消失其中的一个月份，让学生猜哪个月份不见了，用以复习难读、难记的月份名称，巧妙地突破了月份教学的难点，也为接下来的新课教学打下了基础。

4. Show a birthday chart of Mike's class, and talk about "Whose birthday is in January\February...? How many birthdays are there in May\March..."

5. Task for today:

I' d like to have a birthday party for you, Let's make our group birthday chart. I' ll choose the month in which most students have the birthdays .（请每个小组制作一个生日表，我将选择生日最多的那个月，在我们班举办一次生日聚会。）

【设计意图】向学生展示一张制作好了的生日表，并指导学生运用相关句型谈论表上信息，同时给学生布置本节课的任务：制作一张小组生日表，老师将选择合适的月份举办生日宴会。任务设计贴切可行，大大地调动起了学生的学习热情。

二、Presentation

1. T: Now I want to know your birthdays.

When is your birthday?

S1: My birthday is in...

S2: My birthday is in...When is your birthday...?

S3: My birthday is in...

2. Let's try.

Listen and answer the questions:

When is Chenjie's birthday?

How about her father and mothers birthday?

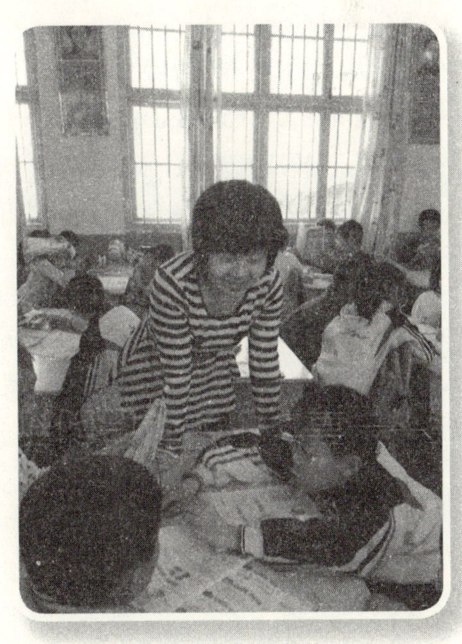

汪小玲老师执教的
"Unit 3 My birthday ——The second period "

【设计意图】要制作生日表，我们先要互相了解对方的生日，教师在此环节指导学生运用第一课时已接触的句型"When is your birthday ? My birthday is in..."进行师生之间、生生之间的互相问答，然后通过完成听力任务Let's try，进一步加强对此句型听、说、读的教学，也为本节课的新句型教学搭桥铺路。

3. 教学句型：Is your birthday in...?

Yes，My birthday is in...

No，my birthday is in...

T: Amy's birthday is in February... Is your birthday in February，too? (板书)

S1:No，my birthday is in...(指导学生根据自己的生日月份回答)

接着继续随机与学生对话：

T: S1's birthday is in...，Is your birthday in...?

S2:No，My birthday is in...

4. Pair work：Ask and answer in pairs。

【设计意图】通过谈论Amy 一家人的生日，教师由看似无意的对话自然引出新句型“Is your birthday in...，too?”并指导学生用合适的语言进行回答。然后布置pairwork，用新学句型去了解同桌的生日，创造机会让学生完成知识的内化。

5.Guessing game：

教师课件呈现本班学生，老师及一些明星的照片，并向学生提问：When are their birthdays? Can you guess? 引导学生运用已学句型做猜一猜的游戏。当学生猜对了，教师就出示正确的月份（照片反面）并回答：Yes，his/her birthday is in……同时给猜对的同学所在的小组加分。

【设计意图】利用本班同学和老师，还有明星的照片来完成这个游戏，贴近学生的生活，能激发学生积极参与游戏的热情，从而激发学生的学习兴趣、好奇心和求知欲，同时也让学生自然生动地完成了新学句型的操练，避免了机械枯燥的操练方式。

6. Let's talk：

a. 播放对话视频，Listen and answer:

(1). When is Amy's birthday?

(2). Is Mike's birthday in February，too?

(3). How about Zhangpeng's birthday?

b . Read the dialogue after the tape .

三、Practice

1. Practise in groups：

“ I can read”：能流利地分角色读对话。（得分80）

“I can show”：能流利地分角色表演对话。（得分90）

“I can make”：能根据实际情况自主编一段对话，并表演出来。（得分100）

2. Act out：

【设计意图】教师准备三种不同梯度的表演方式，让学生根据自己的能力自主选择其中一种在小组内合作探究，练习并表演，表演成功就能为本组赢得相应分值。这种方式大大提高了学生的参与热情，培养了积极的学习态度，且让不同层次的学生都能感受到成功的体验。表演过程中，学生综合运用语言的能力和创造能力也将得到真正提高。

3.Sing a song：When Is Your Birthday?

4.指导学生用自己生日的月份替换歌词，小组内唱一唱。

【设计意图】适时地运用歌曲活跃课堂气氛，轻松享受课堂愉悦。运用填歌词的形式让小组内操练重点句型，进一步巩固了目标语言，更为课堂增加了乐趣。

四、Production

1. Group work:

Task：Let's make our group birthday chart.

（让我们一起制作小组生日表。）

Group Birthday Chart

January	February	March
April	May	June
July	August	September

October	November	December

2.Talk about the birthday chart:

There is one birthday in...;

There are... birthdays in...。

【设计意图】让学生以小组为单位，自由运用已学句型了解小组成员的生日，制作小组生日表，然后，小组内推选一人介绍调查结果。通过完成切实可行的任务，为学生的语言交际提供了真实的场景。

3. 了解各个月份的节日：

a.Look at the pictures， ask and answer:

When is National Day\Teachers' Day...?

It's in October....

b.Let's chant :（配乐说唱）

January， January， New Year's Day in January.

March， March，Tree-planting Day in March.

June， June， Children's Day in June.

August， August，Army Day in August.

October ， October， National Day in October.

December， December，Christmas Day in December.

【设计意图】通过展示节日的图片，让学生了解不同的节日风俗，丰富了学生的知识；配上富有节奏感的音乐完成儿歌说唱，增添了不少趣味。

4.Summary.

5.Homework.

用英语询问家人的生日，制作一张家庭生日表。

【设计意图】学以致用，用已学的语言完成生活中的真实任务，让课外作业生活化，让英语走进生活，让学生在活动体验中活化语言，从而达到语言学习的真正目的。

6: Blackboard Design:

Unit 3 My birthday

When is your birthday?

My birthday is in...

Is your birthday in... too?

No， my birthday is in...

【案例二】

PEP小学英语四年级上册

Unit 4 My home

Let's learn &Let's do(词汇教学)

Teaching contents:

Grade 4 Unit 4 Part A Let's learn&Let's do

Teaching aims and demands:

1. Students are able to grasp the following words: living room，bathroom， kitchen， study， bedroom.

2. Students are able to say "Where's Amy? Is she in the study? " and they are able to use it to talk freely.

3. Students are able to chant: Let's do.

4.Students have a feeling of love their home.

英语课堂上同学们把手举得高高的

Teaching material analysis:

In unit 4，We will learn some words of their home. Students can describe their home with these words.

Key points & Difficult points:

1. How to read the words: bedroom kitchen

2. Let's do

Teaching aids:

CAI word cards

Teaching method:

the communicative approach, the task-based method,

the TPR approach, the Phonics approach, Cooperative learning group

Teaching procedure: 英语课堂上同学们把手举得高高

Step1: Preparation

Greeting

Flash pictures on the PPT, Review the words of things in the classroom.

3. Sing a song "My home"

4. Show Huitailang and Meiyangyang's home, then introduce their homes

His/Her name is... This is ...'s home,

Is it beautiful? Let's go and see.

5.Task for today: Find Meiyangyang(寻找美羊羊)

规则：灰太狼在美羊羊家能抓到她吗？请同学们帮助美羊羊，如果顺利读出单词、说唱、对话，美羊羊就获救了！

【设计意图】简单的问候、欢快的音乐让学生快速地进入到英语的学习环境中，老师首先让同学们一起参观灰太狼和美羊羊的家，然后告诉他们，今天灰太狼要到美羊羊家里来抓美羊羊，灰太狼在美羊羊家能抓到她吗？在孩子们啧啧的赞叹声中，老师不失时机布置了一个小任务：请同学们帮助美羊羊，如果顺利读出单词、说唱、对话，美羊羊就获救了！学生一听，兴趣来了……急着想知道怎样才能帮助美羊羊呢？这样，教师根据学生的喜好和本单元的教学任务巧设情景，先声夺人，用最短的时间，让学生进入最佳的学习状态。

Step 2: Presentation

1. Living room

Play knocking sound, Grey Wolf appeared. Show a picture of living room.

T：Grey Wolf is coming， he is in Meiyangyang's home.

T：What can you see in the picture?

Ss: I can see...

T：Where is he? （Play Audio：I'm in the living room.）

Ss: living room

1) Teacher shows the cards on the blackboard， Students find the word that they heard.

2) Let students pronounce the living room according to the hint of phonics.

3) Teach the students do the action of watch TV：Go to th living room， watch TV.

2. Kitchen

Show a picture of kitchen.

T: It's 12:00， he's hungry， he wants to have a snack.

T: What's in it ?

Ss: I see hamburger， coke...

T:Where is he ? (Play Audio：I'm in the kitchen.)

1) Teacher show the cards on the blackboard， Students find the word that they hear.

2) Let students pronounce the kitchen according to the hint of phonics.

3) Teach the students do the action of have a snack：Go to the kitchen， have a snack.

3. Bedroom

Show a picture of bed. He's full. He wants to have a nap.

T: What's this ?

Ss: It's a bed.

T: Where is he ? (Play Audio：I'm in the bedroom.)

1) Teacher shows the cards on the blackboard， Students find the word that they hear.

2) Let students pronounce the bedroom according to the hint of phonics.

3) Teach the students do the action of have a nap: Go to the bedroom， have a

nap.

4. Study

T: Where is he？ Can you guess? Present the new sentence.

T: Is he in the living room/kitchen/bedroom? (引导学生提问)

Students：Yes， he is / No， he isn't.(Play Audio: I'm in the bedroom.)

1) Teacher shows the cards on the blackboard， Students find the word that they hear.

2) Let students pronounce the study according to the hint of phonics.

3) Teach the students do the action of read a book: Go to the study， read a book.

5. Bathroom

播放洗澡的水声：Listen， He is taking a shower. Where is he?

1) Teacher shows the cards on the blackboard， Students find the word that they hear.

2) Let students pronounce the bathroom according to the hint of phonics.

3) Teach the students do the action of take a shower: Go to the bathroom， take a shower.

美羊羊暂时躲过了灰太狼的追捕，继续努力吧！

【设计意图】为了完成living room， kitchen， bedroom， study， bathroom等名词的教学，老师根据四年级孩子的性格、喜好，先创设了灰太狼到美羊羊家抓美羊羊的大情境，然后又根据情境任务创设不同的小情境来一一呈现新授单词，引出新句型“Is he in the ...？”以及“Let's do”的新短语，进行操练。这样以兴趣为先导，以情景教学为主要形式，调动学生的学习积极性，不断变化的场景，吸引着学生的注意力，使学生在愉快轻松的气氛中习得知识。

Step3: Practice

1. Listen and read the words.

2. What's missing? (快速说出消失的图片)

3. Read the moving pictures. Students guess “Where is Xiyangyang”.

S1:Where is Xiyangyang? Is she in the ...?

S2: Yes，she is ./No， she isn't.

4. Let's do.

Students do the action together and also students guess as I do.

【设计意图】为了更进一步掌握新学的单词、短语和句子，同时避免低年级学生产生疲劳感，老师在操练环节精心设计不同形式的趣味游戏，指导操练，完成知识的内化，为接下来的拓展环节做好准备。

Step 4: Production

灰太狼在美羊羊家能抓到她吗？请同学们帮助美羊羊，看图猜猜美羊羊在哪？小组合作对话，顺利完成最后一个任务，美羊羊就获救了！

Show some pictures of living room， bedroom， bathroom， study， kitchen. Rapid flashes of Meiyangyang's pictures， Let students guess and make dialogue.

——Where is Meiyangyang?

——Is she in the ...?

——Yes， she is ./ No， she isn't.

【设计意图】在拓展环节中，以完成任务为目标，指导学生以四人小组为单位，出示多幅图片，让学生猜，然后通过小组的活动把对话呈现，为他们的书面和口头表达提供练习平台。最后在同学们小组努力合作的帮助下，美羊羊终于获救了。

Step 5: Homework :

(1) Listen (30，31).

(2) Draw some pictures and say something about your home.

Hello , I'm ______

This is my home.

This is my bedroom .

Welcome to my home.

【设计意图】课堂的拓展活动通过小组努力合作，已经很好地帮助了学生口头表达，为了让学生把所学的语言运用到生活情境中，课后布置学生画出自己的家，让学生学会在生活中观察、画出来，然后能尝试用语言简单描述自己的家。

第十二章　小学综合学科创新性学习模式的建构与实施

——以品德与社会学科为例

创新教学是指遵循创新规律，以培养学生的创新精神、创新思维、创新能力，提高学生的创新素质为目标的教学。创新教学作为一种先进的教学思想和教学模式，是广大小学教师主动应对时代的呼唤与挑战的理性选择。近年来，我校积极倡导“创新性学习”方式，初步探讨出了“一三四X”创新性学习课改操作模式。这一课改模式要求学生在学习过程中不满足现成的答案或结论，以所学内容为基础，积极思考，多向思维，主动探索，标新立异，积极提出新问题。

综合学科的教学改革一直是我们学校的薄弱环节。科目众多、教师课改意识淡薄、可供参考的经验极少，这些因素都影响着我们学校综合学科的改革步伐。小学品德与社会课程是一门以儿童社会生活为基础，促进学生良好品德形成和社会性发展的综合活动课程，它具有综合性、开放性、情感性、形式活泼的特点。为此，学校确立了“以点带面”的研究原则，即以品德与社会学科为龙头，组织学科骨干教师先行攻关，探索、积累综合学科的改革经验，然后辐射到其他学科，推动学校所有学科教学改革的发展。

事实证明，这是一条很不错的经验。

第一节　小学综合学科创新性学习模式的建构

——以品德与社会学科为例

品德与社会是小学阶段对儿童进行德育及行为规范的主要课程，它以树立正确的态度、情感和行为为主要目标，是人生的第一课程，是其他学科的基础。随着社会的飞速发展，人民生活也在发生巨大的变化。要适应现代社会的发展，各行各业都在进行改革，改革是必然的趋势。同样，品德与社会的教学

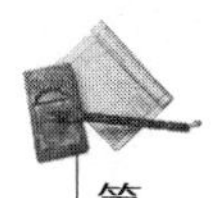

必须进行创新和变革，以满足现代小学生的学习需要。因此，品德与社会的教学，如一年中春天的细雨，润物细无声，影响十分深远。

无论是在哪个年代，都有其时代特点，时代特点不同，其根本体现也不同：时代特点的根本体现在社会生活。而教育是为社会生活服务，同时又在推动社会的进步和发展。

伟大的教育家陶行知的核心教育理念就是“生活教育”，该教育理论包含了三层含义：生活即教育，社会即学校，教学做合一。其实质就是使教育与社会生活紧密联系，要求科学地遵循教育和教学规律，适应时代和社会的需要，建立一种与社会生活实际密切结合的新教育。换句话说“教育即生活”。在他看来，最好的教育就是从生活中学习。教育能传递人类积累的经验，丰富人类经验的内容，增强经验指导生活和适应社会的能力，从而维系和发展社会生活。而我们的小学思品教育，不正是以此为最终目标吗？小学思品教育，就是要给儿童提供保证生长或充分生活的条件。

然而，传统的品德与社会课教学奉行的是以知识传递为价值取向的教学观，采用“教师口头传授，学生被动吸收”为主的教学形式。这样，不但造成了课堂教学枯燥、乏味，而且这种教学方式局限于说教，学生又缺少见识和体会，不利于学生学习和理解，更谈不上优秀品质的形成与发展，完全违背了品德与社会教学的初衷。

品德与社会的教学如何进行创新和改革？尽管每个研究机构都有自己的方向和方法，形式多种多样，但是，万变不离其宗，品德与社会的教育要与社会和生活紧密联系在一起，无论是教学理论还是教学方法，都要融入社会生活；要有效地克服班级教学存在的“满堂灌”、“注入式”现象，将原来教师的“独霸”课堂转变为教师指导下的学生自主、合作、探究性学习，让学生理解和体验知识的产生和发展的过程，从而学会学习、学会创造、学会思维、学会自我教育。基于此，我们构建了品德与社会的“五环节”教学模式。

小学品德与社会创新性学习“五环节”教学模式

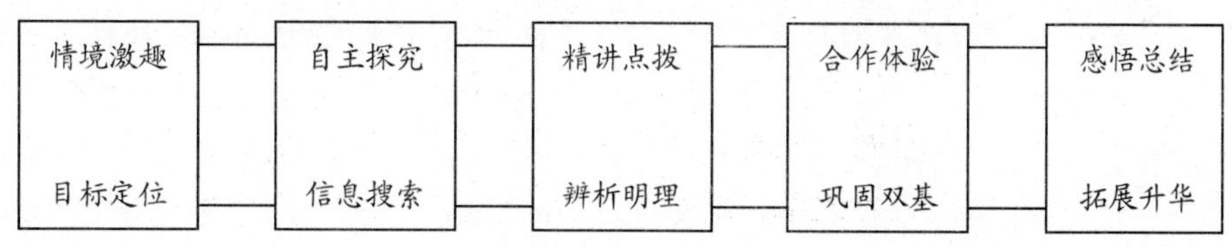

“五环节” 课堂教学模式的主要特点是：强调以学生为本，尊重学生学习活动的个性，在学生理解、掌握、运用知识的过程中培养他们积极探索的自觉性、自强不息的独立性、多角度思维的灵活性和自我实现的实践性。“五环节”教学模式充分体现了学生的能动性、自主性，它将思考权、发言权都还给了学生，将文本中的重点难点通过师生、生生之间的互动，学生体验感悟，教师点拨逐步加以突破，从而促进了知识体系的自主构建。“天高任鸟飞，海阔凭鱼跃。”我们相信，孩子们在这样的课堂中学习，肯定是快乐、轻松的，这就是我们最大的希望。

【教学案例】“说到做到”教学设计

一、情境激趣　目标定位

1. 呈现故事片断（用动画或者让学生表演）：两个同学在一起，其中一个要另一个替他保守秘密，并说：“拉钩，上吊，一百年不许变！”

2. 教师：同学们，你说过这样的话，经历过类似的场景吗？还记得当时是为了一件什么事答应了别人吗？你做到了吗？怎样才能说到做到呢？今天我们就来学习“说到做到”。（板题）

二、自主探究 信息搜索

1. 播放视频“宋庆龄小时候的故事”。

2. 指名说说你从这个故事中得到的收获。

3. 教师：通过课前搜集的资料，同学们一定了解到自己生活中也有许多言而有信、说到做到的典型人物吧，现在，谁来给大家讲讲他们的故事？

4. 学生讲述自己身边像宋庆龄这样的人的故事。

5. 评价。

三、精讲点拨 辨析明理

教师：其实，在我们身边有许许多多这样说到做到、讲信用的好榜样。一个人只有守信用，人们才会信赖他，尊重他，愿意和他交往。可在生活中，有时我们并不是不讲信用，而是有一些特殊情况让人左右为难，看看下面的故事。

1. 呈现课文中的故事“小美的难题”。

2. 教师：故事会怎样发展呢？小美该怎么做呢？她在做决定时应该考虑什么？下面，请同学们当导演，将故事继续演下去。

3. 学生自由组合排演小品，请一至两组同学上台表演。

4. 学生交流自己以前遇到过的类似事情以及自己以前处理这类事情的办法，讨论避免类似事情发生的好办法。

5. 根据讨论结果，学生制作“诺言信守百宝集”，将自己许下的诺言一一记录到百宝集中，每天翻看一遍，提醒自己履行诺言。

6. 教师小结。生活中我们常常会遇到相似的状况，诚实守信、说到做到是我们为人的准则，宁可丢失钱袋，也别违约失信。口言之，身必行之。

四、合作体验 巩固双基

评选“诚信小明星”。

1. 出示活动规则：今天，我们要评选“诚信小明星”，方法是通过回答问题来获得。答题以小组为单位，分为必答题和抢答题。根据题目后的分值加分，得分最高的三组将评为“诚信小明星”。

必答题：

(1) 你答应同桌给他带《鲁滨孙漂流记》，可是回家却找不到。你该怎么办呢？

(2) 小强在春游时贪玩忘记了时间，出公园门时足足迟到了20分钟，同学们和老师正在门口焦急地等他。如果你是小强的同学，你想对他说什么？

(3) 你的好朋友约你星期天到他家做航模，可是那一天他却游泳去了。你会怎么想呢？

(4) 你向一位同学借《十万个为什么》，那位同学很乐意借给你，并对你说：“你还想借什么书？只要是你想看的，不管什么书我明天都给你带来！”你认为同学这样说，他能做到吗？应该怎么说才合适？

(5) 乐乐经常不按时完成作业，当爸爸妈妈批评他的时候，他总是说：“爸爸，您别生气，我以后一定按时完成作业。”为什么有人会常常实现不了自己的诺言？

(6) 你许过的诺言有没实现的时候呢？你以后准备怎样做？

抢答题：略。

2. 统计分数，评出获胜者，颁发“诚信小明星”奖章。

五、感悟总结 拓展升华

1. 读一读有关诚信的名言。

诚信是人最美丽的外套，是心灵最圣洁的鲜花。诚信像一面镜子，一旦打破，你的人格就会出现裂痕。

诚信是前进的路，随着开拓的脚步延伸。

诚信是做人之根本，立业之基。

汉代将军季布，重于信义，“一言既出，驷马难追”，所以《史记·季布列传》有言：“得黄金百斤，不如得季布一诺。”

民间的生意人，门联上还常有“货真价实，童叟无欺”的字样。自古以来，讲诚信的人常常会留下好的口碑，受人敬仰；不讲诚信的人往往会身败名裂，为人所不齿。

2. 总结：诚信是一个人的重要品质，诚信会使你换来尊重，诚信会使你得到朋友，诚信会让你前途无量。让诚信永驻你心间吧。

3. 课后作业：写下你的座右铭，并写写你对诚信的理解，制作成自己的诚信卡。

第二节　小学综合学科创新性学习模式的实施

——以品德与社会学科为例

品德与社会是一门综合课程，它可以分为活动型、实践体验型和综合学习型三种基本课型，而这三种课型又可以通过“五环节”课堂教学模式来实施。“五环节”课堂教学模式为：情境激趣、目标定位——自主探究、信息搜索——精讲点拨、辨析明理——合作体验、巩固双基——感悟总结、拓展升华。

一、创设情境、目标定位

这是课堂教学的起始阶段。教师通过创设贴近学生生活的情境，找准新旧知识的结合点，自然地把学生引入到学习新知的环境中，既调动学生原有的知识储备，又引发学生新的思考，激发学生的学习欲望；同时向学生出示学习目标或交代学习任务，使学生心中有数，带着明确的目标自主学习。

品德与社会课教学掠影

1. 创设有效生活情境，激发学习兴趣。即把学生带入社会，带入大自然，从生活中选取某一典型场景，作为学生观察的客体，并以教师语言的描绘，鲜明地展现在学生眼前，使学生获得生动真切的感性认识，加深对学习对象的印象，把知识和实际事物情境联系起来，以帮助学生形成正确深刻的知识体系。这种情境不但增强了教学的真实性和知识性，也提高了学生综合运用知识的能力，从而有效地提高课堂效率。

教学《守望碧水蓝天》一课，教师一边展示课前拍摄的自然风光照片，一边旁白：这是我们的家乡醴陵。渌江河，它像一条长长的玉带，穿城而过。河水清澈，两岸的树木葱绿，倒映在水中，河水更加碧绿。金色的阳光照在水中，微风拂过，波光粼粼。靠河不远处有一个风景秀丽的西山公园，里面树木郁郁葱葱，花儿争奇斗妍，小鸟在枝头欢快地歌唱。旁边还有一座古老的渌江书院，绿树掩映，空气新鲜，真是个读书的好地方。这是有名的文笔峰，江源古塔……学生看着这熟悉的家乡自然风光照片，听着老师这动情的赞美，于是一种要保护大自然、保护环境的意识在心里暗暗增强。

2. 创设有效多媒体教学情境，激发学习兴趣。多媒体教学情境就是利用多媒体把录音、影片，Flash歌曲、故事、新闻剪辑片等通过音响和屏幕传授给学生。多媒体技术最大特点就是生动性、形象性和直观性，而小学生的思维又以形象思维为主，针对学生的特点、利用多媒体的优势，对调动学生非智力因素、营造情境、浓厚课堂氛围创造了有利条件，使学生对所学知识产生新奇感、惊讶感、新颖感，不仅可以引起学生的兴趣，而且可以吸引学生的注意力，

激发学生的想象力，大大地提高学生学习的积极性和主动性，从而带来良好的教学效果。

【教学片段】《五十六个民族五十六朵花》

师：同学们，你们喜欢听歌吗？下面让我们一起欣赏一首歌曲，会唱的同学可以跟着一起唱。（MTV《爱我中华》）师生一起边拍手边跟着唱（一段）。

师：看得出来，欢快的乐曲深深地感染和打动了每一个人。孩子们，大声说出歌曲的名字吧！（学生大声说：爱我中华）

师：是的，这是一首脍炙人口的好歌，“五十六个民族，五十六朵花，五十六个兄弟姐妹是一家……”这首歌唱出了我们的祖国是一个统一的多民族大家庭。这节课就让我们一起走进“中华民族大家庭”。（板书：中华民族大家庭）

【教学片段】《过年啦》（三年级上册）

师：前几天我们过了一个快乐的元旦节，老师看到孩子们还沉浸在节日的气氛中，其实啊，我们中国人最高兴的节日不是元旦，谁知道哪个节日？

生：春节、过年。

师：过年的时候你们高兴吗？

生：高兴！

师：为什么？

生：可以放鞭炮、穿新衣服、拿压岁钱……

师：我们来看一段视频，看看大人们有什么活动？哪些活动是你们熟悉的？播放视频（视频内容有舞狮舞龙、贴春联、放鞭炮烟花、包饺子、吃年饭等），你们从视频中看到了什么？

生：放鞭炮烟花，包饺子……

师：是啊，这就是过年啦。（师相机板书课题：过年啦）

二、自主探究、信息搜索

这个环节是学生围绕学习目标对教材进行整体感悟的过程。这个过程在不同的课型中处理方法也大不一样。

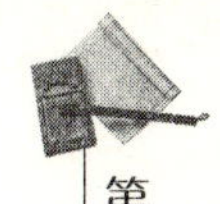

1. 活动型教学。先让学生结合课文文字与生动的插图，自主理解课文内容，同时使学生头脑中建立文本与现实生活的联系。其次，让学生自行组织，利用学生已有的生活经验，自主设计模拟表演的方案，并在小组内讨论表演的方法与步骤，分配角色，进行表演。

【教学片段】四年级下册《说到就做到》

师：在我们身边有许许多多这样说到做到的、讲信任的好榜样，一个人只有守信任，人们才会信赖他、尊重他，愿意和他交往。可是在我们生活中，有时候会遇到一些特殊情况令我们左右为难，请看《小美的难题》。下面小组合作学习，演一演，小美该怎么办？分配好角色，谁扮演小美、琦琦、张斌，根据故事内容设计好各自的台词。

生：（各小组开始活动）选派两个小组上台表演。

这样的课堂，才将时间还给了学生，将自主权给了学生，让学生在活动中充分显示各自的能力，相互学习，取长补短，共同进步。

2. 实践体验型教学。让学生走出课堂，了解社会，认识社会，参与社会实践活动，体验社会生活。

【教学片段】《走进车间——瓷器的诞生》（六年级上册）

师出示课件：各种形状、各种花色的漂亮瓷器。提问，你知道这些漂亮的瓷器是怎么做成的吗？我们醴陵就被称为瓷城，附近有很多生产各种漂亮瓷器的厂子，今天老师就带领同学们走出教室，走出校门，去瓷厂参观参观。

学生通过走出去，进行实践活动，切身体会到，在美丽的背后劳动者是如何付出艰辛和智慧的，懂得劳动成就美，劳动者创造了世界。

【教学片段】《新时代，新生活》

课前准备：为了让学生了解家乡的发展变化，从而感受祖国的巨变，激发学生对祖国、对家乡的热爱，课前布置学生收集家乡变化的照片、图片、文字资料等，组织学生向社区、居委会干部了解家乡的过去，并做好文字记录。

课中活动：分小组交流，学生呈现自己课前收集的图片资料，在小组内汇

李芊老师执教的四年级品德与社会展示课

报，然后各小组在教师的指导下学习整理资料，在图片旁边配上文字说明。收集到的数字，用表格的形式填写好，这样便于对比。通过图片文字说明，表格数字的对比，学生就能清楚地感知家乡的巨变和祖国的巨变，一种热爱之情就油然而生了。

3. 综合学习型教学。根据课文内容搜集相关的知识信息是首要任务。一般的课文内容，放在前一周进行。对于需要长时间搜集、整理的内容，则放在前几周甚至前几个月进行。在收集信息的基础上，再组织小组合作、交流讨论。

【教学片段】《让田野告诉你》六年级上册

刚开学就布置每个学生栽种一棵树或者一盆花，定时把它的生长过程记录下来，比如什么时候需要浇水，温度多少，生长状态怎样，还要记录自己付出了哪些劳动，三个月后，再在班上交流。召开一个“劳动最光荣”的汇报会，让学生亲身体会到劳动虽然很艰辛，但也有乐趣，从而热爱劳动者，珍惜劳动成果。

三、精讲点拨、辨析明理

这个环节是教师围绕学生自己不能解决的问题进行精讲点拨的过程，也是对学生在感知教材的过程中搜集到的零碎的知识点进行整合和深化理解的过程，是学生形成学科能力的重要前提。在这个过程中，教师要把握住以下几点：一是在学生不会之处讲；二要对学生自行得出的结论要加以补充和更正；三要注重对知识的延伸与拓展；四要促进生生之间的双向互动。

【教学片段】《战争，人类的灾难》

先给时间让学生自主学习教科书中的相关内容，并提出问题。然后充分发挥学生的主体作用，让学生将自学过程中的所思所想大胆提出来，畅所欲言。接着教师将学生所提出的问题归纳展示：

（1）你知道第一次世界大战给人类带来了哪些危害？

（2）你知道第二次世界大战给人民带来了哪些危害？

（3）中国在抗日战争时期所遭受的损失大约是多少？

（4）在第二次世界大战结束后，世界上又发生了多起局部战争，你能举出例子吗？

（5）说说现代战争对人类的危害。

教师：今天我们一起来研究“战争与和平”这个主题。请各小组选择两个感兴趣的问题，根据所查阅的资料以及阅读书本内容，进行学习探究，然后根据所探究的情况，写出探究报告。小组合作设计并制作小报、广告牌、小书签等。然后各小组上台展示。

通过这样的点拨，学生把课前收集到的大量零散的资料进行归类整理，这样既提高了学生的学习兴趣，又锻炼了学生知识归类的能力，更体现了学生学习的自主性。

四、合作体验、巩固双基

训练是指在帮助学生解决难题、归纳整理信息之后，教师要针对本课所学内容设计灵活多样的训练习题，一方面对所学知识进行巩固练习，一方面对学生的目标达成进行检测。

在巩固知识的过程中，我们可以设计一些既让学生感兴趣的练习题，又能让学生将学到的知识升华。教师可以采用填一填、辨一辨、算一算、议一议、画一画、演一演、写一写等形式。

【教学片段】《我为祖国绘蓝图》

通过布置学生节假日走访国土、城建、城市规划等部门，了解家乡的建设成就和远景规划，再通过课堂学习来畅想祖国的未来，把心中的美好祖国蓝图用画

笔画下来。学生欣然挥笔，一幅幅美好的祖国蓝图跃然纸上，然后让学生上台展示，评价出最美祖国蓝图。

【教学片段】《我坚持，我成功》

为了使学生学习的知识得到进一步落实，教师在课后设计一个这样的作业：让学生自己建立一个“成功档案”，出示表格式样，要求每实现一个目标，就把它记下来，把自己的成功之处积累起来。这样，就可以克服做事“三分钟热”的毛病。教师一个月检查评比一次，对一个学期坚持做下来的学生予以表扬鼓励，并展示他们的成功档案。

五、感悟总结、拓展升华

此环节的操作可以为：一是让学生自我总结，谈谈学习本节课的收获、感悟或还存在的疑惑。二是回顾学习目标，进一步落实教学目标的各项要求。三是深化问题，设置悬念，为下一节课的教学作好铺垫。例如《不一样的你我他》，当同学们在课堂上感知到每个人的外表都不一样，画出来的图画形状颜色也会不一样时，教师总结：由于生活中有了不一样的你我他，人们对同一问题就会有许多不一样的想法。在生活中，我们应当怎样去理解别人，宽容别人，与人很好地相处呢？下节课我们将讨论这方面的有关话题。四是布置实践性作业，加深对课上所学知识理解的同时，让学生亲近社会，融入社会生活，提升学生的社会实践能力。

第五篇 且行且思 往前行

导 言

本篇主要介绍课改行进中的困惑及解决的策略。正因为有困惑，才有探究思考的价值，才有进一步前行的动力。

但困惑只能代表过去，学而不思则罔，思而不学则殆。我们的课改将在困惑与思考中一直前行。

第十三章　课改前行中的困惑与思考

有人说，课改是传承与创新，是走向幸福的“朝阳教育”。

有人说，课程改革之路，没有尽头，只有不断攀升的阶梯，课堂是永远没有标准模式的。

有人说，课程改革，需要勇气，需要付出，需要坚持。

有人说，我们的教育不缺乏理念，缺少的是对课程改革的真正参与。

……

随着基础教育新课程改革的实施，各方面的工作也在步步展开，人们对于新课程已不再陌生，眼睛看到的、耳边听到的来自各种媒体报道，参加的各种大大小小教育教学会议，都会感受到新课程的伟大使命和它所昭示的强大生命力。

三年多来，学校的课改工作取得了一些成效：

——教师课堂角色开始发生变化，从单纯注重知识的传授转为比较关注学生的学习愿望、学习方式和学习能力的培养。

——教师在教学中，比较注重学生的情感态度价值观的培养。

——课改加强了教师间的合作意识。

——学生的自主学习能力明显增强，学习考试方式逐步多样化。

随着学习与反思，我们会感到我们的教育教学会存在这样或那样的问题：班额过大，学生参与课堂活动面小，怎么办？“知识与技能，过程与方法，情感态度与价值观”的课程目标怎样才能很好地整合？怎样把握对学生创新学习能力的评价？诸如此类的问题值得深思。

课改中出现这样或那样的问题并不可怕，我们会化问题为动力，认真对待、分析、解决这些问题，将“一三四X”创新性学习新一轮课改进行到底！

第一节 发现问题查原因

随着时代的发展进步，教育一定会不断向前发展，今天的新课程也许又会成为历史，但不管怎么样，我们姜湾小学的实践者们必须走在历史的前面。目前，我们感到新课改的实施存在以下几个方面困惑。

一、来自学校的困惑

我们学校在本地区属规模比较大的一所小学，现有教学班60个，学生3000余人，平均班额在50人以上。新课程强调教学过程是师生交往、共同发展的互动过程。在教学过程中要处理好传授知识与培养能力的关系，注意培养学生的独立性和自主性，引导学生质疑、调查、探究，在实践中学习，使学习成为在教师指导下主动的、富有个性的过程。教师应尊重学生的人格，关注个性差异，满足不同需要，创设能引导学生主动参与的教学环境，激发学生的积极性，培养学生掌握和运用知识的能力，使每个学生都得到充分的发展。然而，目前这么多的学生拥挤在一间面积不足60平方米的教室里，怎么去进行自主、合作、探究？怎么去关注个体差异，满足不同需求呢？

良好的教学环境是课改的基础。目前我们学校的教学设备陈旧，实验管理人员及专业教师短缺，显然很难跟上课程改革的步伐。

新课程改革能否持续深入开展下去，教学评价是关键。课程改革的目的是全面提高教学质量，不能以成绩数据分析来作为考核教师教学效果的唯一标准。然而社会和家长仍看重学生的分数，孩子的升学。如何解决这一矛盾，我们仍然觉得很困惑。

二、来自教师的困惑

新一轮课程改革，要求教师彻底转变传统的教育教学观念，可是，多年下来，仍有部分教师自认为有一大堆的老经验，不论课改的风怎么刮，他们就是“咬定青山不放松”；有的老师也想改，但苦于“心有余而力不足”。因此，新课程改革在他们的教学行为中体现得不多，仍然出现学生学习负担过重现象。

有的教师认为，近年来中国的教育改革几乎没有成功的，也包括我们学校过去多次的教学改革。他们按这一逻辑推理，认为这次也是一阵风，会很快过去，不如等一等，观望一阵再说，反正职称到头了，工资不低了，地位差不多了，教学也过得去，对得起学校领导、学生和家长，干嘛还要辛辛苦苦搞课改呢？况且许多老师对以前的教学方式方法驾轻就熟，现在搞课改等于是从头再来，困难和付出可想而知。因此有一种投机心理。

另一种现象就是“跟风”，即照搬别的学校做法，别人怎么做自己就怎么做，这样做的效果可想而知。

有时，浮躁现象也比较严重。有的教师对于课改的名词非常熟悉，只要一讲到课改，能够说很多新鲜的东西，但课堂却很轻浮，很花哨，存在形式化倾向。自主、合作、探究的学习方式流于形式，课堂讨论成了课堂教学的主要形式，老师在课堂上像演员一样，没有让学生学会多少东西，学生的创新学习能力也没有得到较好的发展。

三、来自学生的困惑

新课程以学生活动为中心，以培养学生的创新学习能力为主要目的，可目前我校部分班级学生的学习负担并没有完全减下来，学生苦不堪言，没有时间、没有精力去探究，去学自己感兴趣的东西。如针对新课程的要求，我们布置学生到图书馆或网上查一些资料，学生不是没有时间，就是家长不让上网。

学生已习惯了被动接受知识，惰性较强，依赖性大，让他们探究问题，要么不吭声、不动手，要么一时兴起，沉浸在孩童式的游戏中，心思不全放在探究知识的奥妙上，课堂“开放”了，学生“自主”了，时间过去了，效率却下降了。

四、来自社会的困惑

在学校推出“一三四X”创新性学习课改新举措后，我们的家长是否也在考虑如何用科学的方法与正确的态度对待家庭教育呢？家长们整天忙工作、忙娱乐，有几个是在忙学习呢？不学习，教育起来就会显得简单、浅薄甚至粗暴。新课程的一套理念，他们没有，他们只认分数不论人，只图结果不图过程。

独生子女问题、社会安全问题、环境污染问题等同样制约着我们学校的课程改革，家长们在让学生学习独立、生活自理、外出参加集体活动、自我管理等方面明显锻炼不够。为此，我们能做的是教会学生去适应社会，改造社会，创设一定的机会让学生经受锻炼，增强能力，一味地回避、限制是不行的。

我们认为，之所以新课程改革仍存在这些困惑，主要原因是大家对课程标准的理解和新课程教学规律的认识需要一个过程。这些问题是前进中的必然，我们不能因此否定自己，更不能否定课改。我们要正视问题的存在，不断反思，不断地发现问题、研究问题、解决问题，只有这样才能不断前进。

第二节　在困惑中求发展

课程改革中出现的问题需要我们在改革实验过程中去解决，关键是要找准问题，明确原因，采取有效的对策。正如迈克尔·富兰在《变革的力量》一书中所言："冲突和不同的见解不仅是不可避免的，而且是成功的基础。"针对上述课改中所存在的问题，我们通过进一步讨论与研究，提出了如下改进策略。

一、积极创造课改的优良环境

从长远出发，课程改革工作是一项长期而艰巨的任务，因此对于此项工作，我们一定要长抓不懈，真作为。作为学校领导，必须参与课改实施，深入课堂听课改教师的课，组织课改成员开会，了解课改教师的课改情况，关注学生的变化，并提出建设性的建议。

学校领导要抓住新校区正在建设之中的契机，争取政府及相关部门解决新校区的电教设备、各功能室的建设及专业教师的配备问题，以满足课程改革需要。

面对目前我校班容量过大的现实，学校领导应着眼于未来，统筹规划，控制生源；同时还要协助教师解决大班额条件下的小组合作建设问题，如：组建小组有策略，搭配合理；小组分工要明确，各司其职；讨论有准备，加强学生自主学习能力的培养；讨论方式逐步培养，让学生学会倾听、比较与补充。

为了充分调动教师参与课改的积极性，学校要尽快出台或要求有关部门制

定一套科学的评价体系，改革我们的考试模式，能较为合理地、客观地来评价我们的老师和学生，让学生们既能自信地看到自己的优点，又能看到自己的不足，让老师们永远不失去课改热情。

二、继续加强师资队伍的建设

我们在前期课改进行中，深深地体会到教师是课改成败的关键，因此建设一支具有先进教育理念、敢于开拓创新、勤于学习、善于倾听、乐于反思的师资队伍，是推进一期课改顺利进行的有力保障。

在学习理论、转变观念的基础上，侧重于课改教师互动式的学习与实践的体会交流，及时发现并研究解决课堂教学中出现的问题，让课改教师谈在课改实践中所遇到的困惑或体会。

在管理方面，对于那些不求上进的老师给予一定的精神压力，不想学也得学，学习、学习、再学习，长此以往一定会让他们尝到学习的甜头，化被动为主动。

在培训方面，学校要抓紧教师的校本培训、继续教育，不能放松，培训应该面向全体教师，但也应该有重点培养对象，先以点带面，再逐步全员化。

在激励方面，学校要采取一定的激励机制，鼓励老师们学习，对课改积极者给予奖励，应该强化对老教师的赞扬，对他们的孜孜不倦也要给予一定的奖励。

在反思方面，要求教师每周发一篇博文，每周一篇教学反思；每月2篇教学随笔；每年主持和参与课题研究。

三、聚焦课堂，培养教师的创新精神和实践能力

我们认为，课改的核心是聚焦教学、聚焦课堂。因此我们把转变教师的课堂教学行为作为课程改革的突破口，以此来实现学生学习方式的改变，实现学生创新学习能力的培养。

——抓教师角色的转变，从传授知识的角色向教育促进者转变。教师的角色不再是传播者、讲授者或知识体系的呈现者，而应变为知识的促进者，学习活动的组织者和参与者，同时也是一个学习者，为学生树立终身学习的榜样。

——抓课堂氛围的营造，积极构筑师生平等民主的教学平台，营造活泼

和谐的课堂教学氛围。在课堂中，教师要认识到自己也是一个学习者，应把学生当作重要的课程资源，提倡学生大胆质疑，鼓励学生敢于创新，在教学中积极为学生营造和谐的教学氛围，提供学生小组合作的良好习惯，把课堂还给学生，让课堂焕发生命的活力。

——要积极创设能引导学生主动参与的课堂环境，激发学生学习的积极性，积极引导学生自学、交流、探究，在实践中学习，把学习的主动权还给学生，让课堂真正成为师生共同讨论解决问题的场所。

——积极倡导自主学习、合作学习和探究性学习。学生是学习的主体，在学习中积极思考，在解决问题中学习。完善小组合作学习评价，多鼓励小组，促进师生共同发展。

四、解决新课程与社会滞后的教育观念之间的矛盾

解决课改中存在的种种困惑，光靠学校是不行的，必须取得社会与家长们的支持。

每学期（有条件的每月）召开家长会，让他们走进校门，感受校园的清风，双方传递一定的信息，促进家校对话、联系。

成立家长学校，定期举办家长培训课程，从心理学、教育学等理论的角度进行系统的培训。

开办社区家庭教育报、家庭教育刊物等，让家长、老师、学生都拿起笔来抒发自己的心声，交流自己的经验，传达各自的信息。

取得地方政府的支持，开展各种形式的社区活动扩大影响，用实绩赢得人们的信赖，让学校、教育成为一方土地上最感兴趣、最受人关注也最有投资意义的地方。

新课程作为一个新生事物，它的理念汇集了大量当今世界优秀教育的精华，它的出现理所当然会带来一系列与传统的冲突。虽然在短期内可能会遇到种种矛盾，但我们相信它的强大生命力，更相信它能给我们伟大的中华民族带来蓬勃生机。“为了中华民族的伟大复兴，为了每位学生的发展”，我们的校园里将开满课改的鲜花，我们的梦想将伴着新课程一起飞翔。

附件

千淘万漉虽辛苦，吹尽狂沙始到金。经过三年多的实践研究，我们的课改工作取得了初步的成效，其经验成果多次在省内外得到推广，获得了社会各界人士的一致好评。以下三篇可为证。

【经验推广】《小学生创新性学习的实验研究》是中国教育学会、教育实验研究分会批准立项的“十二五”科研规划课题。该课题在中期评估中荣获一等奖，并在青岛召开的年会上介绍了我校的经验。该经验发表于《中国教育实验通讯》第103期。

潮平两岸阔，风正一帆悬

——姜湾“一三四X”创新性学习课改新举措

“潮平两岸阔，风正一帆悬”，时光的车轮依旧安然向前，2011年的秋阳却在悄然见证一次深入骨髓的新课改酝酿。顷刻间，一场新改革的风暴席卷了整个姜湾校园！该校坚定不移、大刀阔斧地推出了“创新性学习”课改新举措。

回眸历史，“创新性学习” 一直是姜湾小学研究的主题。它是指学习者在学习过程中，不满足现成的答案或结论，以所学内容为基础，积极思考，多向思维，主动探索，标新立异，积极提出新问题的学习方式。根据创新水平的分类，它属于“低级创新水平”，即“类创新”。作为中、小学校理所当然担负培养未来高端人才的重任，更应着力于小学生创新学习能力的培养，即从小培养学生的创新学习意识、创新学习方法、创新学习思维、创新学习习惯及实际操作能力。然而，通过多年的实践，我们发现学生的创新学习能力始终难以得到

实质性的提高。究其原则：忽视了对小学生创新学习方法的指导与训练；忽视了“综合实践活动课”对于培养小学生创新学习能力的重要作用；教学模式的构建“从上至下”，过于统一化。

置身于破旧立新的立场，2011年3月姜湾小学开始了“‘一三四X’创新性学习”课改新征程，并以《小学生创新学习能力实验研究》为课题进行了卓有成效的研究。

“‘一三四X’创新性学习”，即：落实“一个核心目标”——培养学生的创新学习能力；开辟“创新学习三条基本途径”——创新学习方法导航课、创新学习学科教学课和创新学习活动实践课；构建四种创新学习学科教学模式，精心研究课堂教学X环节。

策略一：营造创新氛围，提升师生创新学习意识与能力

1. 优化制度建设，开放创新空间。根据素质教育和创新教育的要求，修订了《教师业务学习制度》、《教师工作实绩考核与评估细则》等规章制度，使之适应创新型教师成长需要。

2. 深化教研教改，激发创新火花。采用请进来走出去、有奖竞答、理论考试等办法，极速为教师洗脑，集中学习新课改理念，摒弃传统中陈旧的教学观、教师观和学生观，而代之以新的发展观、人才观和质量观，用发展的眼光去看待学生，真正走上新课程改革之路；定期开展教学研究课、优质课、课改成果汇报课、学科带头人与骨干教师展示课等活动，鼓励教师不拘泥于教材与传统，对新课程提出自己的见解和处理办法，鼓励教师在教学设计上大胆创新，根据自身特点实行个性化教学，鼓励教师百花齐放、百家争鸣，形成不同的教学风格，使教学充满活力，从而发挥教师的主动性和创造力。

3. 重视人文氛围，和谐校园人际环境。校园内外横幅、宣传板报、教室四面墙壁、红领巾广播站、红领巾电视台等，处处、时时都能感受到“创新性学习”的氛围；广泛听取工会、教代会教师们的建议，努力营造一个和谐、向上的群体心理气氛，鼓励教师积极参与管理，凡属课程改革重大问题，必须组织教师讨论；学校还先后三次举行以“树典型、争示范、共创风采姜湾”为主题的“感动姜湾人物”与“姜湾课改标兵”评选活动，为课改营造一个积极向上的氛围。

创新性人才的培养非一朝一夕，学校是学生成长的土壤，应积极创设良好的环境，加速其成长的进程。其中，民主、和谐的师生关系是学生创新的前提，实践操作是学生创新的基础，鼓励学生别出心裁、标新立异是学生创新的关键，练习的精巧设计是学生创新的靶场。实践中，老师们充分利用学生好奇心强、求知欲望盛等特点，爱护和尊重学生的问题意识；师生之间保持民主、平等、和谐的人际关系，对学生的发问、质疑要予以高度重视，并加以表扬，消除学生在学习中、课堂上的紧张感、压抑感和焦虑感，从而在轻松、愉快的气氛中披露灵性，展现个性；鼓励学生自主探索，合作交流，激励学生大胆尝试，有所创新；可以结合教材随机展现科学家的人物形象，讲述科学家创造发明的故事，用科学家勤于思考、善于创造的感人故事来激励学生，激发他们的创新学习欲望。

策略二：从“隐性”到“显性”，巧化创新性学习方法的指导与训练

众所皆知，学习方法是隐性的，它渗透于每一学科、每一学习内容、每一学习方式之中。为了让学生尽快掌握学习方法，学校开设了以培养创新学习方法为主要目标的“创新学习导航训练课”，这是一种以自主开发的《小学生创新学习方法指南》这一校本教材为载体，利用“校本课程”实施教学的重要课型。

姜湾小学自主开发的《小学生创新学习方法指南》校本教材分高、中、低三个版本，涉及的创新学习方法二十余种。内容丰富多彩、形式生动活泼。每一种方法分四个板块。其中：“导航”板块——如芝麻开门，或生动故事或典型案例，让你和这位“新朋友”初次见面，便心生喜欢；“交流”空间——回眸课本知识，在轻松愉悦的交流中，让学生对这位“新朋友”了解更深，进而掌握“方法秘诀”；“实践”平台——携手亲身体验，感受学以致用的成就感，享受这位亲密“朋友”给学生带来成功的喜悦；“知识小链接”——拓宽视野，延伸知识，让这位“知心好友”从此与学生如影随形。

“创新学习导航训练课”每周安排一节。教学过程强调以学生为中心，以掌握和运用创新学习方法为取向。教学结构为“激趣——导航——自练——创新”四个环节。

方法的显性呈现，最终是为“隐性”的长效回归，即在平时的课堂教学进

行有机渗透，也可以让学生根据学习内容自主、灵活地选择或创造合适的学习方法，以最终达到培养学生创新学习能力的目的。

策略三：组建“教师课改联盟”，深化“学科教学课”的研究

组建“教师课改联盟”，是我校落实课程改革的一项重要举措，主要探究“创新性学习学科教学课”的策略与方法，具有愿景共同、氛围良好、执行力强三个特点。

“教师课改联盟”是具有较强课改能力的课改联盟组长与课改意识强烈的教师通过双向选择而自发组织的志同道合的课改合作群体。它是以课改精神为指导，结合学校的实际，系统利用研究中动态因素之间的互动，促进每位成员的研究与进步，以团体的力量共同达成预设的研究目标。

1. 开展学习活动。学习课程标准，熟悉教材，讨论教材的编排体系和知识结构等专业知识，掌握正确的教育观点。

2. 自主创新课堂。课堂教学突出学科特色，以“四主”为原则，以培养学生的自主、合作、探究能力为突破口，以学生的最终发展为目标，不断创新教学模式。

3. 课例研讨诊断。围绕课改中的热点问题开展专题研究，学以致用，解决实际问题，课后进行探讨反思，总结出最有效的教学方式。

4. 经验交流。评选“优秀联盟组”与“优秀课改先进教师”；定期开展联盟组的教学展示或经验交流活动；筛选、整合课改研究中的优秀案例、典型经验、精彩反思等；按月编辑《姜湾课改导报》，为教师的专业发展创造了良好的交流平台。

经过两年多的实践，各联盟组相继续探索出了小学语文创新性学习“四步导读”、小学数学创新性学习“四步导学”、小学英语创新性学习“任务驱动式”、小学品德与社会创新性学习“五步式”等教学结构，促进了课改的深入开展。

策略四：开设“创新性学习活动实践课”，全面提升学生综合素养

“创新学习活动实践课”目前探索出的主要形式有“创新性学习学科活动课”、“创新性学习班队活动课”和“创新性学习实践课”三种。

1. 创新性学习学科活动课

"创新性学习学科活动课"是培养小学生创新学习能力的一种重要课型，它不受学科教学的硬性束缚，不以学习和掌握系统的学科知识为目的，一般采用一个主题，综合不同学科，融合相关因素的综合性学科设计，使各门学科之间相互交叉、渗透、整合。教学结构为：确定主题——分析主题——学生活动——成果展示。其实施要点：一是找准学科活动课与学科知识的迁移点，拓宽知识空间。学科活动课的设计，既要考虑学科与活动课的切入点，找准哪个知识点可以培养学生哪方面的能力，同时还要考虑活动设计的新颖性。二是确立学生的主体地位，增强学科活动课的自主性、开放性。学科活动课的主角是学生，教师要尽可能地从"前台"退居"后台"，设计的活动尽可能地让学生去完成。三是提高学科活动课的实践性和操作性。让学生在自主探索过程中，将学科知识运用到实践中去解决实际问题，同时还要注意交流讨论平台的搭建，让学生充分交流自己的信息，取长补短，扩大知识面，培养学生质疑问难的学习习惯。

2. 创新性学习班队活动课

"创新性学习班队活动课"和其他教育活动一样，也是班上的所有同学的活动课，大多是根据一个主题，老师引导，学生参与。其教学结构一般为"活动准备——活动引导——活动过程——活动反思"四个环节。教师要力求做到：活动主题的确定贴近生活；活动内容形式的选择丰富、活泼、有趣；活动效果的体现长期延伸。学是为了更好地用，说是为了更好地做。在"创新性学习班队活动课"中，应多要求学生结合平时读书、读报活动，查阅资料，寻找材料，并根据所见所闻，谈自己的想法，这样更有利于培养学生的创新学习能力。

3. 创新性学习综合实践课

"综合实践活动课"即在老师指导下，学生到社会、社区等社会环境中，按一定的目的、要求、计划，亲自实践，以提高学生的综合实践能力。

近年来，姜湾小学以"乡土文化"为主题，开发了《传承家乡文化，共创魅力醴陵》和《文人墨客颂醴陵》两套校本教材，创建了乡土文化专题网站，师生在活动参与中、作品呈现中享受着成就感和自豪感，实现了对醴陵乡土文化资源了解与关注、思索与共建的应用之链，赢得了家长、社会各界人士的高度赞誉。

实施过程中，要求教师做到：多角度自主选题，提高学生的自我设计能力；多形式深入研究，培养学生的主动探索精神；多元化展示评价，发展学生自我反思能力。教学流程一般为：导趣（生成研究主题）——导航（提炼小主题）——导法（制订活动方案）——导行（中期反馈交流）——导展（汇报活动成果）。

自“一三四X”创新性学习课改方案实施以来，姜小学子、姜小教师、姜小课堂发生了全新变化。具体体现在：

学生变了，洋溢着学习的快乐和生命的活力

学习的主动性是创新学习的本质特征之一。创新性学习目前在姜湾小学已成为学生学习中的自觉行为，具体表现为：推崇创新、追求创新、以创新为荣；善于发现问题，并自觉提出问题；自觉、主动、积极地投入到创新性活动中去。

学生的创新学习能力得到增强，综合素养得到提高。王毅腾、陈旭东、黄丹、朱帅涵、许陈多等同学组成的研究性学习小组合作完成的《走近家乡醴陵名人》研究性学习成果获国家级一等奖。

教师变了，一批教师在课改中脱颖而出

教师的质量观变了，由过去片面关注知识技能，到既关注知识技能，又注重过程方法与情感态度价值观；教师的激情点燃了，食堂就餐交流的是课改，课间交流的是课改，教师QQ群交流的还是课改；教师的教学能力提高了，教学设计更具有创新性；教师的教科研水平提高了，一批教师在课改中脱颖而出。近两年，我校有八位教师被评为市级“学科带头人”，十位教师成为“课改之星”；胡文权、张细明、谢美玲、刘豫红、张元英、王娟等教师的研究论文发表于国家或省级刊物。其中，2篇分别发表于《湖南教育》第752期和759期；1篇发表于《华夏教师》第12期；1篇发表于《发明与创新》杂志；7篇发表于《教师》杂志；1篇发表于《中国名校成功之路》。

课堂变了，点燃了师生的激情和智慧的火花

老师的教学方式变了。课堂上老师做到了“三有”：做到了心中有标（课

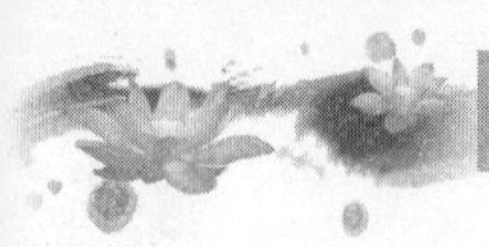

标的要求）；做到了眼中有生，注重突出学生的主体地位；做到了嘴中有度，课堂上看不到老师“一言堂”，相反只有恰当的点评和少量的精讲。

学生的学习方式变了。课堂上学生由原来的被动接受到敢于展示、敢于表达、善于交流、善于合作、勇于质疑；自主、合作学习已经贯穿于课堂学习的全过程，探究学习的方式也经常在课堂上看到。

学校发展了，全校师生唱起了丰收的凯歌

近三年来，学校先后荣获全国“教育科研先进单位”、全国“新课程改革先进单位”、“湖南省中小学教师培训基地校”、“全国百强特色学校”、“2012年度株洲市课改实验优秀基地校”、湖南省第六届“阳光”体操节小学组全民健身操冠军、第二届湖南省少儿才艺大赛总决赛集体舞蹈小学组一等奖等称号。《新城市报》第224期以《醴陵姜湾小学科研兴校硕果累累》为题进行报道；株洲电视台公共频道以《姜湾文笔点春秋》为题对姜湾课改作专题报道。

课改历程中的挫折、坎坷是难免的，但艰涩地踏过后，它俨然是旋律起伏的一个波段。众志成城的坚定不移，创造了姜湾课改华彩的欢腾！

【记者报道】2014年3月，《湖南教育》编辑部的专家与记者一行4人在醴陵市教育局领导的陪同下对姜湾小学的课改工作进行了两天的调研，通过听取学校领导汇报、深入课堂感受、找师生座谈等形式，初步感受到了姜湾小学浓厚且具有鲜明特色的课改氛围。随后，以《提升办学品位的二次创业——醴陵市姜湾小学课改纪实》为题，对姜湾小学的课改工作进行了全面报道。该文发表于《湖南教育》总第797期。

提升办学品位的二次创业

——醴陵市姜湾小学课改纪实

本刊记者 王振亚 何宗焕 江新军

三年前，醴陵市姜湾小学的教学质量和办学声誉，用“生源挤破校门”可以概括之。

可品牌背后的品质如何？一位学生家长的来信给学校泼了一瓢冷水：“我的孩子不是机器，即使是机器，学校也不应该把我的孩子当成追求成绩的工具。”

这封“泼冷水”的来信让学校管理者陷入了沉思。靠拼时间、增负担换来的好成绩能够长久吗？对于一所学校来说，什么才是长盛不衰的法宝？在不断地反思和摸索中，学校最终确立了“创新性学习模式”的课改路径，力求让课堂在品质提升上焕发生命活力。

“模而不定”的“一三四X”

课堂，是课改的核心地带；学生，是课改的核心要素。姜湾小学为了走进核心地带，激活核心要素，首创了“模而不定”的“一三四X”创新性学习模式。

“一三四X”的“一”是指落实“一个核心目标”，“三”是指开辟“创新性学习三条基本途径”，“四”是指构建“四种创新性学习学科教学模式”，“X”是指精心研究“课堂教学X环节”。

“一个核心目标”是什么呢？就是培养学生的创新学习能力。

小学生怎么创新？他们有这种能力吗？面对记者的疑惑，校长胡文权坦然而自信：“我们说的创新，不是搞发明创造，而是让学生自己去观察生活，去发现知识，去收获自己的东西。我们强调的是，学生在学习过程中，不拘泥于书本，不迷信于权威，不依循常规，以已有的知识为基础，结合自己的实践，独立思考，大胆探索。我们就是要学生敢于标新立异，别出心裁，提出自己的新思想、新观点、新思路、新设计、新意图、新途径、新方法。”

立定这个目标，胡文权和他的团队做了多方面的探索和实践。

创新如何落实到课堂上，落实到学习中？姜湾小学的做法是，首先开辟"创新学习三条基本途径"。

第一条途径是"创新学习方法导航课"。这是讲方法，小学生毕竟知识有限，眼界有限，如何创新？必须有老师的引领，教给他们创新学习的方法。导航训练课就是以培养学生创新学习方法和创新学习思维为目标的一种课堂教学形式，重点放在学生学习的能力和技能技巧的培养上。适合小学生的学习方法有哪些？积多年研究之功，姜湾小学开发了自己的"创新学习方法"校本教材，精心筛选了最实用、最常见又易于学生掌握的高、中、低学段创新学习方法共60种。这么多学习方法，学生怎么掌握，又怎么灵活运用呢？姜湾小学通过确定实验班、推出示范课、讨论交流和全面推广，探索出一整套行之有效的教学方法，让学生学得兴味盎然。

以"三角形分类"为例，我们来看姜湾小学高年级《创编知识网络——织网式学习法》导航课。

老师从"三角形按角分类"和"三角形按边分类"编了两个简易网络图。然后引导学生认识"织网式学习法"的特点。教学过程简单明了：从整理知识开始，经过探寻联系、创编网络、对比交流织网式学习法的好处，到最后学生小试身手实践运用，呈现多种精彩的知识网络图，师生互动点评解说。

"隐性"的学习方法，在课堂上"显性"地呈现出来了，新颖且有趣。

第二条途径是创新学习学科教学课。创新学习学科教学课是根据现行的学科教材，运用新课程的基本理念和创新性教学策略，在学科课堂教学过程中培养学生创新学习能力的一种教学方式。姜湾小学的做法是：以学生为主体，以教师为主导，以问题为主轴，以实践为主线，要求学生别让老师牵着鼻子走，倡导学生之间手拉手(合作学习)。教科室干事周妮说："我们倡导学生的主体意识和问题意识，一是让学生自己提出问题，过去课堂上学生被老师的一连串问题牵来扯去的现象，现在没有了；二是让学生自己解决问题，这需要老师多给学生一点时间，让学生充分动手查字典、划要点、写批注等，教师适时设疑激趣，把学生的思维引向积极状态。"

第三条途径是创新学习活动实践课。这是课程渗透式的专门训练课的延伸，就是在老师指导下，在课内课外，有目的、有计划、有意识地培养学生的创新学习能力。主要形式是活动课和实践课。活动课有读书、讨论、讲演、实

验、小发明、小创造等。实践课则是在老师的指导下，学生到工厂、农村、社区开展主题实践活动，搞社会调查，让学生在活动和实践中认识社会，提高实践能力，并把读书体验和生活体验融会贯通。

然后，构建四种创新性学习学科教学模式：小学语文创新性学习教学模式，小学数学创新性学习教学模式，小学英语创新性学习教学模式，小学综合学科创新性学习教学模式。

这四种模式有基本的操作要点。

一是“导学—质疑”。自学前，老师根据教学内容设置一定的学习情境或适合学生的自学提纲，激发学生的学习情感，引领学生有效学习，教师尽量放手，让学生自主学习，自主地选择适合自己的学习方法，全力探索、发现问题。

二是“导思—探究”。教师要教给学生问问题的方法，培养学生不唯上，不唯书，不满足现成答案，对学习内容能独立思考，探索出新的问题；同时，教师还要运用多种方法，启迪学生思维，让学生敢于求异创新，尤其是能积极讨论和交流。

三是“导悟—释疑”。对学生不懂的或新发现的问题，教师要进行点拨。所谓“点拨”，不是代替学生思考，而是旁敲侧击，举一反三，让学生自悟破疑；同时还要引导学生梳理问题，归纳要点，“悟”出结论。

四是“导练—创新”。在这个环节中，教师继续抓住疑问这根线，寓疑于各种练习之中，让学生动笔，并鼓励学生通过练习提出新问题；同时及时给学生创造性的思想和行为以积极评价。

且慢!在最不讲究模式的创新性教学中，姜湾小学提出了自己的模式，这会不会束缚老师们的创造性？是不是与创新教学相悖?

“X”就是为解决这个问题而设计的。

学科与学科的不同，课型与课型的不同，内容与内容的不同，教师与教师的不同，学生与学生的不同，老师们怎能机械地照抄照搬一个固定的教学模式呢?

“X”的意思就是每个学科，每堂课，老师们在“四导原则”下应该设计出不同的精彩环节，只要能真正激活课堂，激励学生，“四导”不是桎梏，可以灵活掌握，可以突破。

这才是画龙点睛，妙!

学校党支部书记张细明说得好：“‘四步导学’为的是让老师们有‘模’可‘依’，有‘方’可‘循’。模式如同一个毛坯房，至于如何装修得更适应、更漂亮，完全可以因人而异。模式亦如一张交通地图，给老师们提示了一条教学思路，但绝不是机械模仿的样板。老师们可‘遵模’而不可‘固模’，可‘依模’亦可‘修模’，依教学内容而定，依科学合理的教学策略而灵活变通。我们要求教师从实际出发，结合实际，灵活掌握课型特点，把握教学规律，优化课堂教学。事实上，‘模’而不‘一’，需要老师们施展更多的教学智慧，教师的智慧正体现在其灵活有变的教学方法中，一堂生动的、充满艺术性和感染力的课，会使学生终生受益；灵活多变的教学设计会使课堂充满生机、妙趣横生。”

有“模”而不定“模”，精心设计课堂教学的“X”环节，才是姜湾小学新一轮课程改革的精髓。

创新的课堂最丰盈

如何精心设计并落实课堂教学的“X”环节，让课堂生动丰盈？胡文权有自己独到的见解：“与过去老师讲学生听的干巴巴的课堂相比，创新课堂无疑是润泽生命的课堂。在这样的课堂里，孩子们无拘无束地想问题、答问题、辩问题，其思维力、生成力、合作力、表达力、创造力都能得到全方位的开掘。”

胡校长的话，在王小红老师执教的《异分母分数加减法》的课堂里找到了注脚。王老师在“导趣—生疑”环节用课件出示情境图：“手工课上，同学们用纸片折自己喜欢的玩具：小林用一张纸的1/2折了一只小船；小敏用同一张纸的1/4折了一架小飞机。一共用了这张纸的几分之几？”然后将问题抛给学生：“你能根据以上信息列出算式吗？你会怎样计算异分母分数的加减法？”

一问激起千层浪。静静的自主探究、热闹的小组交流后，有了这样的呈现：

甲组：我们组是这样想的：异分母分数加减法我们没有学过，但同分母分数加减法我们学过了，于是我们先把1/2和1/4通分转化成4/8和2/8，这样我们就可以算出它们的结果了，我们用图验证了计算结果是正确的。

乙组：我们组也是用通分的方法，但我们是把“4”做公分母，我们的算式是1/2+1/4=2/4+1/4=3/4，我们是用折纸涂色的方法验证的。

丙组：我们组用了两种方法，一种是通分，还有一种是化成小数来计算：1/2+1/4=0.5+0.25=0.75=3/4，1/2−1/4=0.5−0.25=0.25=1/4，我们是画线段图来验证的。

丁组：异分母分数加减法可以先通分化成同分母分数，再按照同分母分数加减法的方法计算，也可以化成小数来计算。

接下来是“导悟—释疑”。

讨论的第一个问题是“前两个组都是运用通分的方法，你喜欢哪一组的？理由是什么？”

甲：我喜欢第二小组的，因为用最小公倍数做公分母比较简便，用“8”做公分母不仅不简便，算出的结果还要约分。

乙：我想问他们为什么要通分？

甲：因为1/2和2/4的分母不同，也就是分数单位不同，不能直接相加减，通分后转化成同分母分数，分数单位相同了就能直接相加减了。

丙：我想补充，我觉得分数单位不同不能直接相加减，就像十位上的2不能和个位上的3直接相加得5一样，所以要先通分，统一分数单位。

讨论的第二个问题是“对于第三组的观点，你有什么看法吗？”

甲：我觉得他们组的做法是对的，但是化成小数计算这种方法具有局限性，因为有的分数不能化成有限小数，例如：1/2+1/3就不能用小数计算。

乙：我也觉得用通分的方法好些，它适合于所有的异分母分数加减法。

丙：我有不同的意见：虽然通分适合于所有的异分母分数加减法，但是并不一定是最好的方法，我觉得有时候化成小数计算还简便些，例如：1/125+7/10=0.008+0.7=0.708。

(全班鼓掌)

讨论的第三个问题是“把异分母分数转化成同分母分数来计算和转化成小数来计算这两种方法有什么共同之处？”

甲：都用了转化的方法。

乙：都是把我们还没学过的知识转化成了已经学过的知识。

……

老师小结：说得太好了，刚才同学们通过“猜想—举例—验证—归纳”的过程，成功地运用已有知识探索出了异分母分数加减法的计算方法，真了不起。

像这样将新知识迁移到旧知识，再根据新旧知识之间的联系解决新问题，并加以验证，是学生学习数学的一把金钥匙，有了这把钥匙，学生就能打开更多的数学奥秘之门。

课后，负责教学的刘琼副校长说："在课堂中，这样的教学片断随处可见。"

刘琼还谈到了她听过的杨爱武老师执教的《那片绿绿的爬山虎》一课。一切在预设中接近尾声，一个学生突然提问："叶圣陶老爷爷为什么要种一墙绿绿的爬山虎，而不是其他的绿色植物？"一个问题扯出了一串精彩的对话："叶圣陶老先生是著名的作家，爬山虎绿绿的，停下来看看，可以缓解视觉疲劳。""嗯，言之有理。""爬山虎一脚一脚向上爬的精神鼓励叶老先生永远向前。""是啊，言之有据。"创新的课堂不就是需要学生对一个个问题进行有趣的探讨吗？"至于叶老先生为什么会种爬山虎，也许只有他自己知道了。"杨老师诙谐的话语结束了这个问题的探讨。可是，这种意料之外的问题探究，不正是课堂上我们老师不断激励学生问题意识的真正原因吗？这样的课堂才会绽放永恒的美丽。

姜湾小学打造创新的课堂，不同学科有不同的模式。有"模"可"依"，才有"方"可"循"。但依"模"而不定"模"，才会有课堂的丰盈。谢美玲老师便在语文四步导读模式之外，自创了"自读印象"这一环节。此环节要求学生自觉预习课文后，写下自己的阅读感受。

这是她的学生徐诗扬预习了《最后一头战象》后写的"自读印象"——

嘎羧围着村寨一步一步走着，想着养了它二十多年的寨子和这些村民，马上就要和他们离别了，嘎羧微微低吼，泪珠一下子就滚落了下来。

它用它粗糙的大鼻子拥抱每一个人，它没有什么力气了。它费力抱起一个小孩子，将他顶在头上，男孩扑在嘎羧头上痛哭。"啊——啊——"嘎羧轻吼着，用大鼻子抚摸着男孩的脸颊，安慰着他，像是在说："别哭了，孩子，我会料理自己的！"

嘎羧见过了寨子中的每个人，将他们的样子刻在自己的心上，它清楚地知道，这是最后一次见面了。

它甩着鼻子，时不时将前蹄抬起来，怒吼着，尾巴顶得老高，它嗷嗷叫着，

仿佛多了一丝沧桑。它沙哑地叫着，一步一个脚印，步伐一次比一次沉重。

这时，它突然不安起来，俯下身来谢过每一个人，然后朝天空怒吼一声，沉重而凄凉。每一个人都痛哭流涕，十分不舍。

过了一会儿，声音停止了，嘎羧在这个寨子的玩耍也到了尽头，它披着战袍，又朝天空鸣叫一声，流着不舍的泪，义无反顾走向了前方。

天渐渐黯淡了下来，嘎羧的背景越来越模糊。

就这样，嘎羧走了，却给大家留下了一大片的美好回忆。

谁能说，一个小学五年级的孩子能写出如此优美的文字，不是创新的课堂带来的神奇？面对记者，徐诗扬落落大方："学写自读印象，是谢老师教给我们提高写作能力的一个小法宝，我非常喜欢。妈妈也说，写自读印象让我的作文愈发写得细腻，文思如泉涌，还给我们立了一道坚不可摧的力量墙——自信！"

自信，不仅得益于创新性的学科课堂，也得益于创新性的活动课堂。

采访的当天下午，正值姜湾小学开展"图书'跳蚤'市场"的德育实践活动。

随着主持人宣布"图书'跳蚤'市场正式开始"，操场上笑声、叫卖声、讨价还价声此起彼伏。放眼望去，操场上的摊位可真多，有卖图书的，有卖书画作品的，有卖手工制作的，还有卖文具甚至玩具的。为了招揽顾客，"推销员"们有的举起了推销牌，有的吹起了口哨，有的大声吆喝"快来挑，快来买，全场跳楼大减价啦!""机不可失，时不再来，快来买呀!"操场上热闹非凡。

两个小时的"跳蚤市场"，一波走了一波又来的乖巧的学生们总是围着校长、老师和我们记者。问他们原因，个个都说："你们才有购买实力啊，亲!"结果，胡文权校长掏80元买了三幅学生的书法作品，记者用120元买了书、手工作品和文具，一个学生也花了40元买了7本书……

"太有趣了!""太好玩了!""赚大了!"孩子们欢快的话语久久地在校园上空回荡。

"跳蚤"市场只是他们创新学习活动课堂的一个缩影。

"我们开设'创新学习活动实践课'，旨在让学生在手脑并用的实践操作中，对所学的知识有一个全面理解，重新组合创新的实践过程。"学校副校长王娟补充道，"进行创新活动实践，有利于培养学生的创新意识，活跃学生的思维，对各科教学有着不可估量的作用。"

师生成长更精彩

实施课改两年多来，姜湾小学发生了很多变化，课堂热闹了、学生活动丰富了、学校名气更大了。不过在胡文权看来，这些都不重要，重要的是学生负担减轻了，课改促进了学生的全面发展和教师的专业成长。

"课改之后最大的变化就是后进生主动学习的积极性被调动了起来。"四年级班主任邹玲这样评价。邹玲的班上有一个胆子很小的同学，课堂上如果被老师点名起立发言，他就会急得脸红甚至哭泣。学习是这位同学的负担，平时的课堂上，他从来不举手，老师也很少喊他发言。不过课改之后，他却有了可喜的变化。姜湾课改的要求是，讨论环节由小组集中讨论达成共识后指派一名学生发言人发言，学校要求小组的每位成员都要积极发言。这位同学被他所在的小组推选为第三发言人，当他第一次结结巴巴地发言成功后，班上响起了热烈的掌声。从此之后他慢慢迈过了上课不敢发言的坎，学习兴趣陡然增强，人也变得越来越开朗。

为了进一步激发学生发言的积极性，学校还专门开展了"学习小组展风采"评选活动，规定每周发言最积极和发言质量最好的前五个小组将获得一面红旗。如今，在姜湾的课堂上，举手发言已不再是少数学生的专利了。168班的陈鹏说，课改之前班上经常是他一个人举手发言，而现在的情况是他根本就抢不到发言机会。有一次他实在太着急了，竟然举着手站在了课桌上，老师不得不点了他的名字。他的精彩发言为他所在的勤奋小组赢得了一面红旗，全组人都高兴得不得了，用他自己的话形容"那种感觉就像吃了10个冰棍一样，爽到了骨子里去了"。

青年语文教师周涛对不时撞出思维火花的课堂十分喜欢甚至是享受。她说，最让她兴奋的是班上经常会出现质疑、追问、讨论，很多备课时没有想到、课堂上也不一定要讲的问题都被学生提了出来，而且还得到了很好的解答。周涛举了上《为中华之崛起而读书》一课的例子。在讨论环节，有学生提出问题"课文最后的'为中华之崛起而读书'只有一句话，为什么要单独成段？"有同学认为没有必要，有同学认为这恰恰体现出了作者的深意。经过一番激烈的讨论，同学们普遍认可了自成一段是为了达到强调和突出这句话的目的。这个令老师始料未及的问题学生竟然解决得这么好，周涛说，这都是课改

带给她的惊喜，她也更加坚定了推行课改的信念。

课改带给学生的变化远不止这些。

何妍同学一直是一个成绩特别好的学生，因为成绩好，她内心有一种优越感，不愿意听取别人的意见，在班内只有几个要好的朋友。课改之后，小组合作逼着她和别的同学进行交流、融合，如今，班上的同学都成了她的好朋友，她自己也变得越来越谦虚、开朗。

记者采访时，175班的学生正在上综合实践课《我的家乡是醴陵》，同学通过图画、手工艺品、游戏、小品等方式介绍了家乡的风景名胜、风土人情。课程负责教师文林介绍，课堂上展示的手工艺品均是学生自己制作的，节目也是学生自编自演的，这样的综合实践课学生们非常喜欢。而自从开设了综合实践课，同学们不仅了解了醴陵的风土人情增加了对家乡的热爱，还锻炼了口语交际能力、动手能力、团队协作能力。

课改也促进了教师的专业成长。语文教师贺龙秋深有体会。贺龙秋说，以前没搞课改时，学校实行的是“学科教研组”“集体备课组”，大多数成员参与教研的积极性不高、主动性不强，老师们几乎是单打独斗、各自为政。后来伴随着课改的推行，学校按照教师意愿实行“教师课改联盟”，极大地调动了老师们教学、教研的积极性。

“教师课改联盟”一般以学科为单位，兼顾学段或年级，由老师们自由组合、公开双向选择，申请组建。“教师课改联盟”聚集的都是有共同愿景、相似理念的教师，便于交流、合作，达成共识。贺龙秋所在的语文教师联盟组由10名志同道合的语文老师组成，他们经常在一起研究每一节课、每一单元要解决的重难点是什么，采用什么样的教学方法？这样一来，教研的氛围浓厚了、主动参与的积极性提高了、执行力更强了、教师的专业成长也更加快了。到目前为止，姜湾小学共成立了21个“教师课改联盟”小组，参与率达98%。学校各联盟组之间或组内成员之间比学赶超之风盛行，和谐共进之风浓郁。

……

否定自己是最难的事。因为“创新性学习模式”的课程改革，姜湾小学再一次擦亮了学校品牌，先后荣获了全国“课程改革先进单位”“教育科研先进单位”“百强特色学校”和“湖南省中小学教师培训基地校”等殊荣，成功实现了提升办学品位的二次创业。

【学员印象】姜湾小学被确定为“湖南省中小学教师培训基地校”后，很快就迎来了首批实践研修教师。笔者有幸作为国培置换脱产研修项目“影子教师”的其中一员在醴陵市姜湾小学参加了实践研修，受益匪浅。这是影子教师学员在姜湾小学研修的一份总结，被推荐发布在国培网上，与大家分享。

因为有你，所以圆满

——“影子教师”实践研修纪实

2013年11月18日到12月6日，我们国培置换脱产研修项目语、数学科的8位“影子教师”在醴陵市姜湾小学圆满完成了所有的实践研修课程。姜湾小学是醴陵市最负盛名的一所小学，现有54个教学班，2998名学生，143位教师，她在创新性学习方面的研究成果尤为引人注目，是株洲地区乃至湖南地区一颗璀璨的教育明星，能有幸成为她的第一批国培“影子教师”，我们深感荣幸。回顾短暂的3周实践研修旅程，感慨良多，现简要总结如下。

一、无微不至的接待服务，体现了姜小师生的热情好客

还未到姜小时，我就被学校事先传给我们的研修方案所震撼。姜小虽是第一次承担国培项目的“影子实践”任务，用第一师范学院王春利老师的话来说就是“姜湾小学所制作的研修方案，是此次我所看到的24个基地学校中最精细完备的一份”。从后勤接待到导师的精挑细选，从日程的安排到各部门的职责定位，从针对学员的问卷调查到活动资料的建档……无不安排得严谨有序，从中足见学校为此花费的心血与奉献的热忱。

报到的前一天，就有负责教师主动打电话与我们联系，详细告知学校的具体位置、该选择的交通路线，并征询食宿方面的个人意见等，让我们备受感动。17日下午5点，当我们8位学员到校报到时，随处可见的欢迎横幅、标语，总务主任袁伟仁老师的端茶递烟、胡文权校长的嘘寒问暖、班主任谢美玲老师的热情笑脸都给我们留下了深刻的印象。接着学校领导还护送我们到住宿的英煌

宾馆，嘱咐我们要休息好并注意安全，让湘西、炎陵、攸县远道而来的学员感到宾至如归。

11月23日第一个周末，为了丰富学员的假日生活，在袁伟仁和谢美玲两位主任的陪同下，我们参观考察了醴陵市的地方名胜。博物馆里珍藏的众多革命烈士手迹让我们仿佛回到了那个战火纷飞的年代；李立三故居的格局摆设让我们似乎能想象到当初伟人在这里度过的少年生活；仙山公园的香樟红枫让我们流连忘返；鞭炮烟花之祖李畋像让我们肃然起敬；国瓷艺术馆种类繁多的精美瓷器让我们驻足欣赏、叹为观止……整整一个上午，学员们尽情地参观游玩，既放松了疲惫的身心，又饱览了醴陵独具地方特色的名胜，真是无比惬意。

12月5日晚，研修接近尾声，全体导师、学员、校委会成员齐聚一堂，深深的感激心，依依的不舍情，都化在了一杯杯的醇酒里、一句句的暖心话里、一首首的动情歌里、一支支的热情舞里。

二、精彩纷呈的课堂教学，彰显了创新学习的无穷魅力

短短的三周研修时间里，我们一共聆听了8堂导师的示范课、4堂优秀的达标课、6堂市局的竞赛课、3堂随堂课、2堂班队活动课、8堂学员的研究课、2堂语数学科的学员代表汇报课。导师们扎实的教学功底、鲜明的教学风格、突出的个人魅力，让我深深地钦佩和折服。

姜湾小学近年来正致力于潜心研究创新性学习，举全校之力、集全校之谋构建的“一三四X”创新性学习模式已初见成效。所谓“一三四X”创新性学习是指：落实一个核心目标，即培养学生创新学习能力；开辟三条基本途径，即创新学习导航训练课、创新学习学科教学课、创新学习实践活动课；围绕“四主”创设教学X环节，即以学生为主体、以教师为主导、以问题为主轴、以实践为主线。

其中，我特别关注了小学语文创新性学习课堂教学的“四步导读”，有幸

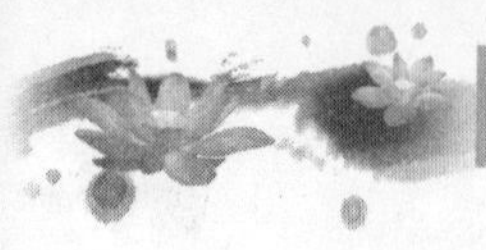

聆听了谢美玲老师执教的三节随堂课，因此对“四步导读”有了更清晰直观的认识。

所谓“四步导读”，即自读体验、细读积淀、品读感悟、扩读升华。在这些过程中，教师只是起到导趣、导思、导悟、导练的作用。学生每接触到一篇新课文，都会自觉地按教师期初交代的预读提纲进行预习，主要是做好以下几方面的准备：

1. 旁征博引，学生通过网络书籍搜集与课文相关的资料，包括作者、时代背景、课文涉及的人物、事件等，文字、图片资料均可，以待与同学交流。

2. 自由悦读，熟读课文，理清文章思路，解决生字词。

3. 聚沙成塔，积累文中的好词佳句，摘抄备用。

4. 静心初悟，通过预读看看自己究竟读懂了什么，用三两百文字写下自己的“自读印象”，同时提出想考问或请教他人的有意义的问题。

正式上课时，学生首先在组内交流各自搜集到的相关资料及自读印象，然后学生推荐或自荐，要说出推荐的理由，接着全班展示，再由其他学生点评、质疑、补充；期间，教师穿插对小组的加分激励，使学生的学习热情异常高涨。正式学习时，教师会利用“自主合作学习单”将每节课学生重点要学习的内容以简洁的文字出示在大屏幕上，学生的自主学习、组内讨论、小组展示都紧紧地围绕这一核心问题，每一个小组展示完毕，都会有其他小组给予补充、质疑、点评等，教师只在一旁点拨、追问、引导、评价、激励、协调，把学习的主动权真正地还给了学生。一节课下来每一个学生都亲身参与其中，时而会擦出思维碰撞的火花。当一个个的疑团迎刃而解时，学生由衷的欣喜溢于言表。学生每拿到一个新文本都是按这四个环节来学习，并且已经形成了习惯，正所谓“授之以鱼不如授之以渔”。经过几年的训练，学生都已经掌握了阅读文本的一般方法，听说读写的能力也在悄然提升。

在导师杨爱武老师和教科研主任谢美玲老师的指导下，我按照姜湾小学语文学习的“四步导读”法尝试着上了一节研究课，并作为语文学科代表上了一节汇报课。在准备、修改、试教等过程中，我对“四步导读”模式有了更深入的认识和把握，打心底认为这个模式符合时代的需求，遵循了学生认知的规律，体现了新课改的先进理念，返岗后我一定会尝试运用到我的教学中去。

三、职能部门的经验报告，呈现了常规管理的显著特色

（一）德育管理匠心独运

11月19日下午，我们全体学员认真聆听了副校长王娟老师的《“快乐德育”为孩子的人生奠基》的德育管理经验报告。学校遵循“以人为本、夯实基础、全面发展、培养个性”的德育宗旨，在创新德育方法上下功夫，开展了一系列独具特色的德育活动，印象深刻的有：

1. 艺体节举行花样繁多的跳长绳、跳短绳、拍皮球活动，鼓励家长参与，亲子互动。

2. 围绕“五好小公民”主题开展系列活动，购书、阅读、征文、演讲、书法、绘画等。

3. 读书节举办“跳蚤市场”，倡导学生互换旧书。

4. 针对不同学段的孩子应养成的十个好习惯，用朗朗上口的精练短句总结出来，学生铭记于心，受益终身。

5. 三八妇女节开展表孝心活动。让每个孩子回家为妈妈做一件事，用相机记录下感动的瞬间，并写下自己的感言，每班于教室走廊处布置一个展板，定格下那温暖的瞬间。

6. 为了传承家乡文化，让学生通过参观、走访、查阅资料等形式了解醴陵的名人、名胜、风俗、美食，以小组为单位，展开竞赛，最后汇报展示。

除此以外，还聆听了三位经验丰富的班主任老师的经验报告。

1. 窦老师擅长布置“温柔陷阱”来捕获学生的真心，借英雄故事促使学生养成严守纪律的好习惯，巧让孩子作选择树立正确的苦乐观，组织学生观看感动中国十大人物的优秀事迹来给孩子树立正确的人生榜样。

2. 贺龙秋老师则擅长于培养出色的班干部，以此跳出传统的保姆式班级管理模式。首先要慧眼识英雄，然后用爱心换真心，接着手把手地练就班干部的真功夫，树立其威信，大胆放手让其实战，最后老徒弟带新徒弟，将教师的智慧与技能传承发扬下去；并且，贺老师还善于发动全体学生、家长，群策群力，解决班级遇到的难题。

3. 胡小娥老师也用她朴实的语言详细具体地阐述了她在班级管理中是怎样落实安全教育的。

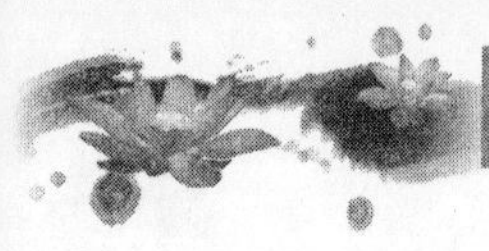

三位一线班主任的经验之谈让我们犹如拨云见日、茅塞顿开。

（二）教研管理成绩骄人

11月20日下午，教科研主任谢美玲老师的《走近姜湾课改背景下的校本教研》报告着实让我们钦佩姜湾教育人的开拓进取精神。

1. 学校将"创新性学习导航训练课"纳入到校本课教学计划，独立开设课程，自主研发专用教材，启用专职教师，"创新性学习导航训练课"每周开设一节，其目的就是培养和发展学生创新学习方法。

2. 采用一系列举措为教师"洗脑"，提高教师素质。以导促研，环环相扣、步步深入地开展一系列的新课改理论讲座，反复宣传发动，理论学习，对照反思；以竞促研，开展"教师知识素养有奖竞答赛"，引领教师学习教育教学新理论的热潮；以考促研，组织以"创新性学习""新课标"为主题的理论考试；以引促研，开展"课改工作之所行所思"感悟交流汇报活动，发现典型，树立标杆；以学促研，组织教师到先进学校观摩学习；以赛促研，开展"青年教师说课赛"、"课改联盟组教学竞赛"、"课改达优课展示"、"集体备课竞赛"等活动，为教师的专业发展搭建平台。

3. 落实集体备课，每一个备课组在期初就制定好详细可操作的集体备课方案，安排好每周的备课内容、主持人、主备人、时间、地点等，集体备课前主备人要精研教材，写好教学设计及设计意图，制作好教学课件，其他组员也要提前备课，以便集体研讨时各抒已见，形成最优的教学设计；主备人则根据众人的意见整理、修改、完善。学校本期正实施"三三四"集体备课长远规划，即三年内逐年完成30%、30%、40%，最终形成姜小教学资源的成熟模型。

4. 成立教师课改联盟。"教师课改联盟"是具有较强课改能力的课改联盟组长与课改意识强烈的教师，通过双向选择而自发组织的、志同道合的课改合作群体。首先精心选择组长，然后组长与教师双向选择，学校再适当调配，一般以学科为单位，更兼顾学段或年级，人数一般控制在4~10人之间。迄今为止，学校已有15个"教师课改联盟小组"，80%的教师参与其中。

5. 编辑《姜湾课改导报》。在课改研究探索的过程中，学校注重交流、反思、提升。教科室组织课改办成员搜集优秀案例、典型经验、精彩反思，并筛选整合，按月编辑《姜湾课改导报》。此次研修，由8名参培学员共同出一期《姜湾课改导报》，在参与的过程中我们深切地感受到，她为教师专业发展搭建了良好的交流平台。

除此以外，还聘请专家问诊课堂、抽签定人随堂听课、评选优秀树立典型、改革评价机制不以“分数”论英雄等都是值得我们学习的先进经验。

（三）教学管理扎实有效

11月21日下午，刘琼副校长的《常规教学管理》让我深刻理解到了教学要与教研联动，教研要为教学服务，教学要检验与推广教研成果，课题研究要与课堂教学改革紧密结合。每月一次的教学常规检查一丝不苟，每个备课组将本组教师的教案、学生作业样本、教师作业批改记录、听课笔记、业务学习笔记、班主任工作手册等送到指定的地点，教务部门会组织教师对照《常规检查计分表及细则》对其详细地检查、评定、记录，于教师的第一手资料中或挖掘优秀典型，或及时发现教师常规教学中存在的问题，并于下周的周前例会中予以总结，表扬先进，鞭策后进，从而形成比教比学的争先恐后的良好氛围。

四、丰富多彩的学生活动，培育了才华横溢的姜小学子

1. 开展“雏鹰争章”活动。诵读章、演讲章、写作章、绘画章、书画章、舞蹈章、勤学章、文明章……五花八门的勋章激励着学生争先恐后、奋发向上。

2. 举行主题升旗仪式。学期初，德育部门统一制订出详细的方案，统筹安排各周的德育主题，每周一早的升旗仪式以各班中队为单位，轮流承办，各中队要选出旗手、主持人、国旗下讲话人，升旗仪式时，由近30名学生组建的管乐队齐奏乐曲，学生出旗、升旗，主持人介绍本班，发言人作国旗下的脱稿主题演讲。

3. 每天上午30分钟的大课间活动是学校最热闹的时刻。首先是全体学生在领操老师的示范下统一做广播体操，然后是以班级为单位原地转圈跑，最后是全班秩序井然地跳长绳。孩子们伴着欢快的乐曲，与正副班主任一道舒展肢体、释放激情、尽情地娱乐，整个操场始终洋溢着欢声笑语，好一幅师生同乐图。

4. 每周五下午的班队活动课是孩子们翘首企盼的时刻，因为这是他们尽情展现的最佳时机。德育部门安排的每周班队活动的主题，与周一早上的升旗仪式上国旗下讲话的演讲主题保持吻合，各班按小组轮流承办的方式精心准备，德育部门负责人则巡回检察考评。有幸听到的两堂精彩的班队活动课给我们参培的八位影子教师带来了前所未有的震撼与感动，由此而引发的思索也如影随形，绵绵不绝。以五年级C159班队活动为例，本周的主题是“做学习的主

人"，它分四大板块：主题大放送、经典乐诵读、开心大问答、逗你笑不停。每一个板块都有不同的主持人，别看他们只是十岁的孩子，但个个的表现不容小觑，小小年纪就能落落大方地在大庭广众之下出口成章，其脱稿的演说、端庄的仪态、超龄的胆识、强大的气场丝毫不逊色于我们这些久居讲台的老师，看了不禁让人啧啧称赞、连连竖起大拇指。整场班会是以小组展示的形式一贯到底的，每个小组都有自主设计的组名、组号、组牌、组徽等，小组展示时个个齐上阵，人人同出力，其协作的默契令在场的听课老师为之称奇。整个班队活动中作为班主任的易海霞老师只是侧立讲台一边点点课件、鼓鼓掌而已，所有的程序都是在学生的自主中有序展开，在嬉笑欢乐中激发了兴趣、丰富了生活、壮大了胆量、提升了素养、培养了能力，应该说，获得的回报是喜出望外的，带给人的反思同样也是永久恒远的：有时候包办代替是一种过，一种永无补救的过；甚至是一种罪，一种无法饶恕的罪！相信孩子，他会还你一个惊喜！

五、浓郁丰厚的校园文化，展示了管理团队的超前理念

姜湾小学明年将整体搬迁至新校区，现在的老校区虽然分隔两地，校园面积不是很大，而且多栋教学楼都已经历了60年的风霜雪雨，但就是走进这样一所历经沧桑的学校，我们丝毫没有腐朽落后之感，反而被学校随时随处可触可感的浓郁丰厚的校园文化所浸染。一走进校门，一整扇墙上红底黑字整齐地印刻着历年来学校所取得的瞩目成绩，看了油然而生的是深深的钦佩；在校门左侧及前操场的围墙上，安排了近30块展板，让人瞬间便能够略知学校的一二，有管理团队的简介，有获得的荣誉证书，有在创新性学习、教科研、德育管理、艺体教学等方面的研究成果，还有学生在学习、生活、心理等方面应注意的事项；教学楼的走廊墙及教室墙上所展示的内容更是丰富多彩、匠心独运，有名人画像、格言警句、创新性学习的横幅标语、雏鹰争章窗、小组竞赛栏、书画佳作刊、班级黑板报，而且班班各异、级级不同。

如果说姜小是一本书，我却还没来得及细细品读就到了该合上书页的时刻；

如果说姜小是一首歌，我却还没来得及跟上她的节奏就到了曲终人散的时刻；

如果说姜小是一幅画，我却还没来得及调出满意的色彩就到了套上画笔的时刻。

天下无不散之筵席。纵有千般不舍万般无奈，我们都得整装前行。在姜小3周的实践研修虽然短暂，但收获却是无比丰厚，对我今后的教学影响也必定会是异常深远！感谢了，我的导师杨爱武老师；感谢了，我的好友谢美玲老师；感谢了，姜小可敬的老师们、可爱的同学们；感谢了，曾给予我无限帮助与鼓励的学友们……因为有了你们，我的实践研修才会如此的圆满；因为有了你们，我的人生才会如此的回味无穷！

（醴陵市富里中学 吴建平）

后记

有人说，我们的课改是一本书，里面有甜酸苦辣，读后会让人欣慰，让人感动。

有人说，我们的课改是一条船，前行中虽经历了风浪，但离目标越来越近。

有人说，我们的课改是一首歌，歌名是《怒放的生命》。“曾经多少次失去了方向，曾经多少次扑灭了梦想，如今我已不再感到迷茫……”

自课改实施以来，我们也经常思考，什么样的教育才能真正称得上有人性的教育？我们的教育教学改革，是为了追求眼前的高分，还是为了培养出高素质的创新性人才？当我们把“一切为了孩子，为了一切孩子，为了孩子的一切”当作口头禅喊了十几年后，再看看我们的教师为了学业成绩付出了多大代价，我们的学生又收获了什么？

《国家“十二五”教育发展规划纲要》的正式颁布，为每一个前进人打开了一扇窗，也找了一条新的、光明的、能够实现跨越式发展的道路。我们也慢慢开始接触到一些东西，实践了一些东西，看懂了一些东西：我们面对的是一个个鲜活的生命，我们的改革就是为“人”的成长成才创造一切有利条件。

2011年，我们推出了“一三四X”创新性学习课改新举措，其核心目标是培养和发展学生的创新学习能力。从此，我们亮剑课堂，眸改革探索之程；运筹帷幄，聚焦创新性学习“三途径”；建构 “四模”，精心研究课堂教学“X”环节。三年课改，有阳光雨露，有辉煌成就，也充斥了乌云阴雨，我们在课改的隧洞里摸索前行。三年了，我们终于迎来了真正充满希望的曙光。

我们的经验，虽微不足道，但毕竟是你我共享的资源。课改能否成功，学校之间取长补短、相互促进是关键。这就是我们出这本书的初衷。当然，出书也是为了我们自己，即以此来促进和提高教师的理论水平与科研素养。

本书以"'一三四X'创新性学习"主线，着重介绍了实施创新性学习的"一个核心目标"、"三条基本途径"及"'四模'与'X'环节"。全书分为五个部分，其基本结构是：第一部分介绍了课改的起因、创新性学习的内涵及实施的策略与过程，这是总括部分；第二部分重点介绍了创新学习能力的内涵与结构，创新性学习的评价要素与策略；第三部分分别介绍了"创新性学习方法导航课"、"创新性学习学科教学课"、"创新性学习活动实践课"的实施策略与方法；第四部分分别对小学语文、小学数学、小学英语及综合学科的创新性教学模式进行了相应的解读，并就"'模'而不定'模'，'X'显神奇"作了必要的解说；第五部分是课改前行中的困惑与思考。

全书共分为十三章。全书的构思与目录由张细明、谢美玲、胡文权设计，引言由张细明撰写；第一章由胡文权、张细明、付琪撰写；第二章由谢美玲撰写；第三、四章由张细明、刘兰兰、游春、周韬撰写；第五章由张细明、刘豫红、谢美玲、黎花平撰写；第六章由张细明、刘巧芳、谢美玲、周妮撰写；第七章由周妮、杨爱武、张元英、王娟（体）、文林、王娟（语）撰写；第八、九、十、十一、十二章由张细明、杨爱武、王小红、汪小玲、黄爱民、刘琼、张绿江撰写；第十三章由张细明、肖瑜、易红霞撰写；后记由张细明、谢美玲撰写；很多优秀老师为这本书提供了好的案例。

本书能够出版，还要感谢帮助、鼓励学校进行课程改革的广大教职员工及所有的家属、领导以及有着共同志趣的朋友们，如果要列出名字，恐挂一漏万，好在你我都是为了一个共同的目标，一切尽在不言中。特别要感谢湖南省中小学教师发展中心、湖南省国培办黄佑生老师为我们的课改工作倾注了全部精力和心血，为本书的出版提供了好的平

台，感谢湖南省教育厅副厅长葛建中先生和课改专家李炳亭先生为本书作序，给了我们莫大的鼓舞。

本书在编写过程中参考和借鉴了不少教育界同仁的研究成果，引用了一些案例，如叶瑞祥等主编的《创新学习能力论》，母建辉、刘云生等发表在《人民教育》的专辑等，在此一并致谢。

由于时间仓促，加上我们的水平有限，书中疏漏与不妥之处在所难免，恳请读者不吝赐教。

编写组

2014年10月